# 人力资源
## 管理制度与表格 大全

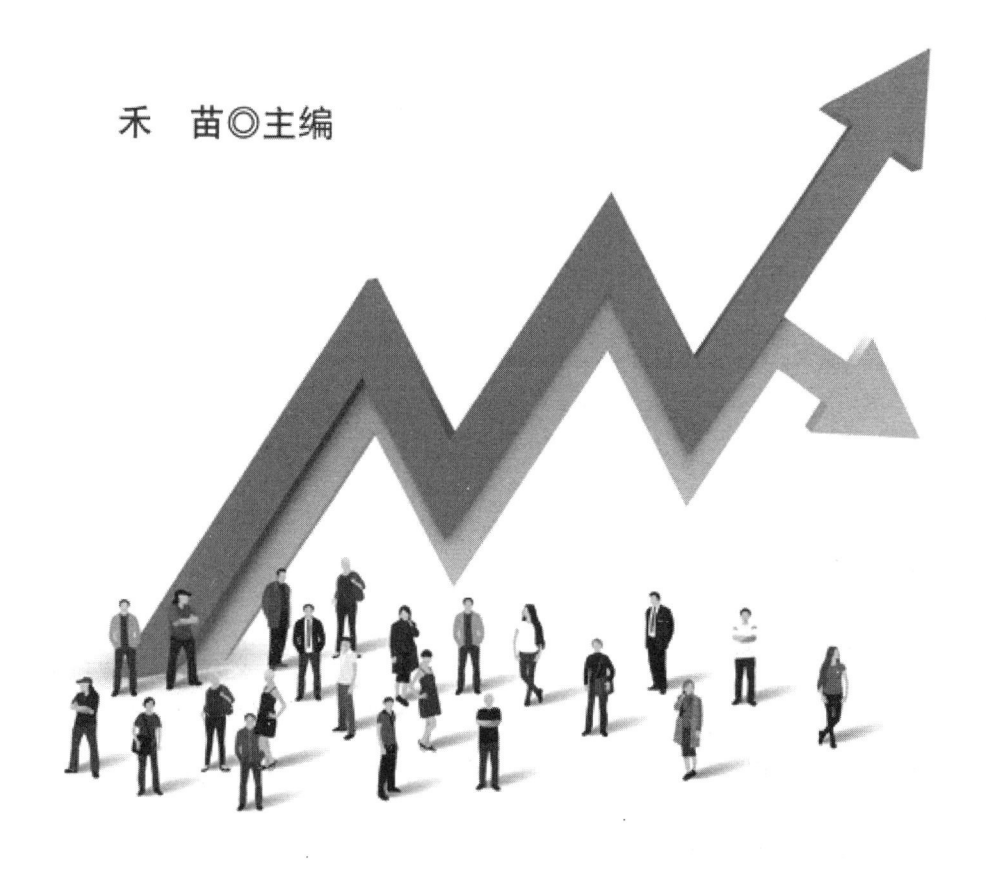

禾 苗◎主编

中国纺织出版社

## 内 容 提 要

本书根据现代企业人力资源管理特点，汇编了人力资源管理中最具代表性、最为实用的管理制度与流程、表单，为各类企业单位推进制度管理，提升人力资源管理相关人员的执行力提供了即学即用的标准化工具及具有指导意义的各项管理制度和流程。本书内容涉及人力资源日常事务管理、招聘录用管理、培训管理、绩效考核管理、薪酬福利管理、人员异动管理以及劳动关系管理七大模块，适合企业经营管理人员、人力资源管理人员、管理咨询人士以及高等院校相关专业的师生阅读和使用。

图书在版编目（CIP）数据

人力资源管理制度与表格大全 / 禾苗主编． -- 北京：中国纺织出版社，2016.3（2018.10重印）

ISBN 978-7-5180-2331-8

Ⅰ．①人… Ⅱ．①禾… Ⅲ．①企业管理—人力资源管理 Ⅳ．① F272.92

中国版本图书馆 CIP 数据核字（2016）第 023806 号

策划编辑：曹炳镝　　责任印制：储志伟

中国纺织出版社出版发行
地址：北京市朝阳区百子湾东里 A407 号楼　邮政编码：100124
销售电话：010—67004422　传真：010—87155801
http://www.c-textilep.com
E-mail: faxing@c-textilep.com
中国纺织出版社天猫旗舰店
官方微博 http://weibo.com/2119887771
三河市宏盛印务有限公司印刷　各地新华书店经销
2016 年 3 月第 1 版　2018 年 10 月第 3 次印刷
开本：710×1000　1/16　印张：20
字数：222 千字　定价：39.80 元

凡购本书，如有缺页、倒页、脱页，由本社图书营销中心调换

# 前言 Preface

随着现代经济的发展，人力资源管理在企业发展过程中的作用受到越来越多企业管理者的重视。"将正确的人放在正确的位置，去做正确的事。"这是现代人力资源管理的具体内容。总的说来，现代企业人力资源管理实质上就是人力资源获取、整合、激励、调整及开发的过程。

然而，身为企业人力资源管理者，你是否经常被这样一些问题困扰？企业人才短缺，花很大人力、物力招来的人，没用多久就走得一个也不剩；员工对绩效考核百般不满、怨声载道；本来很努力地想了解员工实际工作需求，想通过培训为员工实实在在做点事儿，最后却发现员工们抱着敷衍了事的心态，收效甚微；还有一些员工对工作毫无热情，一副过一天少一天的架式……

这些问题是如何产生的呢？归根结底还是由于企业的人力资源管理方式过于简单、粗放，没有深入到企业和员工的实际工作需要中去。没有既定的标准，也就无法抓住员工的心。把规范化管理落实到部门，进而落实到部门的每一个岗位和每一件工作上，是企业工作高效执行的基本前提，也是人力资源部门建立精细化管理体系的有力举措。

中国的企业一直没有停止对先进管理理念的探索，与此同时，企业在具体工作过程中急需具有实际指导意义的工具。只有层层实现规范化管理，将正确的人放在正确的位置，让人人有干劲，事事有规范，办事有流程，才能提高企业的整体管理水平，从根本上提高企业执行力，增强企业竞争力。也只有这样，企业的人力资源管理工作才能真正做到卓有成效，人力资源部门才能真正为企业在人才的选、育、用、留上把好关，以确保企业进一步发展完善。

本书的编者想企业之所想，集最实用的人力资源规范化管理制度、流程、表格于一书，为企业制定规范化的人力资源管理制度提供了很好的借鉴。总的来说，本书主要有以下三大特点。

1. 内容丰富、全面、系统

编者融合一些成功企业的管理模式，在本书中全面而系统地介绍了企业人力资源部门规范化管理所涉及的各方面内容，如人力资源日常事务管理、招聘录用管理、培训管理、绩效考核管理、薪酬福利管理、人员异动管理等各项人力资源工作内容的管理。在提供人力资源管理各岗位职责、制度、流程的基础上，还为人力资源岗位任职者提供了各种可借鉴的标准化表格。

2. 标准性与实用性结合

无论制度、流程还是表单，本书都给出了时下最新版本，打造出了一套具有高度实效性的人力资源管理实用工具，并配以模板化的展现形式，读者只需根据本企业实际情况，稍加修改或直接复制即可使用。

3. 管理制度与表格紧密连接

本书在管理制度的后面增加了与该制度执行中用到的或与其紧密相关的一系列表单，以此来帮助人力资源管理人员更加规范、高效地执行工作。

最后，感谢在本书的编写过程中，在资料收集和整理、图表编排以及各章节撰写过程中做出贡献的各位同行老师们，希望本书的出版能够为您的工作带来切实的收益。谢谢大家。

编者<br>2015 年 12 月

# 目录 Contents

## 第一章 人力资源部组织架构和管理岗位职责

第一节 人力资源部职能及组织架构 / 003
 一、人力资源部职能 / 003
 二、人力资源部组织架构 / 003
第二节 人力资源部责权 / 004
 一、人力资源部职责 / 004
 二、人力资源部权限 / 004
第三节 人力资源管理岗位职责及任职条件 / 005
 一、人力资源总监岗位职责及任职条件 / 005
 二、人力资源部经理岗位职责及任职条件 / 006

## 第二章 日常事务管理

第一节 人力资源部日常事务管理岗位职责及任职条件 / 011
 一、人力资源日常主管岗位职责及任职条件 / 011
 二、人力资源日常管理专员岗位职责及任职条件 / 012
第二节 人力资源日常事务管理制度 / 013
 一、综合管理制度 / 013

二、考勤管理制度 / 025

　　三、年休假管理规定 / 028

　　四、加班管理制度 / 029

　　五、奖惩管理制度 / 031

　　六、出差管理制度 / 034

　　七、档案管理制度 / 037

第三节　日常事务管理流程 / 041

　　一、综合管理流程 / 041

　　二、公司加班申请流程 / 042

　　三、公司请假流程 / 043

　　四、公司带薪休假流程及计算标准 / 044

　　五、公司出差管理流程 / 045

　　六、公司奖惩管理流程 / 046

第四节　日常事务管理表格 / 046

　　一、单位职工名册 / 046

　　二、人事资料卡 / 048

　　三、部门月报表 / 049

　　四、人事月报表 / 049

　　五、临时人员雇用资料表 / 050

　　六、员工档案目录 / 051

　　七、员工档案调入申请表 / 052

　　八、员工档案关系转移通知书 / 052

　　九、管理人才梯队表 / 053

　　十、员工请假申请表 / 053

　　十一、员工加班调休申请表 / 054

　　十二、员工加班汇总表 / 054

　　十三、员工外出申请表 / 055

　　十四、考勤日报表 / 055

十五、考勤汇总表 / 056

十六、员工奖励表 / 056

十七、公司奖励类型表 / 057

十八、员工奖惩记录台账 / 057

十九、员工违纪过失单 / 058

二十、奖惩人员确认表 / 058

二十一、员工出差申请表 / 059

## 第三章　招聘录用管理

第一节　招聘录用管理人员岗位职责及任职条件 / 063

一、招聘主管岗位职责及任职条件 / 063

二、招聘专员岗位职责及任职条件 / 064

第二节　招聘录用管理制度 / 065

一、内部竞聘管理制度 / 065

二、外部招聘管理制度 / 068

三、员工聘用管理制度 / 069

四、管理人员录用办法 / 072

五、招聘面试管理制度 / 073

六、招聘与录用管理制度 / 076

第三节　招聘录用管理流程 / 080

一、招聘需求录用管理流程 / 080

二、招聘与录用管理流程 / 081

三、内部招聘管理流程 / 082

四、新员工入职流程 / 082

五、员工试用管理流程 / 083

六、员工转正定级流程及工作标准 / 083

### 第四节　招聘录用管理表格 / 084

一、年度招聘计划审批表 / 084

二、年度招聘渠道汇总表 / 085

三、人员需求申请表 / 085

四、招聘工作计划表 / 086

五、内部人员竞聘申请表 / 087

六、竞聘结果及审批表 / 087

七、面试邀请函 / 088

八、面试问题汇总表 / 088

九、面试评价、录用审批表 / 089

十、面试台账 / 090

十一、新员工录用通知书 / 090

十二、员工求职登记表 / 092

十三、员工入职登记表 / 093

十四、员工到职通知单 / 095

十五、新入职员工指引卡 / 095

十六、新员工试用期表现鉴定表 / 096

十七、新员工转正申请表 / 096

十八、新员工试用期表现评估表 / 097

十九、员工转正定级申请表 / 097

二十、提前转正申请表 / 098

二十一、员工录用通知书 / 099

二十二、招聘渠道效果评估表 / 099

## 第四章　培训管理

### 第一节　培训管理人员岗位职责及任职条件 / 103

一、培训主管职责及任职条件 / 103

二、培训专员岗位职责及任职条件 / 104
第二节　培训管理制度 / 105
　　一、新员工培训制度 / 105
　　二、岗前人员培训制度 / 107
　　三、在职人员培训制度 / 109
　　四、外派人员培训制度 / 111
　　五、销售人员培训制度 / 113
第三节　培训管理流程 / 118
　　一、新员工培训需求调查流程及调查内容 / 118
　　二、新员工入职培训流程 / 119
　　三、在职员工培训流程及工作标准 / 120
　　四、外派培训管理流程 / 121
第四节　培训管理表格 / 122
　　一、培训需求调查问卷 / 122
　　二、培训需求汇总表 / 123
　　三、年度培训计划表 / 124
　　四、月度培训计划表 / 125
　　五、部门培训计划表 / 125
　　六、员工个人培训计划表 / 125
　　七、员工培训申请表 / 126
　　八、员工外派培训申请表（一） / 126
　　九、员工外派培训申请表（二） / 127
　　十、员工外派培训记录表 / 128
　　十一、培训人员签到表 / 128
　　十二、在职人员技能提升培训报名表 / 129
　　十三、在职人员培训资历表 / 129
　　十四、入职培训记录表 / 130
　　十五、新员工入职培训考核表 / 130

十六、员工年度培训积分卡 / 131

十七、员工受训意见调查表 / 131

十八、内部培训师课时统计表 / 132

十九、优秀内部培训师评选表 / 132

二十、年度培训费用预算表 / 133

二十一、集体培训申请表 / 134

二十二、培训经费申请审批表 / 134

二十三、外部培训费用统计表 / 135

二十四、员工培训档案 / 135

二十五、员工培训总结表 / 136

二十六、培训协议模板 / 136

# 第五章 绩效考核管理

第一节 绩效考核管理人员岗位职责及任职条件 / 141

一、绩效主管岗位职责及任职条件 / 141

二、绩效专员岗位职责及任职条件 / 142

第二节 绩效考核管理制度 / 142

一、基层人员绩效考核制度及标准 / 142

二、中高层人员绩效考核管理制度及测评内容 / 150

第三节 绩效考核管理流程 / 177

一、公司绩效指标设计流程 / 177

二、绩效考核管理流程 / 178

三、考核申诉处理流程 / 179

第四节 绩效考核管理表格 / 180

一、重要任务考评表 / 180

二、员工通用项目考核表 / 181

三、间接员工考绩表 / 183

四、员工阶段考绩表 / 184

五、员工品行评定表 / 185

六、员工月度考核统计表 / 186

七、定期考绩汇总表 / 186

八、绩效考核面谈表 / 187

九、年度考核成绩表 / 187

十、生产部门业务能力分析表 / 188

十一、会计部门业务能力分析表 / 189

十二、中高层人员季度考核表 / 189

十三、中高层人员年度工作考核表 / 191

十四、中层管理人员综合素质考核表 / 193

十五、下级对上级综合能力考核表 / 194

十六、绩效考核成绩汇总表 / 197

十七、绩效考核改进记录表 / 198

# 第六章　薪酬福利管理

第一节　**薪酬福利管理人员岗位职责及任职条件** / 201

一、薪酬福利主管岗位职责及任职条件 / 201

二、薪酬福利专员岗位职责及任职条件 / 202

第二节　**薪酬福利管理制度** / 203

一、薪酬激励管理制度 / 203

二、员工福利管理制度 / 211

三、员工奖金管理制度 / 214

四、员工提薪及晋升管理办法 / 216

五、新员工核薪及晋升管理细则 / 220

六、兼职人员工资管理办法 / 222

七、计件人员薪金计算办法 / 224

### 第三节　薪酬福利管理流程 / 227

一、工资发放流程及工作标准 / 227

二、薪酬福利管理流程 / 228

三、绩效工资核发流程 / 229

四、年终奖金发放流程 / 230

### 第四节　薪酬福利管理表格 / 231

一、新员工工资核准表 / 231

二、普通员工工资计算表 / 231

三、薪酬调整申请表 / 232

四、薪酬调整确认单 / 233

五、工资异动月度汇总表 / 233

六、工资审批表 / 234

七、工资明细表 / 235

八、月工资分析表 / 235

九、预支工资申请单 / 236

十、工资条签收表 / 236

十一、现金工资发放申请 / 237

十二、现金工资签收记录 / 237

十三、生产人员工资提成计算表 / 237

十四、销售人员工资提成计算表 / 238

十五、员工统一薪金等级表 / 238

十六、计件工资计算表 / 239

十七、件薪核定通知单 / 239

十八、员工奖金核定表 / 240

## 第七章　人员异动管理

**第一节**　**人员异动管理岗位职责及任职条件** / 243
　　一、人员异动主管岗位职责及任职条件 / 243
　　二、人员异动专员岗位职责及任职条件 / 244

**第二节**　**人员异动管理制度** / 245
　　一、内部人员调动管理办法 / 245
　　二、外派人员管理制度 / 248
　　三、员工离职辞退管理办法 / 251

**第三节**　**人员异动管理流程** / 254
　　一、内部人员调动流程及工作标准 / 254
　　二、外派人员管理流程 / 255
　　三、员工离职管理流程 / 256

**第四节**　**人员异动管理表格** / 257
　　一、人事异动表 / 257
　　二、人事异动月报 / 257
　　三、年度人事异动汇总表 / 258
　　四、员工调岗申请表 / 258
　　五、员工岗位调动通知单 / 259
　　六、员工任免通知书 / 260
　　七、内部调岗工作交接表 / 260
　　八、外派人员选拔表 / 261
　　九、外派人员登记表 / 262
　　十、员工辞职申请表 / 263
　　十一、员工辞职面谈表 / 263
　　十二、员工离职交接表 / 264
　　十三、员工辞退告知单 / 265

十四、员工离职结算表 / 265

十五、员工离职调查问卷 / 266

# 第八章　劳动关系管理

**第一节　劳动关系管理人员岗位职责及任职条件 / 269**

一、劳动关系主管岗位职责及任职条件 / 269

二、劳动关系专员岗位职责及任职条件 / 270

**第二节　劳动关系管理制度 / 271**

一、劳动合同管理制度 / 271

二、劳动安全卫生管理制度 / 275

三、劳动争议处理管理制度 / 279

四、员工满意度管理制度 / 283

**第三节　劳动关系管理流程 / 287**

一、劳动合同管理流程及工作标准 / 287

二、员工关系与突发事件管理工作流程及工作标准 / 289

三、员工满意度调查管理流程 / 290

**第四节　劳动关系管理表格 / 291**

一、员工满意度调查结果统计表 / 291

二、劳动合同顺延登记表 / 291

三、解除劳动合同申请表 / 292

四、劳动合同终止/继续履行审批表 / 293

五、劳动合同管理台账 / 293

六、劳动合同月报 / 294

七、安全卫生检查表 / 294

八、安全事故登记表 / 295

九、劳动争议调解申请表 / 295

十、劳动争议仲裁申请书 / 296

十一、劳动争议撤诉申请书 / 296

十二、劳动争议仲裁撤诉申请书 / 297

十三、劳动争议起诉状 / 297

十四、劳动争议反诉状 / 299

十五、劳动争议上诉状 / 300

**参考文献** / 301

# 第一章

## 人力资源部组织架构和管理岗位职责

# 第一章 人力资源部组织架构和管理岗位职责

## 第一节　人力资源部职能及组织架构

### 一、人力资源部职能

企业人力资源管理部门，其主要职能是选拔、配置、开发、考核和培养企业所需的各类人才，制订并实施企业各项薪酬福利政策及员工职业生涯计划，调动员工积极性，激发员工潜能，以满足企业持续发展对人力资源的需求。

### 二、人力资源部组织架构

人力资源管理是指企业运用现代管理方法，对人力资源的获取（选）、开发（育）、保持（留）和使用等方面所进行的计划、组织、指挥、控制和协调等一系列活动，其最终目的是实现企业发展目标。作为企业人力资源管理的主管部门，人力资源部的组织架构可根据企业实际需要灵活设计。

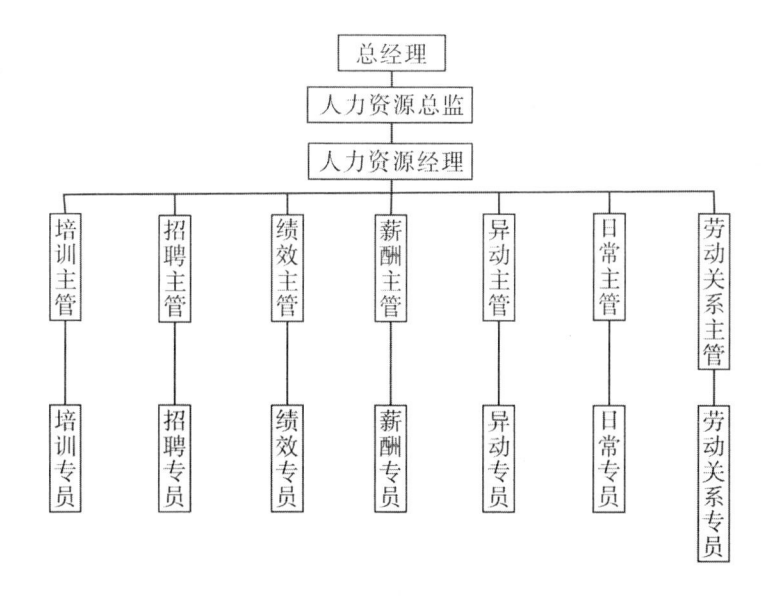

```
                        总经理
                          │
                      人力资源总监
                          │
                      人力资源经理
  ┌───────┬───────┬───────┼───────┬───────┬───────┐
 培训    招聘    绩效    薪酬    异动    日常   劳动关系
 主管    主管    主管    主管    主管    主管    主管
  │       │       │       │       │       │       │
 培训    招聘    绩效    薪酬    异动    日常   劳动关系
 专员    专员    专员    专员    专员    专员    专员
```

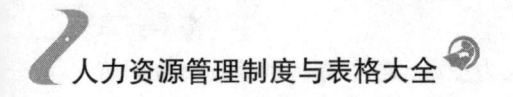

# 第二节　人力资源部责权

## 一、人力资源部职责

人力资源部的职责是根据企业发展战略的要求，制定人力资源规划，通过组织实施招聘管理、培训管理、绩效管理、薪酬福利管理及日常人事管理等，最终实现企业人力资源的有效提升和合理配置。

职责（1）建立完善的员工绩效评价体系并定期开展员工绩效考评工作；

职责（2）参与企业组织结构设计与调整，负责企业岗位设计与岗位分析；拟定、修改各部门岗位职责划分的原则及方法，并予以实施；

职责（3）负责企业人力资源管理制度的拟订、调整、执行和监督；

职责（4）负责企业人力资源的招聘、任用、调动、辞退等事务；

职责（5）负责企业内部公共关系管理及企业文化建设工作；

职责（6）制定人力资源规划，拟订企业人员编制，编制人力资源支出预算，进行成本控制；

职责（7）员工培训与开发管理；

职责（8）负责制定合理且有竞争性的薪酬管理制度，并按规定做好日常的工资计划、核定、核算及统计分析等工作，以实现企业的薪酬激励计划；

职责（9）企业人力资源管理信息系统建设与维护；

职责（10）编制员工手册，建立员工日常管理规范。

## 二、人力资源部权限

人力资源部作为企业人力资源管理的职能部门，其工作权限主要体现在以下方面：

权限（1）参与公司人力资源战略规划；

权限（2）具有对员工薪资调整及相应职位调整、人员任免的建议权；

权限（3）具有对公司招聘决策的建议权；

权限（4）协调部门之间的工作；

权限（5）协调企业劳资纠纷；

权限（6）具有对违反公司制度及有损公司利益的行为的处罚权；

权限（7）管理公司人事档案。

# 第三节 人力资源管理岗位职责及任职条件

## 一、人力资源总监岗位职责及任职条件

1. 人力资源总监主要负责依据公司的发展战略目标，组织编制和实施人力资源规划，协调各部门和各子公司人力资源管理工作，为公司经营业务和管理的有序开展提供人力资源方面的保障和支持，是人力资源部的灵魂人物。

职责（1）负责建立畅通的沟通渠道和有效的激励机制；

职责（2）及时处理公司管理过程中的重大人事问题、定期组织考评，向领导推荐优秀人才；

职责（3）健全公司人力资源管理制度；

职责（4）组织制定公司人力资源发展的长期规划、中期规划和年度计划；

职责（5）协调和指导各用人部门的人才招聘、员工培训、绩效考评、员工关系管理、薪酬福利等工作；

职责（6）计划和审核人力资源管理的成本；

职责（7）向公司高层决策者提供有关人力资源战略、组织建设等方面的建议，并致力于提高公司的综合管理水平。

2. 人力资源总监作为企业高级管理人员，企业对其要求一般都比较高，担任此岗位的人员必须具备以下条件：

条件（1）具有法律或管理类专业硕士学位；

条件（2）具有5年以上员工关系管理经验；

条件（3）具备优秀的外联、公关及解决突发事件的能力；

条件（4）熟悉各类社会保险的管理规定；

条件（5）谙熟国家劳动人事政策、劳动法规及劳动合同的执行要素；

条件（6）对现代企业人力资源开发有深入的了解和研究；

条件（7）有良好的口头及书面表达能力，抗压性强；

条件（8）工作计划性强，作风严谨，有亲和力。

## 二、人力资源部经理岗位职责及任职条件

1. 人力资源部经理的直接上级是人力资源总监，直接下属是人力资源主管。主要对公司人力资源管理工作进行协调、指导、监督和管理，负责公司人力资源规划和员工招聘选拔、培训、绩效考核、激励、开发、薪资管理等工作，以保证公司人力资源供给，满足公司发展对人才的需求。其具体职责如下：

职责（1）组织制定人力资源战略并制定相应的人力资源规划；

职责（2）根据企业经济效益和外部环境，制定合理的员工薪酬管理办法和实施方案；

职责（3）组织建立并不断完善人力资源管理系统和相关的管理制度；

职责（4）组织做好员工考勤、考核、调动、晋升、奖惩与辞退等日常事务工作；

职责（5）建立公司人力资源管理信息系统，为公司重大人力资源管理决策提供参考；

职责（6）受理员工投诉和公司劳动争议事宜并负责及时解决；

职责（7）根据企业发展计划及用人要求，组织做好员工招聘与录用工作；

职责（8）根据公司对绩效管理的要求，组织实施绩效管理，并对各部门绩效评价过程进行监督控制；

职责（9）根据人力发展规划，负责人才的开发、引进和培训，建立分层次的培训管理体系。

2. 人力资源经理虽然没有人力资源总监级别高，但在中小企业中多实行扁平化组织架构管理，所以人力资源经理亦是不容忽视的岗位之一。因此，担任人力资源经理的人员须具备以下条件：

条件（1）具有5年以上的人力资源管理相关工作经验；

条件（2）具有很强的沟通、协调以及推进能力，善于与各类性格的人交往，待人公平；

条件（3）对现代企业人力资源管理模式有系统的了解以及一定的实践经验，熟悉人力资源管理工作流程；

条件（4）熟悉国家、地区及企业合同管理、薪酬、保险、福利、培训等方面的相关制度；

条件（5）具备人力资源、管理或相关专业大学本科及以上学历。接受过现代人力资源管理、劳动法规、管理能力开发等方面的培训。

# 第二章

## 日常事务管理

# 第一节　人力资源部日常事务管理岗位职责及任职条件

人力资源部的日常工作主要体现在日常主管和专员这两个岗位上，在展开工作之前，主管和专员首先要清楚本部门及自己的岗位职责是什么，只有这样才能避免出现低级的错误，才能干好本职工作。

## 一、人力资源日常主管岗位职责及任职条件

### 1. 人力资源日常主管岗位职责

人力资源日常主管的直接上级是人力资源经理，直接下级是人力资源日常专员。其岗位职责如下：

职责（1）初步拟定、编制本部门的计划及年度预算，统计分析员工的动态资料，调查、分析员工的需求；

职责（2）拓展员工内部沟通渠道，化解、处理员工的意外事件；

职责（3）准备招聘资料，对应聘者进行初选和测试，负责新进员工的合同签订、考核及调配工作；

职责（4）负责企业有关人力资源决策、决定的收集、归档工作；

职责（5）整理、分类、管理员工的档案，负责日报表、月报表等表格的填写和存档工作；

职责（6）负责解释、说明激励政策并为员工提供福利、法律方面的咨询。

### 2. 人力资源日常主管任职条件

人力资源日常主管要符合以下任职条件：

条件（1）具有法律或管理类专业本科及以上学历；

条件（2）具有人力资源相关岗位两年以上管理经验；

条件（3）具有很强的责任心、工作条理及计划性，思考缜密；

条件（4）具备良好的书面及口头表达能力，抗压性强。熟悉国家劳动人事政策、劳动法规及劳动合同的执行要素，以及各类社会保险统筹的管理规

定；

条件（5）熟悉员工关系与发展的管理组织工作并具备相关的实践经验。

## 二、人力资源日常管理专员岗位职责及任职条件

### 1. 人力资源日常管理专员岗位职责

人力资源日常管理专员的直接上级是人力资源主管，没有下级，其岗位职责如下：

职责（1）接待、处理员工申诉，跟踪各类员工纠纷的处理结果；

职责（2）完成上级安排的其他工作任务；

职责（3）收发离职通知书并组织离职面谈，负责开具离职证明、办理离职交接的审核与监督工作；

职责（4）负责审核入职人员的证件、背景等，为新进人员办理入职手续；

职责（5）提供员工激励、奖惩的相关建议，并负责实施；

职责（6）负责与新进员工签订劳动合同以及培训、保密、竞业限制等协议；

职责（7）协调、处理劳资关系与工伤事故。

### 2. 人力资源日常管理专员任职条件

人力资源日常管理专员需符合以下任职条件：

条件（1）具有法律或管理类专业本科及以上学位；

条件（2）熟悉了解劳动法规；

条件（3）耐心、认真、抗压能力强；

条件（4）具备很强的工作条理性和计划性；

条件（5）具有良好的书面及口头表达能力；

条件（6）责任心强，思考缜密。

## 第二节　人力资源日常事务管理制度

### 一、综合管理制度

人力资源管理部门需要制定与本部门相关的综合管理制度、流程及管理表格。只有这样，企业才能规范人力资源管理的工作，将管理工作制度化。

综合管理制度内容很多，这里仅列出人力资源管理制度、人事管理制度以及年休假管理制度。人力资源管理制度和人事管理制度比较全面地规定了企业人力资源管理工作的各项要求。年休假管理制度则对企业员工年假休假条件、如何办理休假手续等方面作出规定。

#### 1. 人力资源管理制度

| 制度名称 | ××公司人力资源管理制度 | 受控状态 | |
|---|---|---|---|
| | | 编号 | |
| 执行部门 | 监督部门 | 编修部门 | |

第 1 章　总则

第 1 条　依据国家相关法律法规，并结合本公司实际情况，特制定本制度。

第 2 条　本制度中的程序及政策适用于全体员工。

第 2 章　人员编制管理

第 3 条　人力资源部在全面了解公司当年的工作任务、各岗位工作内容及工作强度的基础上，提出公司的年度岗位编制预算方案，提交总经理审批。

第 4 条　在保证生产、经营等人员需要的同时进行年度岗位编制预算，杜绝一岗多人、人浮于事等现象。

第 5 条　人力资源部根据公司年度所需人员的数量预测，做好相应的人才储备工作。

第 6 条　人力资源部根据公司的具体情况制定相应的管理机构表，并以此作为本年度人力资源管理的基础资料。

第 7 条　公司的岗位职责由人力资源部负责制定，各部门需对所在部门岗位人员的职

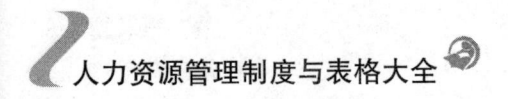

责、人员素质及资历给出明确要求，以供人力资源部参考。

第 8 条　公司年度人员的编制预算必须由总经理办公会批准后方可生效。

### 第 3 章　人员招聘

第 9 条　公司各个岗位人员的招聘工作由人力资源部统一负责，其他部门或个人不能擅自录用员工。

第 10 条　各部门因职位空缺出现人员需求时，用人部门的经理应以书面形式提交员工需求表，表中除应清楚地填写空缺的职位与所需人员必备的条件外，还应附上该职位具体的岗位描述，由总经理同意后，方可转交人力资源部进行招聘。

第 11 条　部门的人员需求属于新增编制的，须经人力资源部经理确认并得到总经理的批准后方可进行招聘。

第 12 条　招聘方式和途径。

1. 现场招聘会。

2. 公司内部竞聘。

3. 人才中介服务机构（如人才交流中心、职业介绍所、猎头公司等）。

4. 新闻媒介（如网站、报纸、电视、杂志等）。

5. 公司内部员工推荐。

6. 校园招聘会。

第 13 条　人力资源部对应聘者简历进行初步筛选后，安排符合条件的员工面试、初试（笔试）和复试。

1. 由人力资源部协调后选定初试面试官。面试官在面试过程中将应聘者履历的真实程度、基本素质和业务能力等综合考察结果记录在面试评估表上。

2. 面试、初试（笔试）通过后，将进一步安排应聘者复试。

3. 人力资源部负责通知通过复试的应聘者由前往公司指定的医院做入职体检，体检通过者，将正式被公司录用。

第 14 条　员工确认入职后，人力资源部须对其进行背景调查，一切隐瞒、虚报个人经历和资料的或有违法犯罪记录及在以往工作中有严重违纪行为的人员，不予录用，已录用者，须立即与其解除劳动关系。

### 第 4 章　人员录用

第 15 条　所有员工必须在得到部门经理及人力资源经理的书面确认后才能录用。

第 16 条　所有被录用的新员工在入职后一个月内须向人力资源部提供以下资料：

续表

1. 员工信息登记表（在本公司填写）。

2. 近期彩色一寸正面免冠照片两张。

3. 学历证明（原件供审核，留存复印件）。

4. 身份证（原件供审核，留存复印件）。

5. 一份个人简历。

6. 前单位的离职证明。

7. 办理入职手续所需的其他相关证件、证明。

8. 对于从事国家规定的特殊岗位工作的，还需要提供相应的技术资格证书。

第17条　人力资源部负责组织被录用人员与公司签订劳动合同。

第18条　劳动合同签订后，人力资源部负责依据国家及省市的相关法规为员工缴纳医疗保险、社会保险及住房公积金等。

## 第5章　劳动合同管理

第19条　确定劳动合同期限：

1. 新签员工：普通员工1年，主管以上员工1～3年。

2. 续签员工：普通员工1年，主管以上员工1～3年。

第20条　续签劳动合同：

1. 人力资源部应在距员工劳动合同期满的前两个月，向员工所在的部门经理发出《劳动合同续签审批表》，以此了解其是否与员工续签合同以及确定续订劳动合同的期限。

2. 部门经理决定不与员工续订劳动合同的，应在员工劳动合同到期前一个月内确定。

第21条　人力资源部在其他部门配合下，负责统一组织员工进行岗前培训。

第22条　涉及员工个人岗位相关的知识、技能等方面的培训，均由用人部门自行安排。

## 第6章　员工试用期管理

第23条　试用期：新录用员工的试用期最少不低于1个月，最长不超过6个月。

| 合同期限 | 试用期 |
| --- | --- |
| 3个月以内 | 无试用期 |
| 3个月~1年 | ≤1个月 |
| 1~3年 | ≤2个月 |
| 3年及以上 | ≤6个月 |

续表

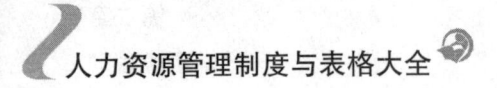

第 24 条　距新员工试用期满前的两周，人力资源部通知用人部门对新员工进行试用期评估；员工试用期满后，应由员工本人递交一份试用期工作总结。

第 25 条　由员工本人提出转正申请，并由主管或经理提出评议意见，报总经理批准。经评估，符合任职资格者，由总经理通知人力资源部向员工发转正通知。

第 26 条　试用期员工如果未被批准转正，人力资源部将遵照其所在部门的意见，延长该员工的试用期或直接与其解除劳动关系。

第 27 条　无论新员工是否通过试用期，在试用期结束前一周用人部门有义务通知人力资源部，以便人力资源部为员工办理相关的手续。

## 第 7 章　职务变更

第 28 条　部门内部调动。

部门内部如需进行员工岗位调整，部门经理应填写员工岗位变更表，经总经理签字批准后，将该表交人力资源部存档。

第 29 条　跨部门转岗。

员工调离所在部门，该部门经理应填写员工岗位变更表，经调入部门经理签字确认后，交人力资源部经理及总经理审批。

第 30 条　员工职务发生变更，人力资源部需在公司范围内发布通告。

第 31 条　晋升。

员工的工作业绩是晋升的主要依据。对有潜质、表现突出的员工由其直接主管或部门经理推荐。

第 32 条　职务升迁程序：

1. 由职能部门向人力资源部提交员工状态变更表，并陈述升迁理由。
2. 由人力资源部提交审核意见，报公司领导审批。
3. 经总经理批准后，人力资源部负责发出任职通告。

第 33 条　当员工的岗位或职责发生变动时，在发生变更的一周内其直接领导必须重新为其拟定岗位描述，经上一级经理签字确认后由人力资源部存档。

第 34 条　职务或岗位变更的文件应存入员工的个人档案，必要时也可对劳动合同进行相应的变更。

## 第 8 章　离职

第 35 条　员工主动离职。

员工根据劳动合同规定，在劳动合同期未满时提出与公司解除劳动合同。

续表

第36条　员工主动离职程序：

1. 由员工本人向所属单位递交辞职报告。

2. 经部门经理和总经理签字批准后，通知人力资源部。

3. 人力资源部负责向员工发放员工离职清单。

4. 离职员工需持员工离职清单办理离职手续，须将公司全部物品和欠款如数偿还（如居住公司宿舍者，必须在离职前搬离）。

5. 部门经理核准后，人力资源部根据员工离职清单为离职人员结算工资及其他费用。

第37条　被动离职（被公司解除或终止劳动合同）。

非员工主观愿望被公司解除或终止劳动关系的情况，其原因大致包括因病、违纪、伤亡或劳动合同中规定的其他原因等。

人力资源部负责妥善处理员工被动离职时的相关事宜，并严格按照国家和公司的相关规定及时为员工办理解除劳动关系的一切手续。

第38条　离职程序：

1. 由员工所属的部门经理填写解除劳动合同审批表，经总经理签字批准，交人力资源部审核后向员工发出"员工离职通知"。

2. 被解除劳动合同的员工办理离职需填妥员工离职清单，离职手续的办理与"辞职"相同。

第39条　经总经理批准后，公司以赔偿方式解除与被动离职员工间的劳动合同。

第40条　人力资源部根据《劳动合同法》在规定的时间内为离职员工办理劳动关系转移的相关手续。

第41条　员工个人档案在其离职后应至少保存两年。

## 第9章　退休

第42条　人力资源部须于每年年初将当年到龄退休人员的名单提供给其所属部门主管领导，以供其安排接替的人手。

第43条　人力资源部负责在员工到达退休年龄前的一个月通知员工。

第44条　员工的退休手续由人力资源部负责办理。

第45条　退休员工返聘：

1. 用人部门因特殊情况需留用或聘用退休人员时，必须向人力资源部以书面形式详述返聘的理由，经总经理批准后才可返聘。

2. 本公司的退休人员经返聘后不再计算工龄，也不再享受原工资待遇，但可比照原待

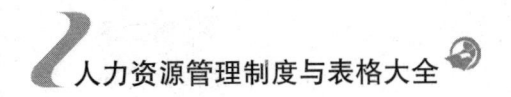

遇给予补助；从外单位返聘的退休人员，由用人部门向人力资源部提出其返聘待遇，经总经理批准后方可执行。

## 第10章 附则

第46条 本制度自×年×月×日起生效，由人力资源部负责解释、修改。

第47条 本制度将依据国家相关政策及时进行修改与补充。

| 编制日期 | | 审核日期 | | 批准日期 | |
|---|---|---|---|---|---|
| 修改标记 | | 修改处数 | | 修改日期 | |

## 2. 人事管理制度

| 制度名称 | ××公司人事管理制度 | 受控状态 | |
|---|---|---|---|
| | | 编号 | |
| 执行部门 | | 监督部门 | | 编修部门 | |

### 第1章 总则

第1条 依据公司组织规程的有关规定特制定本制度，以达到提高绩效、人尽其才的目的。

第2条 凡本公司员工，除人事管理另有规定外，均依本制度规定办理。

### 第2章 任用

第3条 各级人员均应依据其专业知识及工作经验予以派任。

第4条 各级人员任免程序如下：

1. 总经理、副总经理、总经理助理由董事会任免。
2. 部门经理由总经理提请董事会任免。
3. 部门主管由职能部门经理提请总经理同意后报董事会核准。
4. 新进人员通过试用考核后予以正式录用。

第5条 公司录用新员工，主管级以下人员由总经理审核批准，录用部门主管及以上人员应由董事长审核批准。

第6条 新进人员有以下情况者，不予任用：

1. 曾因刑事案件被判刑或尚未撤销通缉的。
2. 因身体缺陷或健康状况难以胜任岗位工作的。

续表

3. 曾因刑事案件被判刑或尚未撤销通缉的。

4. 不满十六周岁的。

第7条　除另有规定外，新进人员自到职之日起的三个月为试用期，必要时试用期也可根据其试用期考核的成绩予以缩短或延长。

第8条　表现优异的试用人员，由其部门经理或主管填写试用人员"任免签报单"，经总经理签字核准后即可正式录用。

第9条　表现不佳的试用人员，应由其部门经理或主管权宜延长或停止试用，并填写"试用人员任免签报单"，报总经理核准。

第10条　新进人员在报到后，应在试用开始前到人力资源管理部门办理以下手续：

1. 填写"新进职员登记表"。

2. 提交学历证、身份证原件用于审查并提供证件复印件用于存档。

3. 提供3张近期半身正面免冠照片。

第11条　公司员工自试用之日起开始计算其服务年资。

### 第3章　服务

第12条　公司各级人员，除岗位说明书规定的职责外，其他由上级主管指派的工作，也应尽力完成。

第13条　公司员工须遵守以下规定：

1. 遵守本公司的一切规章制度。

2. 不得互相推诿或无故拖延公司指派的任务。

3. 严守公司的一切机密。

4. 重视公司名誉，凡涉及本公司方面的个人意见，未经允许不得对外发表，除公司授权外，不得擅用公司的名义。

5. 爱护公司财物，杜绝浪费，未经允许不得擅自携公物离开公司。

6. 态度谦和，以取得同事的配合及客户的合作。

7. 严格遵守公司考勤制度。

8. 因公司原因需要加班的，员工必须严格遵守加班管理制度的相关规定。

### 第4章　待遇

第14条　除另有规定外，公司员工的待遇，均依本章各条办理。

第15条　按工作性质不同，员工的工资分为计件工资和计时工资。

第16条　员工工资标准参照"工资标准表"，工资结算方法参照"工资结算办法"。

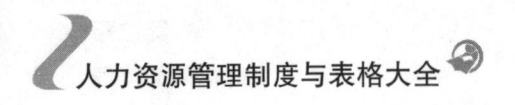

第17条　前条所列的工资标准有关特殊岗位、职务、工龄津贴等无等级之分。

第18条　结算及发放员工的工资须按以下规定执行：

1.员工工资每月结算一次，结算时间为每月××日。

2.每月××日发放员工上月结算的工资。

第19条　公司员工年终奖金的发放须依以下规定办理：

1.工作满三个月的，董事会审核其工作质量后计发年终奖金。

2.工作未满三个月的，不发放年终奖金。

3.服务年资的计算以截至上年12月31日为准。

第20条　新进员工的薪酬自到职之日起，按日计算。

第21条　升薪或减薪员工的薪酬自人事调令生效之日起，按日计算。

## 第5章　调迁与差假

第1节　调迁与出差

第22条　公司可根据业务方面的需要随时调迁员工的职务或服务地点，员工不得推诿。

第23条　调任人员应在规定期限内办理交接并报到。主管人员逾期五日，其他人员逾期三日，将视为自动辞职。

第24条　调任人员在其接任者未到前离职的，其遗留的工作由其主管或其主管指定的人员代理。

第25条　调任人员的薪酬自到新职报到之日起，按日计算。

第26条　公司员工出差须严格遵守公司出差管理制度。

第2节　休假与请假

第27条　以下为国家规定的节假日：

1.元旦（1月1日），1天。

2.春节（农历除夕至农历正月初二），3天。

3.妇女节（3月8日），半天（仅限女员工）。

4.清明节（农历清明当日），1天。

5.劳动节（5月1日），1天。

6.端午节（农历五月初五当日），1天。

7.中秋节（农历八月十五当日），1天。

8.国庆节（10月1—3日），3天。

续表

第 28 条　前条所述节假日休息的天数可根据生产情况而定，但其间的工作须严格按照加班管理制度的相关规定办理。

第 29 条　员工请假须遵照以下规定办理：

1. 病假。因病需休养或治疗的可请病假，但每月不可多于 5 天，每年累计不可多于 30 天，逾期未痊愈的以一年为限予以停薪留职。

2. 事假。员工因私事需处理的可请事假，但每年累计不可多于 30 天。

3. 婚假。员工本人结婚可请婚假 7 天。

4. 丧假。父母、配偶或子女去世时可请丧假 8 天；祖父母、配偶的父母或兄弟姊妹去世时可请丧假 6 天。

5. 产假。女性员工分娩可请产假 98 天。未满 4 个月流产的可请假 15 天；4 个月以上流产的可请假 42 天。

6. 公假。因兵役或参加选举的可请公假，假期根据实际情况决定。

7. 工伤假。因公受伤的可请工伤假，假期根据实际情况决定。

第 30 条　请假逾期的，除病假依照第二十九条第一款办理外，其余均以旷工处理。

因重病短期未能治愈的，出具医院提供的证明后，可根据其病况、在职资历及工作成绩，报请总经理特准延长其病假，但最多不得超过 3 个月。

第 31 条　请假期间内的薪资，依下列规定支付：

1. 除事假无薪资外，其余请假在规定期限内的或经批准延长病假的，其请假期间内薪资按基本工资的 60% 发放。

2. 请公假及工伤假的薪资照发，且工伤的治疗费用根据治疗单据全额报销。

第 32 条　员工请假必须填写"请假单"，经部门领导批准并送人力资源部登记后视为准假。凡未经请假或未经批准续假而缺勤者，除因大病或重大事故经证明属实，并于事后 3 天内根据规定办理补假手续外，均以旷工处理。

第 33 条　员工请假须依照以下规定报请批准：

1. 副总经理和总经理助理请假 2 天以内者（含 2 天），须报请总经理核准；超过 2 天的须报请董事长核准。

2. 部门经理请假 2 天以内者（含 2 天），须报请所属部门副总经理核准；2～5 天以内者（含 5 天），须报请总经理核准；超过 5 天者，须报请董事长核准。

3. 其余人员请假 2 天以内者（含 2 天），须报请所属部门经理核准；2～5 天以内（含 5 天），须报请所属部门副总经理核准；超过 5 天者，须报请总经理核准。

第 34 条　员工请假不论假别均须以书面形式报请批准，病假超过 2 天者（含 2 天），

续表

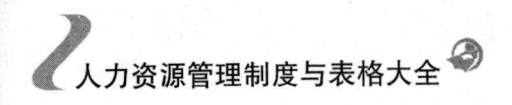

应附带医生的证明文件，外伤可显示者可依情况免附。

## 第6章 考核与奖惩

**第1节 考核**

第35条 各级主管人员对其所属的员工，有日常工作成绩考核的责任。每月一次，须按《员工考核实施细则》将员工的各项工作情况，逐一填写在考核表中，详细评核其工作绩效，并将结果分为"A、B、C、D、E"等，凡列于A等和E等者，须详述理由，并报请上一级主管核阅及存档，以作为年度考核、培训等的依据。

第36条 员工到职满3个月后的当年年底应办理年度工作考核。由其直接主管根据平时工作的考核成绩和出勤情况予以评核。评核等级分为"A、B、C、D、E"等，A或E等的考核，均须详细陈述理由及具体事实。员工在年度中曾受记过以上处分、请假逾期或旷工累计超过3天者，考核不得列于B等以上。

第37条 凡年度考核列为A等者，由总经理呈报董事会批准后发给特别年终奖金（数额由董事会商讨决定，但不应低于当年最高月薪的两倍）；列为B等者的年终奖金为当年最高月薪的两倍；C等者年终奖金为当年最高月薪的一倍；D等者不发给年终奖金；E等者予以辞退。

第38条 总经理、副总经理和总经理助理的考核由董事长评核。各部门经理的考核由总经理评核，其余人员均由其所属部门的经理评核。

**第2节 奖惩**

第39条 对员工的奖励分为嘉奖、记功及奖金三种方式。

第40条 有以下情况之一者，应予以嘉奖：

1.品德作风良好、在同事间起到表率作用，有具体事迹的。

2.在有事实为证的情况下，其他有利于公司或公众利益的行为。

第41条 有以下情况之一者，应予以记功：

1.维护公司设备、财物，节省费用显著的。

2.能如期完成公司临时指派的重要任务，并达成预期目标的。

3.维护公司设备、财物，节省费用显著的。

第42条 有以下情况之一者，应发放奖金：

1.对业务或管理有重大改善，因而降低成本或提高质量的。

2.对公司设备积极维护或提前完成任务，因而增加效益的。

3.对业务或管理提供重大改革建议或发明，经采纳实施后有显著成绩的。

续表

4. 对损害公司利益的事件，能预先防止或积极救护，避免公司受损失的。

5. 年度内记功两次以上的。

6. 对业务或管理有重大改善，因而降低成本或提高质量的。

以上奖金的数额，视实际贡献的价值决定。

第43条 对员工的惩戒，分为警告、记过及免职三种方式。

第44条 有以下情况之一且有具体实证的，应给予警告：

1. 未经允许私自带领外人进公司参观的。

2. 随处涂鸦有碍观瞻的。

第45条 有以下情况之一的，予以记过处分：

1. 行为不检，导致公司声誉受损的。

2. 无正当理由，延误公事导致公司受损失的。

3. 未经准假擅离职守的。

4. 指挥不当或监督不力，导致下属发生重大失误致使公司受损失的。

5. 年度内被警告两次或两次以上的。

6. 有欺骗、胁迫及恐吓同事行为的。

7. 在工作场所喧哗、争吵有碍其他员工工作的。

第46条 有以下情况之一的，应予免职：

1. 违法犯罪被司法机关予以处罚的。

2. 对外泄露公司业务秘密，或故意损坏公司设备、财物的。

3. 胁迫、恐吓上级，或打骂侮辱主管行为情节严重的。

4. 连续无故旷工3天以上，或一个月内无故旷工累计超过6天的。

5. 煽动员工罢工或怠工且情况属实的。

6. 年度内记过三次以上的。

7. 未经批准擅自改变工作方法，使公司产生严重经济损失的。

8. 在公司内赌博、酗酒闹事、打架斗殴妨害秩序的，或对上级不满肆意谩骂的。

第47条 员工的奖惩事项，由各部门主管详述事实，逐级审阅，并报请总经理核准。

第48条 其他未列举而应予奖励或惩戒的事项，可根据实际情况酌情予以奖惩。

第49条 员工奖惩可累计，嘉奖两次给予一次记功，记功两次可给予相应数额的奖金。警告两次予以一次记过，记过三次予以免职。同一年度内功过不能相抵。

续表

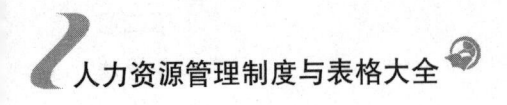

## 第 7 章 离职

第 50 条  员工有以下情况之一者，应予以停职：

1. 触犯国家法律法规，经司法机关起诉，判刑但尚未确定者。

2. 有违犯公司规章的嫌疑，情节重大，但尚在调查之中，未经证实的。

第 51 条  上述各条款经查明，无过失或判决无罪者，可申请复职。如批准复职，除因非本身过失而致停职者外，不得要求补发停职期间的薪酬。

第 52 条  停职期间，薪酬停发，并应办理工作移交。

第 53 条  因公司业务紧缩或不可抗力停工超过一个月的，可裁遣人员，但解雇人员时应提前 30 天告知员工。

第 54 条  接到裁遣通知的员工，如需另谋工作可于工作时间请假外出，但每星期不得超过两天，其请假日的薪酬照发。

第 55 条  依据第五十三条情况解雇人员时，除通告期间发给薪酬外，还应依照以下规定，补发资遣费（但如公司破产，可依破产法办理，不在此限）：在公司连续工作期满一年的，发给一个月薪酬。以上所称薪酬，是以员工最后工作月份的薪酬为准。

第 56 条  员工辞职，应于一周前以书面形式报请总经理批准。批准辞职后，应立即办理工作移交，不发给任何津贴或补助。未经批准或移交不清即擅离职守者，给予免职处理。

第 57 条  员工依照上列任何条款不论暂时或永久离开公司者，均应妥善办理工作移交，如因移交不清导致公司受损害的，均依法追究其赔偿。

## 第 8 章 培训

第 58 条  公司需要定期或不定期地根据业务的实际情况为员工举办岗位技能、业务流程等方面的培训。

第 59 条  公司安排的培训，应参加的人员、课程、时间、地点等均依照既定计划办理。

第 60 条  公司可指派各相关人员担任讲师或学员。

第 61 条  根据实际需要，公司也可聘请专家担任讲师或指派相关人员参加外界举办的有关业务培训。

第 62 条  各种培训结束后均须对员工进行测验，其测验成绩将成为员工月度/季度/年度考核的依据。

续表

### 第9章 附则

**第63条** 本制度经董事长核准后正式公布实施。

**第64条** 本制度如有未尽事宜，由总经理报请董事长审核修订。

| 相关说明 | | | | | |
|---|---|---|---|---|---|
| 编制日期 | | 审核日期 | | 批准日期 | |
| 修改标记 | | 修改处数 | | 批准日期 | |

## 二、考勤管理制度

| 制度名称 | ××公司考勤管理制度 | 受控状态 | |
|---|---|---|---|
| | | 编号 | |
| 执行部门 | | 监督部门 | | 编修部门 | |

### 第1章 总则

**第1条** 目的

为员工能明确工作和休息时间，严格遵守工作纪律，保障工作效率，本公司结合实际，并严格依据国家相关政策法规及总公司有关的考勤管理办法，特制定本办法。

**第2条** 作息时间

1. 公司实行每天8小时标准工作日制度，周一至周五为正常工作日，周六、周日休息，若有特殊情况，可另行安排作息时间。

2. 上班时间为每天上午＿＿＿：＿＿＿至下午＿＿＿：＿＿＿，中午＿＿＿：＿＿＿至＿＿＿：＿＿＿为休息时间。

**第3条** 适用范围

公司一般员工到总监级员工均需严格遵守本制度的相关规定。

### 第2章 考勤（打卡）规定

**第4条** 打卡地点为公司＿＿＿＿＿＿＿处。

**第5条** （打卡）时间：每天上午＿＿＿：＿＿＿至＿＿＿：＿＿＿，下午＿＿＿：＿＿＿至＿＿＿：＿＿＿，每天打卡两次。

**第6条** 员工上下班必须打卡，因故不能打卡者，须在当天向上一级负责人陈述原因（出差者除外），并由部门负责人签字报人力资源部，否则以旷工论处。

续表

第 7 条　上下班员工必须亲自打卡，任何人不得代理他人或由他人代理打卡，违犯此条规定者，代人打卡者一经发现，打卡者与持卡者每次各扣罚工资_____元。

第 8 条　凡是漏打、错打卡者须在 24 小时内上报公司，经部门主管核定后报人力资源部。

第 9 条　公司员工出差，须填报"出差申请单"，经主管、总经理批准后将申请单复印件一份交人力资源部备查。

第 10 条　业务人员外出执办公务，须填写"外出登记表"上报主管核准，获得人力资源部登记备案后方可外出。

第 11 条　员工在规定工作时日外继续工作者，须填写"加班申请表"并经本部门主管及人力资源部经理批准后方认定为加班，人力资源部负责加班人员之出勤考核。

### 第 3 章　出勤管理办法

第 12 条　员工须按时上下班，工作时间开始后_____分钟以内到岗者视为迟到，超过_____分钟视为旷工；工作时间结束前_____分钟下班者视为早退，提前_____分钟视为旷工。

第 13 条　每迟到、早退_____分钟以内，一次罚款_____；迟到、早退在_____至_____分钟以内，每次罚款_____元；达到三次者，罚款_____元/次；

第 14 条　为方便员工应急，每个月允许迟到两次且不扣减工资（不晚于__：__到公司），超过__：__，扣除缺勤时间的工资。

第 15 条　公司每天安排人员监督员工上下班打卡，并负责将员工出勤情况报告值班领导，由值班领导报至劳资部，劳资部据此核发全勤奖金及填报员工考核表。

第 16 条　考勤卡损毁或丢失，影响打卡考勤的，须及时向总公司办公室备案。

第 17 条　各部门负责人为本部门考勤第一责任人，考勤员由部门负责人确定。

第 18 条　各部门每月_____日前根据考勤原始记载和打卡记录情况，对本部门上月的出勤情况进行实事求是的汇总，经部门主要负责人审定并签字后报人力资源部汇总。

第 19 条　全体员工的年度考勤情况，由总公司人力资源部在次年的 1 月 10 日前予以公示。

### 第 4 章　休假规定

第 20 条　员工享有国家规定的公休日、法定节假日及带薪年假。

第 21 条　事假

1.各部门主管因私或工作外出，不论几天都须提前_____天填妥"请假申请单"，经人力资源部批签后，呈交总经理批示，同时安排妥后续工作。

续表

2. 员工遇事必须在工作时间亲自办理时，应事先填写"员工请假表"，由本部门主管批准，交人力资源部备案；若员工请假在两天以上者，在本部门主管允许后，经总经理批示同意并把工作交代清楚后可休事假。

3. 无法事先请假的，可以以电话、传真的方式请假，获得批准后方可休假。

4. 每月事假不得超过_____天，全年累计不得超过_____天，否则以旷工论处。

5. 事假不满一日者以实际请假时间计算。

6. 事假必须事前请准，不得事后补请。如因特别事故须申述充足理由，呈请领导批准后方可补假。

7. 一般员工请假_____天内由直接主管领导批准；_____天至_____天应由隔级上级领导批准；_____天以上事假必须报总经理批准。

8. 中层以上管理人员请假需经总经理批准，报人力资源部备案。

9. 员工请事假期间不享受正常工资和津贴。

10. 有以下情形之一者，按旷工论处：

（1）请假未获准或不办理请假手续而私自外出者。

（2）续假未获准或假期已满不办理续假手续而擅自不上班者。

（3）请假原因与事实不符者。

（4）无正当理由撤离职守者。

第 22 条　病假

1. 因病或非因公受伤，可以凭医院出具的病休证明休病假。

2. 员工病假期间的工资按其日工资标准的_____%核发（累计病假在半年以内）。病假累计超过半年的，员工工龄为_____年及以上的，按其日工资标准的_____%核发，员工工龄为_____年以下的，按其日工资标准的_____%核发。

第 23 条　婚假

1. 符合法定婚龄的员工可享受婚假 3 天；符合法定晚婚年龄的员工可增加婚假 10 天。

2. 休婚假的员工需持结婚证办理休假手续，否则按事假处理。

第 24 条　产假

1. 符合国家计划生育规定的女员工，单胎顺产者给予产假 98 天，难产者增加 15 天，多胞胎生育者每多育一个婴儿，增加产假 15 天。

2. 按国家有关规定执行，公司将在不违反国家规定的情况下对工资标准作适当调整。

第 25 条　其他假期根据相关规定执行。

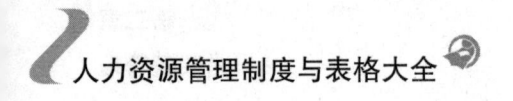

续表

| 第 5 章　附则 ||||
| --- | --- | --- | --- |
| 第 26 条　本制度由人力资源部负责制定和解释。 ||||
| 第 27 条　经总经理核准，本制度自公布之日起实施。 ||||
| 编制日期 | | 审核日期 | | 批准日期 | |
| 修改标记 | | 修改处数 | | 批准日期 | |

## 三、年休假管理规定

| 制度名称 | ××公司年休假管理规定 | 受控状态 | |
| --- | --- | --- | --- |
| ^ | ^ | 编号 | |
| 执行部门 | | 监督部门 | | 编修部门 | |

（1）为保障员工的身心健康，维护员工的切身利益，符合休假条件的员工在年度内必须休假。

（2）公司员工连续工作满一年，自第二年起可享受带薪年休假。

（3）年假天数：员工累计工作期在 1 年到 10 年间的，年休假为 5 天；10 年到 20 年间的，年休假为 10 天；20 年以上的，年休假为 15 天。

（4）在本单位连续工作 12 个月以上但离职时不满一个合同年度的，按比例享受该年度的年休假。

（5）所有员工均按本人劳动合同年度计算年休假，带薪年休假必须在下个年度前休完。

（6）年休假的假期不包括国家法定的节假日和休息日。

（7）年休假员工需提交书面申请，经公司批准后才可休假，员工在年度内未提交申请的视为自愿放弃，未休年假的不折算成年休假的工资支付给员工。

（8）年休假也可由公司统筹安排，员工必须服从公司根据工作情况安排的休假，不同意公司休假安排的员工，将视为其自愿放弃该休假，未休年假不折算成年休假的工资支付给员工。

（9）员工在离职前没有休完年休假的，如不在离职前申请休假，将被视为其自愿放弃未申请的年休假。

（10）年度内年休假的天数＝员工应休年假的天数－年度内公司安排的休假天数－已休假的天数。

续表

（11）员工休假时，先休国家规定的假期，后休公司规定的假期。

（12）员工有以下情形之一的，无权享受合同年度的年休假：

①员工依法享受的假期天数多于年休假天数的。

②员工事假累计20天以上且按照规定不扣工资的。

③累计工作期在1年到10年间的员工，病假累计达2个月以上的。

④累计工作期在10年到20年间的员工，病假累计达3个月以上的。

⑤累计工作满20年以上的员工，病假累计达4个月以上的。

（13）经总经理办公会讨论通过，本规定自发布之日起开始施行。

| 编制日期 | | 审核日期 | | 批准日期 | |
| --- | --- | --- | --- | --- | --- |
| 修改标记 | | 修改处数 | | 批准日期 | |

## 四、加班管理制度

| 制度名称 | ××公司加班管理制度 | 受控状态 | |
| --- | --- | --- | --- |
| | | 编号 | |
| 执行部门 | | 监督部门 | | 编修部门 | |

第1条　目的

为完善加班管理、提高员工的工作效率，根据《中华人民共和国劳动法》及其他相关法律法规，结合本公司实际、特制定本制度。

第2条　加班规定

公司如因工作需要，可以安排员工加班加点，被指定加班的员工不得无故推诿或拒绝。

第3条　加班申请

1. 员工加班要向主管申请，并事先得到部门负责人的批准。

2. 工作日加班者，员工需要在实际加班前一天下午五点钟前，把经过批准的加班申请提交至公司人力资源部。

3. 周末加班者，员工需在实际加班前的最后一个工作日的下午五点钟前，把经过批准的加班申请交到公司人力资源部。

4. 假日加班者，员工需在实际加班前的最后一个工作日的下午五点钟前，把经过批准的加班申请交到公司人力资源部。

续表

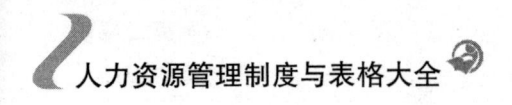

如有意外，员工必须在实际加班发生后的两天内及时补交加班申请。

第4条　加班纪律

1. 需加班人员如因故不能加班时，应事先向其直接主管说明，否则一经派定即须按时到岗。

2. 凡加班人员于加班时不按规定工作，有擅离工作岗位、消极怠工等情况者，按公司相关制度惩处。

3. 无论是工作日、周末还是假日加班，员工均须如实打卡，以记录加班时间。

第5条　加班费的计算

1. 工作日加班的，加班费按正常工作日工资的1.5倍计算。

2. 周末加班的，加班费按正常工作日工资的2倍计算。

3. 国家法定节假日内加班的，加班费按正常工作日工资的3倍计算。

第6条　加班工资的计发

1. 加班工资的计算标准按照国家相关规定执行。

2. 加班工资每月结算一次，随员工工资一起发放。

第7条　加班调休

1. 公司鼓励员工在每天规定的工作时间内完成本职工作，不鼓励加班。原则上各单位不得安排员工加班加点，确实需要加班时，在保护员工身体健康的基础上合理、妥善地安排。

2. 公司会根据实际经营状况，在与员工进行沟通的基础上合理安排加班员工的调休。

第8条　其他规定

1. 加班员工可不领取加班费而申请调休代替，凡要求调休的员工均应先提出书面申请，并报主管部门和人事部门审批同意后方可执行。

2. 公司或部门组织的文娱活动、体育活动等，不得视为加班。

3. 出差在外的人员逢节假日，不视为加班。

第9条　附则

1. 本制度的最终解释权归人力资源部所有。

2. 经公司总经理核准，本制度自公布之日起实施。

## 五、奖惩管理制度

| 制度名称 | ××公司奖惩管理制度 | 受控状态 | |
| --- | --- | --- | --- |
| | | 编号 | |
| 执行部门 | | 监督部门 | | 编修部门 | |

### 第1章 总则

第1条 目的

为维护公司的工作秩序，使员工自觉遵守公司的各项规章制度、工作标准及行为规范，保证生产经营过程中各个环节有效地进行，特制定本制度。

第2条 适用范围

本制度适用于公司全体员工。

第3条 管理部门

本制度归口管理部门为公司人力资源部。

### 第2章 奖惩类别

第4条 奖励分为五种：书面表扬、嘉奖、记功、记大功、晋升。

第5条 惩罚分为五种：口头警告、警告、记过、记大过、降职。

### 第3章 奖励

第6条 有下列事迹之一的员工，经人力资源部调查核实后，给予不同程度的奖励，奖励种类视绩效程度而定，具体内容如下表所示。

#### 应予奖励的行为表现及奖励标准

| 奖励类型 | 行为表现 | 奖励标准 |
| --- | --- | --- |
| 书面表扬 | 1. 乐于帮助同事<br>2. 有其他功绩，足为其他员工楷模<br>3. 领导有方，带领团队高效完成工作任务<br>4. 积极维护公司荣誉，在客户中树立公司良好形象<br>5. 其他应予奖励的行为 | 通报表扬，并给予____至____元的奖励 |

续表

| 奖励类型 | 行为表现 | 奖励标准 |
|---|---|---|
| 嘉奖 | 1. 全年无缺勤，积极做好本职工作<br>2. 在完成生产、工作任务，提高产品质量、工作质量和服务质量及增收节支等方面做出显著成绩<br>3. 积极向公司提出合理化建议，其建议被公司所采纳<br>4. 超额完成公司利润计划，经济效益显著<br>5. 坚持业余自学，不断提高业务水平，在公司任职期内获取相关文凭或其他专业证书<br>6. 其他应予嘉奖的行为 | 奖励员工薪资的____% |
| 记功 | 1. 在改进企业管理，提高经济效益等方面取得重大成果和显著成绩<br>2. 全年度嘉奖达_____次者记小功一次<br>3. 对可能发生的意外事故能防患于未然，确保公司及财物安全<br>4. 在科学研究和工艺、产品设计及改善劳动条件等方面有创新技术改造或者提出合理化建议，取得重大成果和显著成绩<br>5. 其他应予记功的行为 | 奖励员工薪资的____% |
| 记大功 | 1. 在保护公共财产、防止或挽救事故中有功，使企业财产和职工利益免受重大损失<br>2. 其他应予记大功的行为 | 奖励员工薪资的____% |
| 晋升 | 同时具备下列条件者，可予以升职，并享受相应的福利待遇<br>1. 经考核已经具备较高职位所需的业务、管理能力<br>2. 接受过较高职位所需的相关培训<br>3. 工作敬业，责任心强，能起模范带头作用<br>4. 具有相关的工作经验和资历 | 根据公司薪酬管理制度的规定执行 |

## 第4章 惩罚

第7条 员工有下列行为之一的，公司给予不同程度的处罚。

### 应予惩罚的行为表现及惩罚标准

| 惩罚类型 | 行为表现 | 惩罚标准 |
|---|---|---|
| 口头警告 | 1. 初次不听主管人员工作安排<br>2. 违反公司其他规定但情节轻微 | 在部门内部做检讨 |
| 警告 | 1. 拒不服从工作安排而影响工作<br>2. 妨碍工作秩序或违反、破坏规章制度<br>3. 因过失导致工作发生错误，但情节轻微<br>4. 工作时间内擅离岗位 | 扣减相当于日工资额的____% |

续表

| 惩罚类型 | 行为表现 | 惩罚标准 |
| --- | --- | --- |
| 记过 | 1. 在工作时间从事与工作无关的事情。比如聊天、嬉戏等<br>2. 工作时间内擅离工作岗位及无故迟到、早退、旷工<br>3. 因玩忽职守造成公司轻微损失 | 扣减员工薪资的____% |
| 记大过 | 1. 严重违反公司各项规章及劳动纪律<br>2. 因工作失职造成重大恶性投诉事件，给公司造成信誉、利益严重损失<br>3. 因疏忽大意，致使机器设备或物品材料遭受损害或伤及他人，情节严重的<br>4. 擅离职守致使公司蒙受重大损失 | 扣减员工薪资的____% |
| 降职 | 有下列情况之一者(但不仅限于以下情况)，予以降职<br>1. 严重违反纪律或者有严重失职行为，使企业蒙受重大损失，不宜继续担任现任职务者<br>2. 违背体系运作要求，虽多次纠正，但无有效预防措施或预防措施不当者<br>3. 不采取主动措施或措施不当，影响工作计划进度，使公司蒙受重大损失者<br>4. 管理水平、技术水平不足以胜任者 | 根据公司薪酬管理制度的规定执行 |

## 第5章 奖惩程序

**第8条 奖励程序**

1. 考核奖励。各部门负责人根据月度及年度考核的结果填写《员工月度、年度考核评价表》，并提出奖励标准，报请公司批准执行。

2. 特殊奖励。公司可直接评选、提名或由其所属部门负责人填写奖惩人员确认表，并提出奖励建议，报请公司批准后给予相关人员嘉奖。

**第9条 处罚程序**

1. 员工举报、所在部门向人力资源部报告、公司领导发现后向人力资源部通报或人力资源部通过检查发现员工违纪行为。

2. 人力资源部会同违纪员工所在部门分管领导进行调查落实，形成书面报告。

3. 人力资源部依据本制度的有关规定对违纪员工做出处罚决定，但处罚决定为工资降级、降职、辞退或开除的，还须报总经理批准。

4. 财务部、人力资源部、相关部门等依照决定执行。

续表

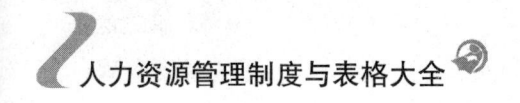

### 第6章 附则

第10条 员工行政嘉奖、荣誉称号、特殊奖励、过失行为、重大过失行为导致解除劳动关系的奖惩材料均须做好记录并统一保管，以备查阅。

第11条 本制度的解释权归人力资源部所有。

第12条 经公司总经理核准，本制度自公布之日起实施。

| 编制日期 |  | 审核日期 |  | 批准日期 |  |
|---|---|---|---|---|---|
| 修改标记 |  | 修改处数 |  | 批准日期 |  |

## 六、出差管理制度

| 制度名称 | ××公司出差管理制度 | 受控状态 |  |
|---|---|---|---|
|  |  | 编号 |  |
| 执行部门 |  | 监督部门 |  | 编修部门 |  |

### 第1章 总则

第1条 为加强员工的出差管理，公司结合相关规定，特制定本制度。

第2条 公司部门经理及以下的全体员工均须遵守本制度。

### 第2章 出差审批权限

第3条 员工出差前应填写出差申请表，出差期限由派遣负责人视情况需要予以核定。

第4条 出差的审核决定权限。

1. 当日出差：出差当日可以往返的，一般由部门经理核准。

2. 远途国内出差：＿＿＿日内的由部门经理核准，＿＿＿日以上的由主管副总核准，部门经理以上人员出差一律由总经理核准。

3. 国外出差的，一律由总经理核准。

第5条 员工乘坐火车、轮船、飞机等交通费的发放标准及凭据：

| 交通工具<br>职位级别 | 火车 | 轮船 | 飞机 | 备注 |
|---|---|---|---|---|
| 主管级以上（含） | 软卧 | 头等 | 头等 | （1）代理职称的员工均按高一级别的标准支付<br>（2）实习生及试用期员工等非正式员工均按正式员工的标准支付 |
| 普通员工 | 硬卧 | 一等 | 经济 |  |

续表

1. 乘坐火车及长途汽车，支付费用应以车票票价为准。未能取得车票或丢失的，可凭其他相应的单据证明。

2. 乘坐轮船，应提供轮船公司或旅行社出具的购票证明或船票存根。

3. 因公务紧急必须搭乘飞机的，应事先报请批准，并凭行程单报支交通费。

4. 乘坐公司的交通工具出差的，不得再报支交通费。

### 第3章 出差借款与报销

**第6条 费用预算**

坚持"先预算后开支"的费用控制制度。各部门应对本部门的费用进行预算，做出年计划、月计划，报财务部及总经理审批，并严格按计划执行，不得超支，原则上不支出计划外费用。

**第7条 借款**

1. 借款的首要原则是"前账不清，后账不借"。

2. 因出差或其他用途需借大笔现金时，应提前向财务预约；大额开支应按银行的有关规定用支票支付。

3. 借款要及时清还，员工须在公务结束后3日内到财务部结算还款。

**第8条 报销**

严格按审批程序办理：按财务规范粘贴"报销单"—部门主管或经理审核签字—财务部核实—分管副总审批—财务领款报销。

### 第4章 差旅管理

**第9条 出差申请与报告**

1. 员工出差之前必须提交出差申请表，注明出差时间、地点和事由，行政部据此安排差旅、住宿等事宜。

2. 将出差申请表送人力资源部留存，作为记录考勤之依据。

3. 出差途中生病、遇意外或因工作实际需要延长差旅时间时，应打电话向公司请示；不得因私事延长出差时间，否则其差旅费不予报销。

4. 员工出差完毕后应立即返回公司，并于3日内凭有效日期证明（如机票、车票等）到财务部办理费用报销、差旅补贴等手续。

5. 员工出差后，必须于3日内向主管副总汇报工作，并写出详细的书面报告报总经理审阅。

续表

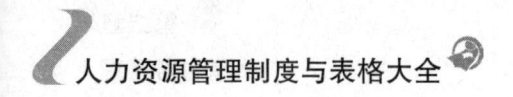

6. 未按以上办理出差手续或未经审批所发生的费用，公司将不予报销，并对员工按旷工进行处理。

第 10 条　费用标准及审批权限

差旅费用标准及审批权限如下表所示。

**差旅费用标准及审批权限表**

| 人员类别 | 费用类别 | 报销条件、报销额度及审批人 |
| --- | --- | --- |
| 总经理助理及以上级别管理层 | 所有费用开支 | 实报实销，由总经理审批 |
| 部门经理、普通员工 | 在国内城市之间转移所发生的交通费用 | 凭所购票据实报实销<br>分别经部门经理、分管副总审批 |
| | 住宿费、正常餐饮费用 | 须取得税务局的统一发票（注明开票日期、入住及退房日期），并加盖有效印章<br>按报销标准给予报销（如下表所示）<br>分别经部门经理、分管副总审批 |
| | 招待费、交际应酬费（需详列说明） | 费用发生前，需征得部门经理、主管副总的批准<br>未经事先批准的此类费用，由责任人自行承担 |
| | 出租车费用 | — |

**员工出差住宿、餐饮费用报销标准**

| 费用＼城市 | | 一级城市 | 二级城市 | 三级城市 |
| --- | --- | --- | --- | --- |
| 住宿 | | ＿＿＿元／天 | ＿＿＿元／天 | ＿＿＿元／天 |
| 餐饮 | 早餐 | ＿＿＿元／人·餐 | ＿＿＿元／人·餐 | ＿＿＿元／人·餐 |
| | 午餐、晚餐 | ＿＿＿元／人·餐 | ＿＿＿元／人·餐 | ＿＿＿元／人·餐 |

注：不按上表规定而超出报销标准时，员工必须提交书面说明，写明理由，经副总经理签字后方予报销，否则由报销人自己承担。

第 11 条　出差补贴标准

1. 员工在出差当天的 9：00 前出发、17：30 后返回公司的，可享受一天的出差补贴，否则不予计算出差补贴。

2. 远途出差者，计算出差补贴一般采取"去头留尾"的原则。例如：9 日出差 12 日返回者，给予 3 天的出差补贴；如果员工能提供 9 日 9：00 前出发、12 日 17：30 后离开

续表

出差地的相关证明，则可给予 4 天的出差补贴。

3. 出差补贴的标准根据员工的职位级别另行确定。

4. 如果出差人员由接待单位免费招待，一律不予发放出差补贴；如果出差期间发生了已经批准的招待费，招待期间不发放相应的餐费补贴。

5. 出差期间不得另外报支加班费，法定节假日出差的另计。

第 12 条　国外出差

1. 员工赴国外受训考察等，其食宿由其他公司安排者，每日支付生活费____元。

2. 出国人员因公所花的交际费、应酬费，除由总经理核准由公司开支的部分外，多余部分由个人承担。

第 13 条　出差责任处理。

有下列行为的，其出差费用不予报销，情节严重的，给予通报批评：

1. 执行审批及抄送流程未按规定办理者。

2. 出差未按出差申请表中计划进行，且更改行程及路线时未经上级领导批准者。

3. 出差人员工作出现严重失误未及时汇报，导致任务无法完成且失去补救机会者。

第 5 章　附则

第 14 条　本制度的解释权归人力资源部所有。

第 15 条　经公司总经理核准，本制度自公布之日起实施。

| 编制日期 | | 审核日期 | | 批准日期 | |
|---|---|---|---|---|---|
| 修改标记 | | 修改处数 | | 批准日期 | |

# 七、档案管理制度

| 制度名称 | ××公司档案管理制度 | 受控状态 | |
|---|---|---|---|
| | | 编号 | |
| 执行部门 | | 监督部门 | | 编修部门 | |

第 1 章　目的

第 1 条　目的

为进一步加强公司人事档案管理工作，有效地保护和使用档案，实现人事档案管理的规范化、制度化、科学化，根据相关规定，结合公司实际，特制定本制度。

续表

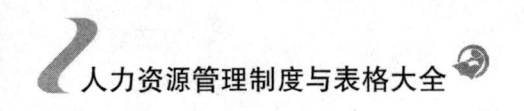

## 第 2 章　材料归档

第 2 条　收集的人事档案材料必须经过认真的鉴别，属于归档的材料应真实准确、完整齐全、文字清楚、对象明确、手续完备、具有保存价值。需经组织审查盖章或本人签字的，应在盖章签字后方能归入人事档案。

第 3 条　新员工办理入职手续两日内，人力资源部需将新员工的人事档案收集、整理并交负责人事档案管理工作的人员统一归档。

第 4 条　人事档案的归档内容。

1. 记载和叙述员工本人经历、基本情况、成长历史及思想发展变化进程的履历和自传材料。

2. 员工以往工作或学习单位对员工本人优缺点进行的鉴别和评价，对其学历、专长、业务及有关能力的评定和考核材料。

3. 对员工的有关历史问题进行审查、甄别与复查的人事材料。

4. 记录关于员工在所工作或学习的单位内加入党派组织的材料。

5. 记载员工违反组织纪律或触犯国家法律而受到处分，及受到各级各类表彰、奖励的人事材料。

第 5 条　新形成的档案材料应及时归档，归档的程序如下。

1. 对归档材料进行鉴别，看其是否属于归档的范围。

2. 按照材料的属性和内容，确定其归档的具体位置。

3. 在人事档案目录上补充登录材料名称及相关内容。

4. 将新的材料放入档案。

第 6 条　不属于档案范围的材料，不得擅自归档，可分情况予以处理。凡销毁材料，均须详细登记，并报请有关负责人审查批准，由专人负责监销。

## 第 3 章　档案的借阅与查阅

第 7 条　档案一般不借出查阅。本公司各部门因工作需要查阅员工档案时，应由部门出具证明，由人力资源部负责人批准后方可查阅。如必须借阅时，须持注明借阅理由的部门介绍信，经人力资源部门负责人批准后办理借阅手续。外单位来公司查阅档案时，必须持盖有公章的单位介绍信及本人工作证或身份证，经分管领导批准后方可查阅。

第 8 条　借阅档案要如期归还。逾期不还的，档案员必须及时追回。

第 9 条　借阅档案时，档案管理员和借阅者要当面点清材料份数和页数，登记签名。归还时当面交清，双方签字认可。借档人员要保证档案的安全完整，有遗失、缺页、损坏

续表

等情况时，应承担相应责任。

第 10 条　未经同意，不得摘录、复制档案材料。严禁涂改、圈划、抽取、撤换档案材料。

第 11 条　人事档案管理人员每月检查、核对一次借用和查档次数，并及时做好档案的入库归位工作。

第 12 条　公司建立档案查阅登记制度，对查阅职工档案的情况做好记录。

### 第 4 章　档案的转递

第 13 条　档案应通过公司机要部门转递或派专人送取，不准邮寄或交本人自带。

第 14 条　调出人员持"商调函"要求转递档案的，必须经单位人力资源部负责人同意并签署意见后方可进行。

第 15 条　接收单位收到档案经核对无误后，应在回执上签名盖章，并将回执立即退回。逾期一个月转出单位未收到回执时应及时催问，以防档案丢失。

### 第 5 章　档案的安全保密要求

第 16 条　档案室门窗必须坚固耐用，有防盗、防火等设施和其他安全措施。严禁在档案室内吸烟、放置易燃易爆物品，以确保档案安全。

第 17 条　档案应由专人负责保管，档案管理人员离开档案室时，应及时将门窗锁好。

第 18 条　档案管理人员应经常检查档案，做好防火、防蛀、防潮、防光、防盗等防范工作，发现隐患及时采取措施处理。

第 19 条　档案管理人员不得擅自提供档案或向他人泄露档案内容；整理档案过程中不得丢失档案材料，不随便议论档案内容；不得随意泄露人事软件密码，不得将档案材料带至公共场所。

第 20 条　个人不得擅自转移、分散和销毁档案材料，需要销毁的材料必须进行登记，经领导批准后方可按照规定的程序销毁。

第 21 条　档案管理人员在保管档案期间不得私自翻阅人事档案。

### 第 6 章　档案整理工作规定

第 22 条　员工人事档案由人力资源部集中保管，其任务是：收集、保管、鉴别、整理员工人事档案材料，办理档案的查询、借用和转递，建立科学的档案检索工具，调查研究档案管理工作情况，逐步实现人事档案管理的科学化和现代化。

第 23 条　离职、退休等人员的档案，按公司有关规定移交档案管理部门保管。

续表

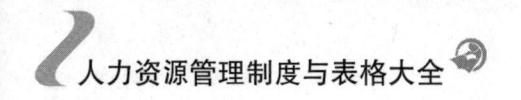

第 24 条　解除（终止）劳动合同人员的档案，在其办理解除（终止）劳动合同手续后，由公司人力资源部在＿＿＿日内转交至其新工作单位的人力资源部。

第 25 条　加强档案管理，提高档案的保存价值。应做到每月归档材料一次，每年整理档案及装订一次，不得存在有档案未整理、未装订的现象。

第 26 条　管理部门应建立人事档案登记和统计制度，建立各类档案名册。每年检查核对一次档案，做到档号与档案名册编号一致，发现问题及时解决。严格执行保密制度，确保档案的绝对安全和准确无误。

第 27 条　档案管理实行专员责任制，由人力资源部档案管理专员负责保管与整理。

第 28 条　做好档案管理的各项基础工作，编制检索工具，逐步实现人事档案的现代化管理。

## 第 7 章　附则

第 29 条　本规定由公司人力资源部制定，其解释权和修改权归人力资源部所有。

第 30 条　本规定经公司总经理审批通过后，自发布之日起执行。

| 编制日期 |  | 审核日期 |  | 批准日期 |  |
|---|---|---|---|---|---|
| 修改标记 |  | 修改处数 |  | 批准日期 |  |

## 第三节 日常事务管理流程

### 一、综合管理流程

关于企业综合管理流程，我们只列出以下一种供读者参考，其他工作流程将在相关内容中介绍。

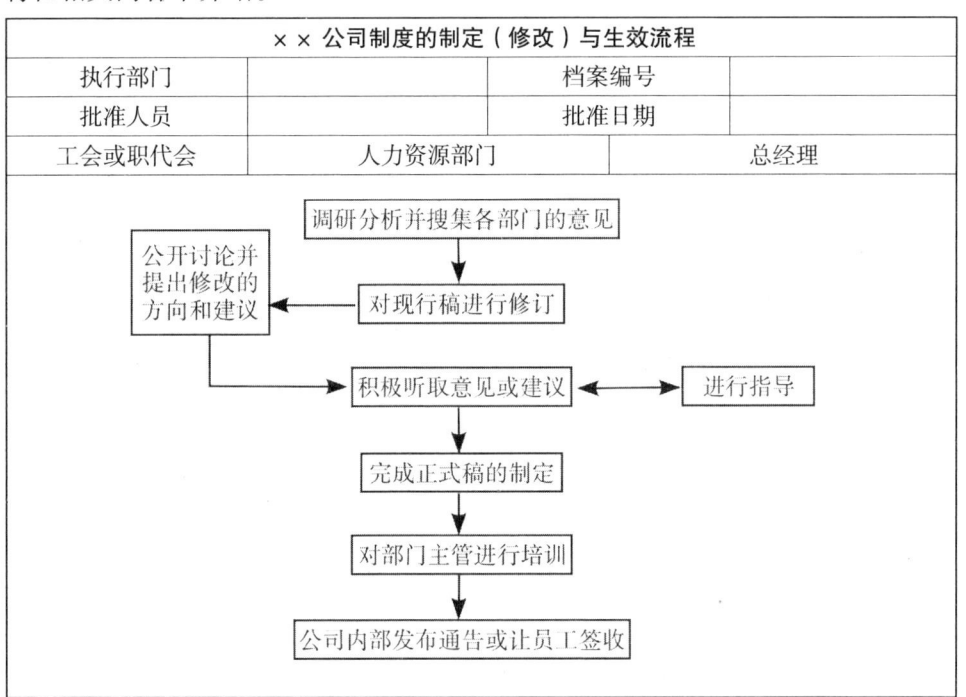

| ××公司制度的制定（修改）与生效流程 |||||
|---|---|---|---|---|
| 执行部门 | | 档案编号 | | |
| 批准人员 | | 批准日期 | | |
| 工会或职代会 | 人力资源部门 || 总经理 ||

```
                    ┌─────────────────────────┐
                    │ 调研分析并搜集各部门的意见 │
                    └───────────┬─────────────┘
┌──────────────┐                ▼
│ 公开讨论并    │    ┌─────────────────────────┐
│ 提出修改的    │    │ 对现行稿进行修订          │
│ 方向和建议    │    └───────────┬─────────────┘
└──────┬───────┘                │
       │                        ▼
       │        ┌─────────────────────┐      ┌──────────┐
       └───────▶│ 积极听取意见或建议    │◀────▶│ 进行指导 │
                └───────────┬─────────┘      └──────────┘
                            ▼
                ┌─────────────────────┐
                │ 完成正式稿的制定      │
                └───────────┬─────────┘
                            ▼
                ┌─────────────────────┐
                │ 对部门主管进行培训    │
                └───────────┬─────────┘
                            ▼
                ┌─────────────────────────────┐
                │ 公司内部发布通告或让员工签收   │
                └─────────────────────────────┘
```

## 二、公司加班申请流程

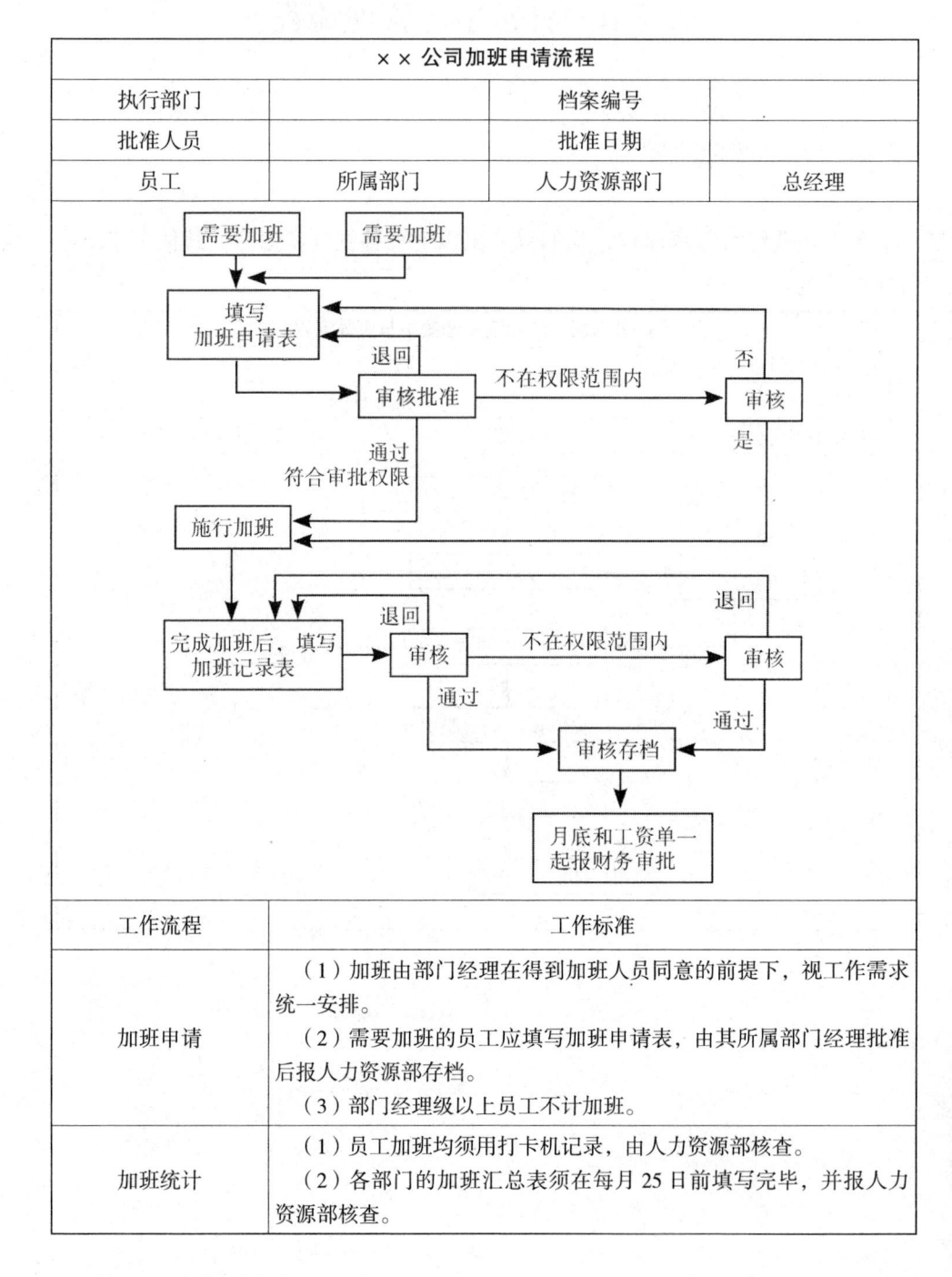

| ××公司加班申请流程 ||||
|---|---|---|---|
| 执行部门 |  | 档案编号 |  |
| 批准人员 |  | 批准日期 |  |
| 员工 | 所属部门 | 人力资源部门 | 总经理 |
| <br>需要加班 → 填写加班申请表 → 审核批准（退回返回；通过符合审批权限则施行加班；不在权限范围内 → 审核 否/是）<br>施行加班后，完成加班后填写加班记录表 → 审核（退回；通过）→ 不在权限范围内 → 审核（退回；通过）→ 审核存档 → 月底和工资单一起报财务审批 ||||
| 工作流程 | 工作标准 |||
| 加班申请 | （1）加班由部门经理在得到加班人员同意的前提下，视工作需求统一安排。<br>（2）需要加班的员工应填写加班申请表，由其所属部门经理批准后报人力资源部存档。<br>（3）部门经理级以上员工不计加班。 |||
| 加班统计 | （1）员工加班均须用打卡机记录，由人力资源部核查。<br>（2）各部门的加班汇总表须在每月25日前填写完毕，并报人力资源部核查。 |||

续表

| 加班补偿的计算方式 | （1）公司采用"加班与假期对冲制度"，各部门可根据自身情况安排调休。<br>（2）离职员工办理完离职手续后仍有加班存假的，公司应以天为单位折算予以补偿。 |
|---|---|

## 三、公司请假流程

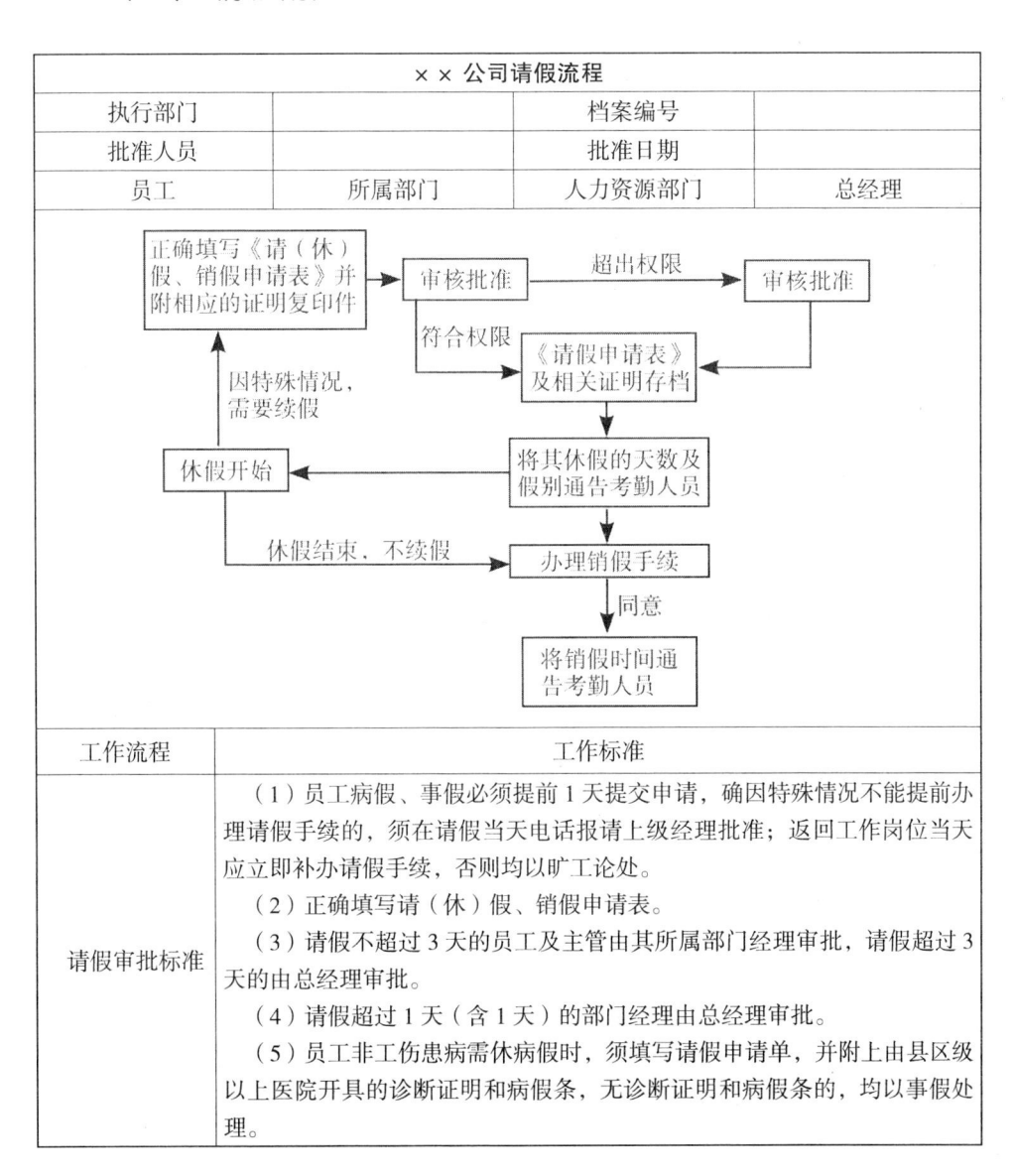

<table>
<tr><td colspan="4" align="center">××公司请假流程</td></tr>
<tr><td>执行部门</td><td></td><td>档案编号</td><td></td></tr>
<tr><td>批准人员</td><td></td><td>批准日期</td><td></td></tr>
<tr><td>员工</td><td>所属部门</td><td>人力资源部门</td><td>总经理</td></tr>
<tr><td colspan="4">

员工：正确填写《请（休）假、销假申请表》并附相应的证明复印件 → 所属部门：审核批准 —（符合权限）→《请假申请表》及相关证明存档 → 将其休假的天数及假别通告考勤人员 → 休假开始

所属部门审核批准 —（超出权限）→ 总经理：审核批准 → 返回《请假申请表》及相关证明存档

因特殊情况，需要续假 → 正确填写申请

休假结束，不续假 → 办理销假手续 →（同意）→ 将销假时间通告考勤人员

</td></tr>
<tr><td>工作流程</td><td colspan="3" align="center">工作标准</td></tr>
<tr><td>请假审批标准</td><td colspan="3">（1）员工病假、事假必须提前1天提交申请，确因特殊情况不能提前办理请假手续的，须在请假当天电话报请上级经理批准；返回工作岗位当天应立即补办请假手续，否则均以旷工论处。<br>（2）正确填写请（休）假、销假申请表。<br>（3）请假不超过3天的员工及主管由其所属部门经理审批，请假超过3天的由总经理审批。<br>（4）请假超过1天（含1天）的部门经理由总经理审批。<br>（5）员工非工伤患病需休病假时，须填写请假申请单，并附上由县区级以上医院开具的诊断证明和病假条，无诊断证明和病假条的，均以事假处理。</td></tr>
</table>

续表

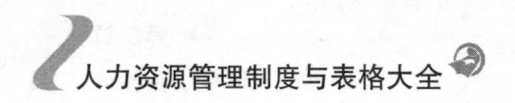

| 请假天数计算 | 员工请假天数在当月累计，按 8 小时 / 天折算成实际请假天数，余下的小时数如下处理：小于 1 小时的，忽略不计；1～5 小时的，按半日请假处理；超过 5 小时的，按全日请假处理。 |
|---|---|
| 病事假期间薪资的计算 | （1）员工请事假的，当月累计天数不超过 3 天（与其加班时间冲抵后）的，可视具体情况扣除其请假日期内的平均工资及部分月绩效奖金。<br>（2）一个月内，事假累计超过 3 天（与其加班时间冲抵后），可视具体情况扣除其请假日期内的平均工资及当月全部的绩效奖金。<br>（3）员工没有办理相关请假手续就擅自离开公司的，以旷工论处。旷工不得与加班冲抵。连续旷工 2 天的员工，由其所属部门经理同人力资源部与其面谈，将面谈结果记入其人事考评档案中，并扣除其当月工资的 50% 及当月全部绩效奖金；在一个月内连续旷工 3 天或累计旷工 4 天的，以自动离职论处。<br>（4）休假期满未办理续假手续而没有到职上班的，以旷工论处。<br>（5）患病员工在国家规定的医疗期满后仍不能上班的，可视其具体情况，按国家有关规定办理。 |

## 四、公司带薪休假流程及计算标准

<table>
<tr><td colspan="4" align="center">××公司带薪休假流程及计算标准</td></tr>
<tr><td align="center">执行部门</td><td></td><td align="center">档案编号</td><td></td></tr>
<tr><td align="center">工作流程</td><td colspan="3" align="center">工作标准</td></tr>
<tr><td align="center">休假的申请及审批</td><td colspan="3">（1）根据国家及公司相关的法律规定，员工享有的带薪休假包括：国家法定的节假日、探亲假、产假、计划生育假、婚假、丧假等。<br>（2）婚假、产假、计划生育假等带薪休假均需在一周前提出申请。由其所属部门经理及公司总经理核准后，交人力资源部存档，并须在休假前完成相关工作的交接手续。未按规定程序办理手续的，以旷工论处。<br>（3）填写请（休）假、销假审批登记表。</td></tr>
<tr><td align="center">续假</td><td colspan="3">休假期间确因特殊情况需晚归的，应及时电话联系其所属部门经理说明情况，并在返回公司当天补办续假手续；无正当理由到期不归的，均以旷工论处。</td></tr>
<tr><td align="center">休假的计算方法</td><td colspan="3">（1）员工享有年假待遇，属带薪休假。职工累计工作已满 1 年不满 10 年的，年休假 5 天；已满 10 年不满 20 年的，年休假 10 天；已满 20 年的，年休假 15 天。<br>（2）计算带薪休假的方法为逐日计算。（遇节假日顺延）<br>（3）对休假的统计核实由人力资源部负责。</td></tr>
</table>

## 五、公司出差管理流程

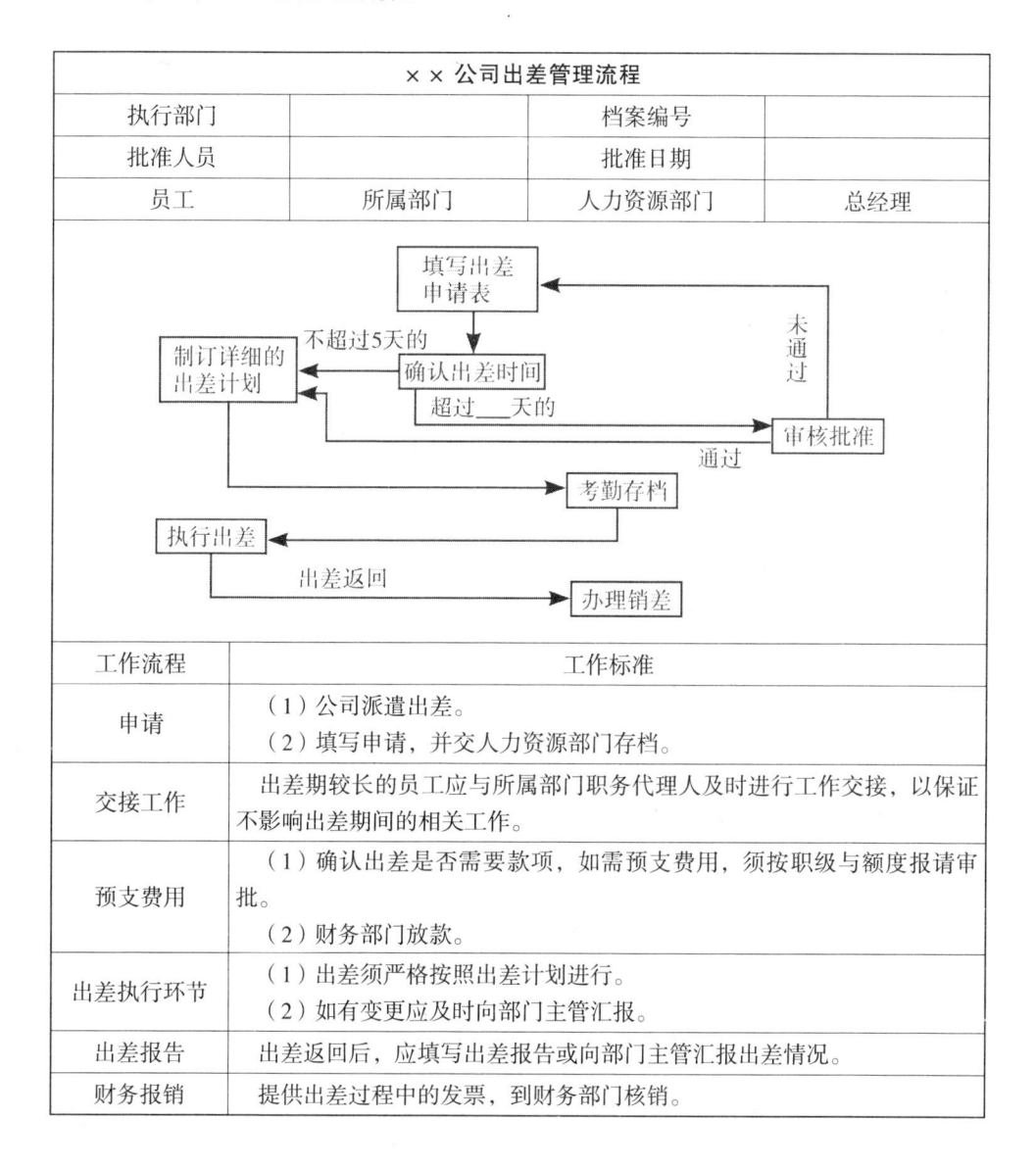

| ××公司出差管理流程 |||||
|---|---|---|---|---|
| 执行部门 |  | 档案编号 |  ||
| 批准人员 |  | 批准日期 |  ||
| 员工 | 所属部门 || 人力资源部门 | 总经理 |

```
                    填写出差
                    申请表  ←──────────────┐
                       ↓                  │
         不超过5天的                       未
  制订详细的  ←──  确认出差时间            通
  出差计划  ←────  超过___天的             过
     ↓                              ┌────────┐
                                    │ 审核批准│
                                通过 └────────┘
                       ↓
                    考勤存档
     ↓
   执行出差
     └──── 出差返回 ────→ 办理销差
```

| 工作流程 | 工作标准 |
|---|---|
| 申请 | （1）公司派遣出差。<br>（2）填写申请，并交人力资源部门存档。 |
| 交接工作 | 出差期较长的员工应与所属部门职务代理人及时进行工作交接，以保证不影响出差期间的相关工作。 |
| 预支费用 | （1）确认出差是否需要款项，如需预支费用，须按职级与额度报请审批。<br>（2）财务部门放款。 |
| 出差执行环节 | （1）出差须严格按照出差计划进行。<br>（2）如有变更应及时向部门主管汇报。 |
| 出差报告 | 出差返回后，应填写出差报告或向部门主管汇报出差情况。 |
| 财务报销 | 提供出差过程中的发票，到财务部门核销。 |

## 六、公司奖惩管理流程

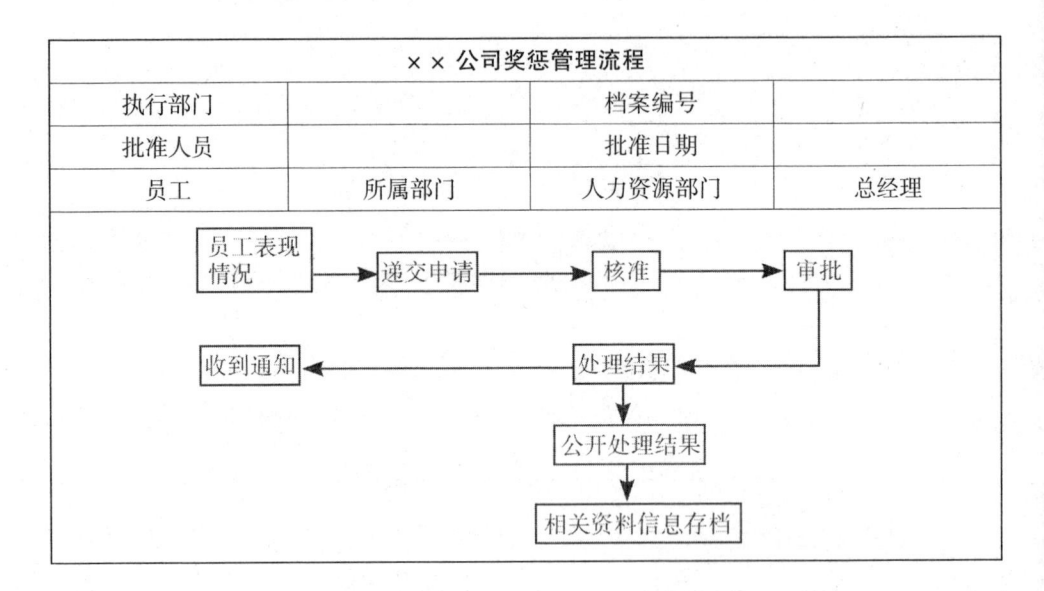

| ××公司奖惩管理流程 | | | |
|---|---|---|---|
| 执行部门 | | 档案编号 | |
| 批准人员 | | 批准日期 | |
| 员工 | 所属部门 | 人力资源部门 | 总经理 |

员工表现情况 → 递交申请 → 核准 → 审批 → 处理结果 → 收到通知

处理结果 → 公开处理结果 → 相关资料信息存档

# 第四节 日常事务管理表格

## 一、单位职工名册

| 单位职工名册 |||||||||||||||||||||||
|---|---|---|---|---|---|---|---|---|---|---|---|---|---|---|---|---|---|---|---|---|---|---|
| 填制部门 ||||||| 档案编号 ||||||||||||||||
| 填报公司：_____ 公司注册类型：_____ 劳动保障卡号：_____ 填报时间：___年___月 |||||||||||||||||||||||
| 序号 | 姓名 | 性别 | 年龄 | 身份证号码 | 受教育程度 | 社会保险卡号 | 职业等级资格 | 人员类别 | 用工类别 | 用工之日 | 签订合同时间 | 劳动关系起止时间 | 签订合同情况 | 合同类型 | 离职时间 | 离职类型 | 薪资 | 参加社会保险 |||||
| | | | | | | | | | | | | | | | | | | 医疗保险 | 养老保险 | 失业保险 | 生育保险 | 工伤保险 |
| 1 | 2 | 3 | 4 | 5 | 6 | 7 | 8 | 9 | 10 | 11 | 12 | 13 | 14 | 15 | 16 | 17 | 18 | 19 | 20 | 21 | 22 |
| 1 | | | | | | | | | | | | | | | | | | | | | | |

续表

| 2 | | | | | | | | | | | | | | | |
|---|---|---|---|---|---|---|---|---|---|---|---|---|---|---|---|
| 3 | | | | | | | | | | | | | | | |
| 4 | | | | | | | | | | | | | | | |
| … | | | | | | | | | | | | | | | |

填表说明：

（1）用人单位应依照填表说明如实填写本单位各类用工情况，包括建立劳动关系和未建立劳动关系的人员。

（2）单位注册类型：①国有企业；②外商注资企业；③港澳台商注资企业；④集体企业；⑤私营企业；⑥其他企业；⑦雇工的个体商户。

（3）性别：①男；②女。

（4）受教育程度：①初中及以下；②高中、中专、中技；③大专；④本科；⑤研究生；⑥其他。

（5）职业等级资格：①初级；②中级；③高级；④技师；⑤高级技师。

（6）用工类别：①全日制用工；②非全日制用工；③劳务派遣。

（7）人员类别（可多项选择）：①外省农村就业人员；②本省农村就业人员；③城乡就业人员；④国外及港澳台地区就业人员；⑤劳务派遣人员；⑥离退休返聘人员；⑦其他。

（8）用工之日、签订合同时间、离职时间应填写至年月日。

（9）签订合同情况：①初次签订劳动合同；②首次续签劳动合同；③第二次及以上的续签劳动合同。

（10）合同类型（指书面形式的劳动合同签订情况）：①固定期限劳动合同；②无固定期限劳动合同；③以完成指定工作任务为期限的劳动合同；④非全日制劳动合同；⑤劳务派遣人员劳动合同。

（11）离职类型：①合同期满终止；②公司解除合同；③本人解除合同；④劳务派遣期满；⑤其他。

（12）薪资：指劳动合同内约定的劳动报酬，其中全日制劳动者的薪资计算单位为元/月，非全日制劳动者的薪资计算单位为元/小时。

（13）参加社会保险：①是；②否。

## 二、人事资料卡

<table>
<tr><td colspan="9" align="center">人事资料卡</td></tr>
<tr><td colspan="2">填制部门</td><td colspan="3"></td><td colspan="2">档案编号</td><td colspan="2"></td></tr>
<tr><td colspan="2">所属部门：</td><td colspan="3">岗位：</td><td colspan="4">到职日期：</td></tr>
<tr><td rowspan="6">个人情况</td><td>姓名</td><td>性别</td><td colspan="2">年龄</td><td colspan="2">民族</td><td>户籍</td><td rowspan="4">照片</td></tr>
<tr><td>学历</td><td>职称</td><td colspan="2">政治面貌</td><td colspan="2">婚姻状况</td><td></td></tr>
<tr><td>E-mail</td><td colspan="3"></td><td colspan="2">身份证号码</td><td></td></tr>
<tr><td>联系方式</td><td colspan="3">通信地址</td><td colspan="2">邮编</td><td></td></tr>
<tr><td rowspan="3">家庭状况</td><td>关系</td><td>姓名</td><td>年龄</td><td colspan="2">工作单位</td><td>职位</td><td>联系方式</td></tr>
<tr><td colspan="7"></td></tr>
<tr><td colspan="7"></td></tr>
<tr><td colspan="2">紧急联系人</td><td colspan="2">电话</td><td colspan="3">工作单位</td><td></td></tr>
<tr><td rowspan="2">爱好专长</td><td>外语语种</td><td colspan="2">外语水平</td><td colspan="2">计算机能力</td><td colspan="2">有无驾照</td></tr>
<tr><td>其他</td><td colspan="7"></td></tr>
<tr><td rowspan="4">工作经历</td><td>起止时间</td><td colspan="2">单位名称</td><td colspan="2">所属部门</td><td>职位</td><td>证明人</td><td>联系方式</td></tr>
<tr><td colspan="8"></td></tr>
<tr><td colspan="8"></td></tr>
<tr><td colspan="8"></td></tr>
<tr><td rowspan="4">文化程度</td><td rowspan="3">学历、学校及专业/系</td><td colspan="3">学校</td><td colspan="3">系/专业</td><td>学历</td></tr>
<tr><td colspan="7"></td></tr>
<tr><td colspan="7"></td></tr>
<tr><td>其他职业培训</td><td colspan="7"></td></tr>
<tr><td colspan="2" rowspan="3">自我点评</td><td colspan="7">性格：</td></tr>
<tr><td colspan="7">优点：</td></tr>
<tr><td colspan="7">缺点：</td></tr>
<tr><td colspan="2">曾获奖励</td><td colspan="7"></td></tr>
</table>

备注：
承诺：
（1）以上情况属实。
（2）内容较多，另增附_____页。
（3）因以上信息填写不实而引发的与工作相关的一切后果，由本人负责。

　　　　　　　　　　　　　　　　　　　　　　　　　填表人签字：_____

## 三、部门月报表

| 部门月报表 | | | | | | |
|---|---|---|---|---|---|---|
| 填制部门 | | | 档案编号 | | | |
| 部门人员招聘情况 | | | | 人员流动状况 | | |
| 招聘人数 | 应聘人数 | 录用人数 | 起止日期 | 资造人数 | | |
| | | | | 停薪留职 | | |
| | | | | 退休人数 | | |
| | | | | 辞职人数 | | |
| | | | | 解雇人数 | | |
| | | | | 本月经办的其他事务 | | |
| | | | | 奖惩件数 | 奖件，惩件 | |
| | | | | 补助件数 | 件，金额： | |
| | | | | 劳保件数 | 新入件，退件，医疗单件 | |
| | | | | 就医住院 | 件，费用： | |
| | | | | 人员调动 | | |
| 出勤情况 | | | | | | |
| 迟到早退 | | 旷工 | | 事假 | 人 | 次 |
| 病假 | | 婚假 | | 工伤假 | 人 | 日 |

## 四、人事月报表

| 人事月报表 | | | | | | | | | | | | | | |
|---|---|---|---|---|---|---|---|---|---|---|---|---|---|---|
| 数据截止日期 | | 总计 | 1月末 | 2月末 | 3月末 | 4月末 | 5月末 | 6月末 | 7月末 | 8月末 | 9月末 | 10月末 | 11月末 | 12月末 |
| 月末总人数 | | | | | | | | | | | | | | |
| 月入职人数 | 社会招聘 | | | | | | | | | | | | | |
| | 校园招聘 | | | | | | | | | | | | | |
| 月离职人数 | 辞职/退休 | | | | | | | | | | | | | |
| | 辞退 | | | | | | | | | | | | | |
| 高管 | | | | | | | | | | | | | | |
| 经理 | | | | | | | | | | | | | | |
| 主管 | | | | | | | | | | | | | | |

续表

| | 员工 | | | | | | | | | | |
|---|---|---|---|---|---|---|---|---|---|---|---|
| | 平均年龄 | | | | | | | | | | |
| | 女员工人数 | | | | | | | | | | |
| | 本科以上人数 | | | | | | | | | | |
| | 硕士以上人数 | | | | | | | | | | |
| | 初级/中、高级职称 | | | | | | | | | | |
| 保险费用 | 养老保险费用 | | | | | | | | | | |
| | 失业保险费用 | | | | | | | | | | |
| | 工伤保险费用 | | | | | | | | | | |
| | 生育保险费用 | | | | | | | | | | |
| | 医疗保险费用 | | | | | | | | | | |
| | 住房公积金费用 | | | | | | | | | | |
| | 培训次数/人次 | | | | | | | | | | |

填表说明：请自查表中数字的逻辑关系。如：本月月末人数＝上月月末人数＋本月入职人数－本月离职人数

## 五、临时人员雇用资料表

| 临时人员雇用资料表 ||||||||
|---|---|---|---|---|---|---|---|
| 填制部门 | | | | 档案编号 | | | |
| 姓名 | | 性别 | | 籍贯 | | 省（市） | 县（区） |
| 学历 | | 出生日期 | | 年　月　日 | | 身份证号码 | |
| 电话号码 | | | | 婚姻状况 | | | |
| 录用日期 | | | | 投保日期 | 年　月　日 | 保险卡号码 | |
| 雇用期限 || 所属部门 | 职位 | 薪酬 | 核准增补申请书编号 |||
| 年　月　日至　年　月　日 || | | | |||
| 年　月　日至　年　月　日 || | | | |||
| 年　月　日至　年　月　日 || | | | |||
| 年　月　日至　年　月　日 || | | | |||
| 年　月　日至　年　月　日 || | | | |||

## 六、员工档案目录

| 员工档案目录 ||||||
|---|---|---|---|---|---|
| 员工姓名 | | 所属部门 | | | |
| 入职日期 | | 离职日期 | | | |
| 一、个人资料及入职手续 ||||||
| 序号 | 内容 | 存档日期 | 序号 | 内容 | 存档日期 |
| 1 | 应聘登记表 | | 5 | 毕业证书复印件 | |
| 2 | 简历 | | 6 | 劳动合同调查函 | |
| 3 | 身份证复印件 | | 7 | 入职手续表 | |
| 4 | 户口本复印件 | | | | |
| 二、劳动合同 ||||||
| 1 | 劳动（劳务）合同 | | 3 | 保密协议 | |
| 2 | 合同续签变更文本 | | 4 | | |
| 三、培训记录 ||||||
| 1 | 培训积分卡 | | 4 | 培训获取证书复印件 | |
| 2 | 入职培训表 | | 5 | | |
| 3 | 培训考核记录 | | 6 | | |
| 四、考核 ||||||
| 1 | 转正考核 | | 4 | 年终绩效考核 | |
| 2 | 调薪升职考核 | | 5 | | |
| 3 | 月度绩效考核 | | 6 | | |
| 五、人事异动及奖惩 ||||||
| 1 | 员工人事异动表 | | 4 | | |
| 2 | 奖励单 | | 5 | | |
| 3 | 违纪过失单 | | 6 | | |

说明：随员工档案内容变化及时更新员工档案目录。

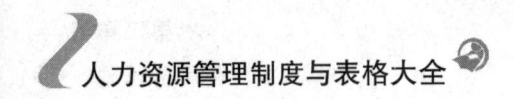

## 七、员工档案调入申请表

| 员工档案调入申请表 |||||
|---|---|---|---|---|
| 员工姓名 | | 部门 | ||
| 入职日期 | | 转正日期 | ||
| 原档案所在地 | | 申请调入日期 | ||
| 本人承诺自愿将个人档案转入公司集体户；本人离职时，将及时把档案关系从公司集体户中转出，如未按公司规定时间将档案转出，所造成的一切后果，本人独自承担。 |||||
| | | 申请人签字： | | 日期： |
| 人力资源部审批： || 经办人： |||

说明：员工档案存入公司集体户，需由员工本人提出申请，且符合公司存档条件者，经人力资源部审批后统一办理。

## 八、员工档案关系转移通知书

　　____部员工____，请您于____年____月____日前，将您的档案关系从公司集体户转出，如您未按本通知书中规定时间将档案关系转出，人力资源部为您办理档案关系转出手续，同时对于因您的原因造成的问题，后果自负。
　　特此通知。

人力资源部<br>年　月　日

　　本人知晓并明白本通知书内容，如因本人原因未及时将档案关系转出公司档案集体户，所造成的一切后果，本人自愿承担。
　　特此保证。

　　　　　　　　　　　　　　　　　　　　员工签字：　　　　日期：

说明：在公司集体户存档的员工办理离职手续需签署档案关系转移通知书。

## 九、管理人才梯队表

| 姓名 | | 性别 | | 年龄 | | 学历 | |
|---|---|---|---|---|---|---|---|
| 职位 | | 担任本职位时间 | ___年 | 行业经验 | | ___年 | |
| 参加的职业性格测评 | | | | | | | |
| 测评结果 | | | | | | | |
| 员工特点 | 优势 | | | | | | |
| | 劣势 | | | | | | |
| 发展方向 | | | | | | | |
| 需加强的培训及提升 | | | | | | | |
| 预计培养时间 | | | | | | | |
| 培养类型 | | □人才储备 | | □职位空缺 | | □其他 | |

说明：管理人才梯队表是企业人员补充、晋升的依据。

## 十、员工请假申请表

| 申请人姓名 | | 部门 | | 填写日期 | |
|---|---|---|---|---|---|
| 请假申报事由： | | | | | |
| 请假申报类型：<br>□病假　　□事假　　□年休假　　□婚假　　□产假及计划生育假　　□丧假<br>□公出　〔□市内公出　□外地出差　□因公出国（境）〕<br>□其他<br>请休年假时请先核对本人剩余年假天数，天数不足时按事假处理 | | | | | |
| 请假日期：_____年_____月_____日_____时至_____年_____月_____日_____时<br>累计时间：_____天（或_____小时） | | | | | |
| 部门经理意见：<br><br><br>签字：_____<br>日期：　　年　　月　　日 | | | | | |

续表

| 人力资源总监意见： | | | | |
| --- | --- | --- | --- | --- |
| | 签字：_____ | | | |
| | 日期： | 年 | 月 | 日 |
| 总经理意见： | | | | |
| | 签字：_____ | | | |
| | 日期： | 年 | 月 | 日 |

## 十一、员工加班调休申请表

| 姓名 | | 部门 | | | 岗位 | | |
| --- | --- | --- | --- | --- | --- | --- | --- |
| 加班时间 | 年 | 月 | 日 | 时至 | 年 月 | 日 | 时 |
| 调休时间 | 年 | 月 | 日 | 时至 | 年 月 | 日 | 时 |
| 调休事由 | | | | | | | |
| 部门领导审批 | | | | | | | |
| 备案 | 签收人 | | | | 签收时间 | | |

## 十二、员工加班汇总表

| 序号 | 员工姓名 | 加班日期 | 平时加班 | 假日加班 | 节日加班 | 支付加班费 | 申请倒休 | 备注 |
| --- | --- | --- | --- | --- | --- | --- | --- | --- |
| | | | | | | | | |
| | | | | | | | | |
| | | | | | | | | |
| | | | | | | | | |
| | | | | | | | | |
| | | | | | | | | |
| | | | | | | | | |
| | | | | | | | | |
| | | | | | | | | |
| | | | | | | | | |

## 十三、员工外出申请表

填写时间：　　　　年　　月　　日

| 姓名 | | 部门 | | 职务 | |
|---|---|---|---|---|---|
| 外出时间 | | | | | |
| 外出事由 | | | | | |
| 拜访的客户名称 | | | | | |
| 联系方式 | | | | | |
| 拜访事由 | | | | | |
| 其他 | | | | | |
| 预计返回时间 | | | | | |
| 经理签字 | | | | | |

## 十四、考勤日报表

| 部门 | 应出勤人数 | 实际出勤人数 | 缺勤原因 ||||||| 备注 |
| --- | --- | --- | --- | --- | --- | --- | --- | --- | --- | --- |
| | | | 事假 | 病假 | 年假 | 公出 | 旷工 | 迟到 | 早退 | 其他 | |
| 财务部 | | | | | | | | | | | |
| 行政部 | | | | | | | | | | | |
| 人力资源部 | | | | | | | | | | | |
| 技术部 | | | | | | | | | | | |
| 研发部 | | | | | | | | | | | |
| 市场部 | | | | | | | | | | | |
| …… | | | | | | | | | | | |
| 总计 | | | | | | | | | | | |

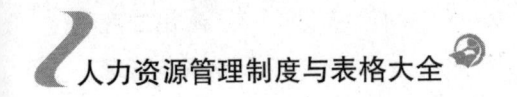

## 十五、考勤汇总表

| 姓名 | 部门 | 应出勤 | 实出勤 | 加班 ||| 倒休 | 扣款 || 缺勤 |||||| 员工签字 |
|---|---|---|---|---|---|---|---|---|---|---|---|---|---|---|---|---|
| | | | | 平时 | 公休 | 法定 | | 迟到 | 早退 | 事假 | 病假 | 年假 | 婚假 | 丧假 | 其他 | |
| | | | | | | | | | | | | | | | | |
| | | | | | | | | | | | | | | | | |
| | | | | | | | | | | | | | | | | |
| | | | | | | | | | | | | | | | | |
| | | | | | | | | | | | | | | | | |
| | | | | | | | | | | | | | | | | |
| | | | | | | | | | | | | | | | | |
| | | | | | | | | | | | | | | | | |
| | | | | | | | | | | | | | | | | |
| | | | | | | | | | | | | | | | | |

考勤员：　　　　　　　部门负责人：　　　　　　　人力资源部：

## 十六、员工奖励表

| 员工姓名 | | 部门 | | 职位 | |
|---|---|---|---|---|---|
| 事由： ||||||
| 鉴于以上情况，根据_____，现决定如下： ||||||
| □口头表扬　　□通报表扬　　□调薪　　□升职　　□奖金　　元 ||||||
| 以上奖励记录将记入员工在司档案 ||||||
| 本人同意公司的表扬及奖励。员工签字：_____　日期：_____ ||||||
| 部门经理 | | 人力资源部 | | 总经理 | |

## 十七、公司奖励类型表

| 奖励类型 | 具体内容 | 评选标准 | 评选周期 | 奖励形式 | 备注 |
|---|---|---|---|---|---|
| 行政 | 口头表扬 | | | | |
| | 通报表扬 | | | | |
| | 优秀员工 | | | | |
| | …… | | | | |
| 经济 | 奖金____元 | | | | |
| | 绩效加____分 | | | | |
| | 调薪 | | | | |
| | …… | | | | |
| 职位 | 升职 | | | | |
| | …… | | | | |

## 十八、员工奖惩记录台账

| 序号 | 姓名 | 奖惩日期 | 奖惩事由 | 奖惩结果 |
|---|---|---|---|---|
| | | | | |
| | | | | |
| | | | | |
| | | | | |
| | | | | |
| | | | | |
| | | | | |
| | | | | |
| | | | | |

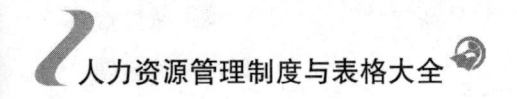

## 十九、员工违纪过失单

| 员工姓名 | | 部门 | | 职位 | |
|---|---|---|---|---|---|
| 事由： <br><br><br> 见证人签字确认： ||||||
| 鉴于以上情况，根据_____，现决定如下： <br> □口头警告　　□书面警告　　□严重警告　　□通报批评　　□降职　　□解除劳动合同 <br> □扣除当月绩效工资_____元 <br> 以上违纪记录将记入员工在司档案。 <br> 本人同意公司的处理决定。员工签字：_____　日期：_____ ||||||
| 部门经理 | | 人力资源部 | | 总经理 | |

注：此表是对员工违纪行为处理的书面证据，为避免劳动纠纷，请人力资源部妥善保管。

## 二十、奖惩人员确认表

| 填制部门 | | 档案编号 | | | |
|---|---|---|---|---|---|
| 员工姓名 | 所属部门 | 职位 | 编号 | | |
| 奖惩原因与建议 | 申报部门： | 日期： | 年 | 月 | 日 |
| 部门经理意见 | 部门经理签章： | 日期： | 年 | 月 | 日 |
| 分管副总意见 | 分管副总签章： | 日期： | 年 | 月 | 日 |
| 总经理意见 | 总经理签章： | 日期： | 年 | 月 | 日 |
| 被奖惩人员意见 | 被奖惩人员签字： | 日期： | 年 | 月 | 日 |

## 二十一、员工出差申请表

| 姓名 | | 部门 | | 职务 | |
|---|---|---|---|---|---|
| 随行人员姓名 | | 部门 | | 职务 | |
| 随行人员姓名 | | 部门 | | 职务 | |
| 预计出差日期 | 自　年　月　日　时起至　　年　月　日　时止（共计：　　天） ||||||
| 拟定出差路线 | |||||
| 出差事由 | |||||
| 出差预期达到的效果或实绩 | |||||
| 所需支持条件 | |||||
| 差旅费预算 | 万　　仟　　佰　　拾　　元整（¥：　　　　元） |||||
| 出差经费支出 | □个人垫付　　　　　□预支借款 |||||
| 暂支旅费 | 万　　仟　　佰　　拾　　元整（¥：　　　　元） |||||
| 预支差旅费用形式 | □现金　　　□自带汇票　　　□其他 |||||
| 往返拟乘交通工具 | □飞机　　□火车　　□汽车　　□轮船　　□其他<br>是否需要订购车票：□是　　　□否 |||||
| 部门领导 | | | 人力资源部 | | |
| 财务部 | | | 总经理 | | |
| 返回销假 | 年　月　日　时（由考勤人员填写） |||||

# 第三章

## 招聘录用管理

# 第一节　招聘录用管理人员岗位职责及任职条件

## 一、招聘主管岗位职责及任职条件

**1. 岗位职责**

招聘主管的直接上级是人力资源部经理，直接下级是招聘专员，其岗位职责有以下几点。

职责（1）建立及评估招聘渠道。

职责（2）根据公司的招聘需求，制定月度、季度及年度人员招聘计划。

职责（3）根据公司现有的编制及业务发展的需要，协调、统计各部门的人员招聘需求。

职责（4）对应聘人员进行面试、甄选及录用等工作。

职责（5）汇总分析相关招聘报表。

职责（6）完成人力资源总监及经理交办的其他临时性任务。

职责（7）建立和完善后备人才选拔方案及人才储备机制。

职责（8）建立和完善公司的人才选拔体系及招聘流程。

**2. 任职条件**

招聘主管需符合以下任职条件。

条件（1）具有人力资源管理专业本科及以上学历。

条件（2）掌握人力资源管理的知识体系。

条件（3）有4年以上人力资源管理及2年以上人员招聘工作经验。

条件（4）熟悉国家及地方与人力资源管理有关政策法规。

条件（5）具有一定的组织、计划及协调能力，待人真诚热情，善于与人沟通。

条件（6）能够熟练使用办公软件及利用互联网资源。

条件（7）熟悉人员面试程序与技巧，并具备一定的甄选技能。

## 二、招聘专员岗位职责及任职条件

### 1. 岗位职责

招聘专员的直接上级是招聘主管,没有下级。其岗位职责有以下几点。

职责(1)通知应聘人员面试,安排笔试。

职责(2)负责发布招聘广告。

职责(3)甄选简历。

职责(4)协助主管撰写招聘广告以及选择招聘服务机构。

职责(5)协助部门领导制订招聘计划。

### 2. 任职条件

招聘专员需符合以下任职条件。

条件(1)具有人力资源管理专业大专以上的学历。

条件(2)有2年以上人力资源管理及1年以上人员招聘的经验。

条件(3)掌握人力资源管理的知识体系。

条件(4)具有一定的组织、计划及协调能力,善于与人沟通。

条件(5)具备一定的甄选技能。

条件(6)熟悉招聘广告的撰写、发布及人员面试程序和技巧。

# 第二节　招聘录用管理制度

## 一、内部竞聘管理制度

| 制度名称 | ××公司内部竞聘管理制度 | 受控状态 | |
| --- | --- | --- | --- |
| | | 编号 | |
| 执行部门 | | 监督部门 | | 编修部门 | |

第1章　总则

第1条　目的

1. 为创造一个公平、公正、公开的人才竞争机制，合理地运用人才资源，公司特制定本制度。

2. 公司通过内部竞聘的方式，为员工提供展示自我的空间，以调动员工的工作积极性，使员工的个人价值与企业的发展更为密切，同时对员工个人的职业生涯进行合理有效的规划。

第2条　原则

1. 公司管理层岗位有空缺时，优先采取内部竞聘方式进行选拔，内部无适当人选或特殊人才时，方可考虑外部招聘。

2. 除特殊情况外，内部人员的选拔一律采取竞聘方式。

3. 现职管理层人员年度考核居于末位者，必须竞聘上岗。

第3条　适用范围

本制度适用于公司内部员工的招聘管理，公司全部职能部门均须遵守本制度。

第4条　内部竞聘职责分工

1. 人力资源部作为内部竞聘的主办单位，全面负责公司内部人力资源招聘工作。

2. 部门经理以下职位人员的竞聘工作由人力资源部组织实施；部门经理及以上职位人员的招聘工作则由总经理直接领导，人力资源部承办。

第5条　内部竞聘要求

1. 技术性岗位、普通岗位要求：

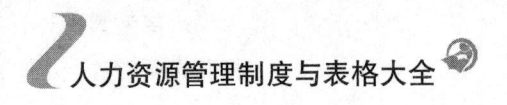

(1) 具备竞聘岗位的任职条件；

(2) 具有高中或中专以上学历；

(3) 在原职位工作超过6个月（含6个月）。

2. 中层领导岗位要求：

(1) 具备竞聘岗位的任职条件；

(2) 具有本科或本科以上学历及大学英语四级（含四级）以上英语水平；

(3) 在本公司有1年以上相关工作经验。

## 第2章 内部竞聘实施

第6条 竞聘岗位确定

人力资源部依据公司发展战略和生产经营目标，统计人力资源需求状况，并在考虑员工发展的基础上提出竞聘岗位和方案，报总经理审批后组织实施。

第7条 竞聘委员会

1. 公司成立竞聘委员会，委员会成员由人力资源部推荐、总经理进行核定，成员数量不少于5人。

2. 为避免事前沟通，竞聘委员会名单在竞聘之前不予公布。

3. 竞聘委员会评审决议应以书面形式呈报总经理审批。

第8条 竞聘时间

1. 年度竞聘于每年年末进行，具体时间另行通知。

2. 部门人员增编、缺编时，竞聘时间视需要而定。

第9条 竞聘流程

1. 人力资源部根据招聘岗位职务说明书拟订内部招聘公告，经领导核准后公开在公司内部发布。

2. 公司内部所有员工（晋升或竞聘录取不满一年的员工除外）在征得直接领导同意后，均有资格向人力资源部报名申请。

3. 人力资源部对报名人员进行初步资格审查并剔除不合格报名者。

4. 竞聘委员会通过灵活测试方式对竞聘人员进行综合考核（主要考核内容如下表所示），拟订录取人员名单，并交总经理审批。

续表

**竞聘评分表**

姓名：　　　　　目前岗位：　　　　　竞聘岗位：

| 评分项目 | 评分标准 | 权重 | 实际得分 | 备注 |
|---|---|---|---|---|
| 工作经验 | 工作经验丰富，精通岗位相关知识和技能 | 15% | | |
| 工作业绩 | 以往工作业绩超过或完全达到岗位职责要求 | 20% | | |
| 综合素质 | 态度积极、自信心强、有团队合作精神 | 10% | | |
| 新岗位认知 | 对竞聘岗位任职要求、工作职责有准确认识 | 15% | | |
| 自我认知 | 明确自身竞聘优势，有相应改进计划 | 15% | | |
| 新工作思路 | 对新工作有良好的承诺和清晰的工作思路 | 25% | | |
| 评委会意见 | | | 签字：<br>___年___月___日 | |

5. 经总经理审批后，录取人员名单在公司内部公示，公示期间若无异议，由人力资源部向竞聘成功者发放录用通知。

6. 竞聘成功者在收到录取通知后一周之内做好工作移交，并到人力资源部办理调动手续，在规定时间内到新部门报到。

第 10 条　试用

1. 竞聘部门须根据实际情况做好新员工上岗前的准备工作。
2. 竞聘部门负责为新员工安排指导员，以使其尽快熟悉岗位职责及工作流程。
3. 新员工指导员有义务回答新员工的疑问。

## 第 3 章　附则

第 11 条　本制度的制定、修改及解释由人力资源部负责，报总经理审批通过后执行。

第 12 条　本制度自公布之日起实施。

| 编制人员 | | 审核人员 | | 批准人员 | |
|---|---|---|---|---|---|
| 编制日期 | | 审核日期 | | 批准日期 | |

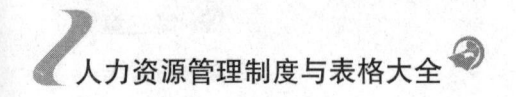

## 二、外部招聘管理制度

| 制度名称 | ××公司外部招聘管理制度 | 受控状态 | |
|---|---|---|---|
| | | 编号 | |
| 执行部门 | | 监督部门 | | 编修部门 | |

### 第1章 总则

**第1条 目的**

为规范公司外部招聘流程，确保引进的人才符合公司发展需要，特制定本制度。

**第2条 原则**

公司外部招聘原则为公开招聘、公平考核、公正录取。

**第3条 范围**

公司外部员工的招聘管理须严格遵守本制度。

**第4条 组织管理**

1. 外部招聘工作主要由人力资源部负责，其他部门予以配合。

2. 人力资源部负责组织实施部门经理（不含）以下职位人员的招聘工作，部门经理及以上职位人员的招聘工作则由总经理、人力资源部具体承办。

### 第2章 外部招聘实施

**第5条 招聘渠道**

外部招聘要根据职位级别和岗位要求的不同采取相应的招聘渠道。招聘渠道包括：校园招聘、媒体广告招聘、人才招聘会招聘、猎头公司招聘、网络招聘、委托中介机构招聘等。

**第6条 招聘流程**

1. 选定招聘渠道，采用相应的招聘方式对外发布招聘信息。

2. 由人力资源部接收应聘材料，并根据各部门对招聘人员的素质和技能要求进行初步筛选。

3. 人力资源部负责向初选合格人员发送面试通知，并要求其面试时提供学历证书、身份证等相关证件。

4. 初试主要是对应聘人员的智力、品德、经验、能力等进行综合考察和评价，由人力资源部和用人部门共同完成，选拔合格人员进入复试。

续表

5. 复试由用人部门分管领导、人力资源部相关人员、资深专业人士组成的复试小组进行，复试将采取面试、笔试、心理测试等多种方式，并最终确定录用人选。

6. 人力资源部负责向录用人员发送录用通知书，并通知其进行入职体检。

7. 被录用人员按照公司规定时间，携带规定材料到人力资源部门报到，如在录用通知规定时间不能正常报到者，取消录用资格，特殊情况除外。

8. 外部招聘员工在被正式聘用之前，须经过岗前培训，考核合格后方能上岗。

### 第3章　附则

第7条　本制度的拟订和修改由人力资源部负责，经总经理核准后执行。

第8条　本制度的最终解释权归公司人力资源部。

| 编制人员 |  | 审核人员 |  | 批准人员 |  |
|---|---|---|---|---|---|
| 编制日期 |  | 审核日期 |  | 批准日期 |  |

## 三、员工聘用管理制度

| 制度名称 | ××公司员工聘用管理制度 | 受控状态 |  |
|---|---|---|---|
|  |  | 编号 |  |
| 执行部门 |  | 监督部门 |  | 编修部门 |  |

### 第1章　总则

第1条　目的

为规范公司的人力资源管理，以在人才合理流动的基础上实现人才的有效配置，特制定本管理办法。

第2条　适用范围

本办法适用于公司总经理级别以下所有员工的聘用管理。

第3条　职责分配

用人部门和人力资源部在员工聘用管理中分别承担不同职责，如下表所示。

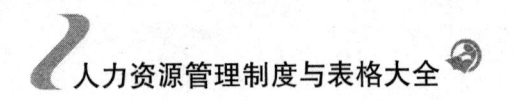

续表

### 职责分配表

| 用人部门 | 人力资源部 |
|---|---|
| 向人力资源部提出人员需求计划 | 制订公司招聘计划和招聘策略 |
| 提供详细的职位说明书和任职资格说明书 | 发布招聘信息，整理应聘者资料 |
| 协助人力资源部对本部门候选人员进行综合测评 | 组织与实施招聘活动 |
| 负责新员工试用期辅导、跟踪、考核、评估等 | 录用通知发放、工资待遇确认、新员工报到及入职培训管理 |
| 做出录用决策 | 签订劳动合同 |

## 第2章 新员工聘用管理

**第4条 员工聘用程序**

1. 各部门根据下一年度的整体业务目标和现有人力资源状况，确定需要增补人员时，向人力资源部提交"人员增补申请表"，并报人力资源部经理审核，总经理批准。

2. 人力资源部根据用人部门提出的"人员增补申请表"于三个工作日内拟订招聘方案，于1周之内发布招聘信息。

3. 人力资源部在收到应聘者简历一周内，对应聘者资料进行初步筛选，确定初试人员名单、初试时间、初试地点，并通知用人部门做好面试准备。

4. 人力资源部和用人部门通过笔试、面试、心理测试等多种方式测试应聘者，并于面试结束后三日内确定拟录用人选。

5. 人力资源部于面试结束一周内，向录用人员发送"录用通知书"，并组织入职体检。

6. 被录用人员在公司规定时间内携带规定材料到人力资源部报到，录用人员必须保证向公司提供的个人资料真实无误，若有虚报、伪造，一经发现公司有权将其辞退。

7. 新员工按规定日期带齐入职须知中所注明的相关证件（身份证、学历/位证、离职证明、两张一寸彩色免冠照片）到公司人力资源部报到（未按规定时间报到的，人力资源部负责及时与其联系、确认，并及时将情况反馈给用人部门）。

8. 新员工入职后，首先由人力资源部对其进行为期三天的入职培训，培训合格后方可介绍到各用人部门。

**第5条 员工聘用规定**

1. 所有聘用人员均须笔试、面试，考核通过后方可录用，公司关键岗位、管理层人员需经总经理面试合格后方可录用。

续表

2. 新员工试用期为 1～6 个月不等，视具体岗位情况而定。

3. 试用员工部门负责人对其试用期工作绩效进行考核，并填写试用考核单，送人力资源部审核。

第 6 条　录用报到

1. 人力资源部发放录用通知时，必须注明报到须知，尤其是报到期限。

2. 应聘人员报到后，须到公司指定的医院进行入职体检，被录用人员若患重大病症不能胜任工作的，将取消其录用资格。

3. 体检通过者，人力资源部向其确认报到日期。

第 7 条　试用期

1. 所有聘用人员均须试用，试用期不应超过 6 个月，除特殊情况可免除或缩短试用期外。试用期的约定以人力资源部发出的雇用通知书为准。

（1）合同期限 3 年或以上的一般职位的员工，试用期不超过 3 个月。

（2）合同期限为 3 年以上的较高管理职位的员工，试用期不超过 6 个月。

2. 试用期管理

（1）人力资源部负责在员工试用期到期的前两周，提醒员工的直接上级对该员工的试用期表现进行评估。

（2）员工试用期到期前一周，回收员工的试用期评估表。

（3）通知通过试用期的员工，已将其转为公司正式员工。

（4）向未通过试用期的员工说明理由，并发放解除劳动合同通知书。

（5）新员工试用期评估表需存入员工个人档案。

第 3 章　附则

第 8 条　人力资源部负责本制度的拟订和修改，经总经理批准后执行。

第 9 条　人力资源部负责本制度的最终解释。

| 编制人员 | | 审核人员 | | 批准人员 | |
|---|---|---|---|---|---|
| 编制日期 | | 审核日期 | | 批准日期 | |

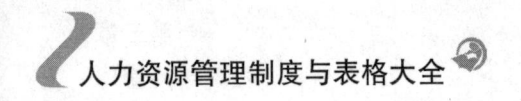

## 四、管理人员录用办法

| 制度名称 | ×× 公司管理人员录用办法 | | 受控状态 | |
|---|---|---|---|---|
| | | | 编号 | |
| 执行部门 | | 监督部门 | 编修部门 | |

第 1 章 总则

第 1 条 目的

为解决公司管理人员稀缺，选拔出符合公司要求的管理人才，以提高公司生产效率，实现公司发展战略目标，特制定本办法。

第 2 条 适用范围

本办法适用于公司管理人员的招聘录用管理。

第 3 条 组织管理

基层管理人员招聘由人力资源部组织实施，中高级管理人员招聘由总经理直接负责，人力资源部协助组织实施。

第 2 章 管理人员录用

第 4 条 管理人员在录用之前均应参加公司组织的笔试和面试，笔试合格者方有资格参加面试。

第 5 条 为了更好地考察应聘者的专业水平、工作素养，笔试时间一般为 3 个小时以上。

第 6 条 应聘者笔试内容一般包括以下三个方面：

1. 应聘岗位所需专业知识。

2. 对公司生产经营方针和战略意识的理解和认识。

3. 对应聘人员领导能力、协调能力等综合素质的考察。

第 7 条 笔试合格者将统一参加由公司组织的面试。

第 8 条 面试者主要对应聘者进行考察，包括从管理风格、表达能力、应变能力等方面。基于此，对应聘者的面试应该以情景测试、评价中心、文件筐测试等方法为主，同时增加 15 分钟应聘演说这一考核环节。

第 9 条 在综合参考笔试和面试成绩的基础上，基层管理人员最终的录用提议应由用人部门领导决定，并报总经理核准；总经理最终确定中高级管理人员的录用决议。

第 10 条 应聘者在被正式录用前，公司须对其以往任职情况进行调查。

续表

第 11 条　录用的管理人员须经 3 个月试用期，试用期内无法胜任者，由第二名自动接替，前者解聘。

### 第 3 章　附则

第 12 条　人力资源部负责本制度的拟订和修改，经总经理批准后执行。

第 13 条　人力资源部负责本制度的最终解释。

| 编制人员 | | 审核人员 | | 批准人员 | |
|---|---|---|---|---|---|
| 编制日期 | | 审核日期 | | 批准日期 | |

## 五、招聘面试管理制度

| 制度名称 | ××公司招聘面试管理制度 | 受控状态 | |
|---|---|---|---|
| | | 编号 | |
| 执行部门 | | 监督部门 | | 编修部门 | |

第 1 条　目的及适用范围

为使公司的面试管理规范化、制度化，特制定本招聘面试管理制度，有关应聘者面试事项，均按照本制度的相关规定处理。

第 2 条　面试考官的确定

面试考官一般由人力资源部工作人员、用人部门主管、公司高层领导、外部聘请专家等人员担任，面试官应具备以下条件：

1. 良好的个人品格和修养。

2. 掌握相关的专业知识，至少在一个面试考官小组的知识组合上不应该存在缺口。

3. 掌握相关人员测评技术。

4. 面试考官应对应聘者在面试中的表现做出客观、公正的评价，绝不能因某些非评价因素而影响了对应聘者的客观评价。

5. 面试考官必须彻底了解该招聘职位的工作职责和应聘者必须具备的学历、工作经历、性格与才能。

6. 了解企业状况及职位要求。

7. 熟练运用各种面试技巧，达到准确简捷地对应聘人员做出判断的目的。

第 3 条　面试的组织部门

续表

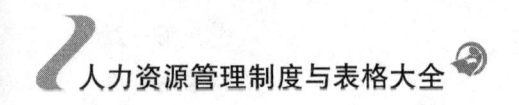

人力资源部负责组织面试，在面试前人力资源部需要拟订日程安排、确定面试人员。

第4条 面试的形式

面试是指招聘方通过面对面的观察、沟通，了解应聘者的能力特征、个性特征、求职动机等情况的一种人员甄选与测评技术。根据面试对象的多少，面试可分为单独面试和集体面试。

1. 单独面试。单独面试也可以称为个人面试，是一种最普遍、最基本的方式，是指主考官与应聘者单独面谈，主考官可以是一个，也可以是多个，这种方式的优点是能够提供一个面对面的机会，让面试双方较深入地进行交流。

2. 集体面试。集体面试是指多位应试者同时面对考官，或者让应试者轮流担任领导主持会议、发表演说等。在集体面试中，通常要求应试者做小组讨论，相互协作解决某一问题。

第5条 面试的内容

面试主要用来测评应试人员适应职位要求的基本素质和实际工作能力，包括与拟任职位有关的知识、经验、能力、性格和价值观等基本情况，具体内容如下表所示。

### 面试的内容

| 面试内容 | 说明 |
| --- | --- |
| 学校教育 | 主要考查应聘者就读的学校、所学的专业、成绩、参加的活动，与老师和同学的关系，是否获得过奖励等 |
| 个人的特性 | 精神面貌、爱好特长、衣着谈吐等 |
| 求职动机 | 为什么希望来本单位工作，在工作中追求什么，以此判断本单位能提供的职位或条件是否满足求聘者的工作要求和期望 |
| 家庭背景 | 家庭教育情况、父母的职业及对他的期望等 |
| 专业知识技能 | 了解应聘者掌握专业知识的深度和广度 |
| 语言表达能力 | 主要考察语言表达的逻辑性、准确性及感染力等 |
| 综合能力 | 灵活应变能力、社交能力、创新能力及发展潜力等 |

第6条 面试实施

面试实施主要有四个阶段，如下图所示。

续表

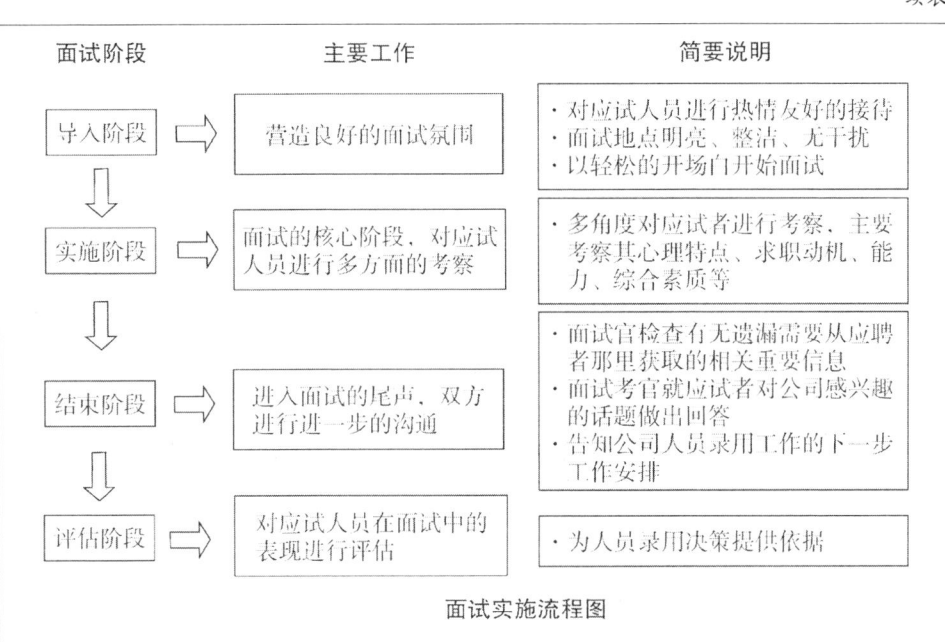

| 面试阶段 | 主要工作 | 简要说明 |
|---|---|---|
| 导入阶段 | 营造良好的面试氛围 | ·对应试人员进行热情友好的接待<br>·面试地点明亮、整洁、无干扰<br>·以轻松的开场白开始面试 |
| 实施阶段 | 面试的核心阶段，对应试人员进行多方面的考察 | ·多角度对应试者进行考察，主要考察其心理特点、求职动机、能力、综合素质等 |
| 结束阶段 | 进入面试的尾声，双方进行进一步的沟通 | ·面试官检查有无遗漏需要从应聘者那里获取的相关重要信息<br>·面试考官就应试者对公司感兴趣的话题做出回答<br>·告知公司人员录用工作的下一步工作安排 |
| 评估阶段 | 对应试人员在面试中的表现进行评估 | ·为人员录用决策提供依据 |

面试实施流程图

第7条 面试技巧及注意事项

1. 面试实施技巧

（1）善于倾听。面试人员要善于从与应聘者的谈话里找出所需要的资料，并且善于调节应试者的情绪。

（2）善于发问。面试人员必须善于发问，同时需注意所提的问题简明、有力，提问的顺序应从易到难。

2. 面试注意事项

（1）面试准备工作要充分，如：面试应尽可能地选择在面试双方都有充足时间的时候；面试场地要安静，尽量不要受到外界的干扰；面试相关工具的准备要到位等。

（2）面试考官要随时记录面试重要事项。

（3）面试考官要善于把控整个面试过程。

（4）培养坦诚、轻松、融洽的气氛，尽量使应聘人员感到亲切、自然、轻松。

（5）要尊重应聘人员的人格。

| 编制人员 | | 审核人员 | | 批准人员 | |
|---|---|---|---|---|---|
| 编制日期 | | 审核日期 | | 批准日期 | |

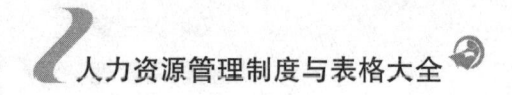

## 六、招聘与录用管理制度

续表

| 制度名称 | ××公司招聘与录用管理制度 | 受控状态 | |
| --- | --- | --- | --- |
| | | 编号 | |
| 执行部门 | | 监督部门 | 编修部门 |

### 第1章 总则

**第1条 目的**

为规范员工招聘录用程序，充分体现公开、公平、公正的原则，确保公司各部门、各岗位能及时有效地补充人才，促进公司更好地发展，特制定本制度。

**第2条 适用对象**

本制度适用于公司所有招聘员工。

**第3条 权责单位**

1. 本制度的制定、修改、解释、废止等工作由人力资源部负责。

2. 本制度制定、修改、废止等的核准由总经理负责。

**第4条 招聘录用的原则**

公司招聘坚持公开招聘、平等竞争、因岗择人、择优录用、人尽其才、才尽其用的原则。

**第5条 招聘小组成员构成**

1. 企业成立招聘小组负责对人员进行筛选，小组成员至少由3人组成，分别来自人力资源部、用人部门、企业领导和外聘的人力资源专家。

2. 面试考官的人选因招聘对象的不同而不同。招聘中高层管理人员及公司所需的特殊人才时，招聘小组一般由人力资源部经理、总经理、外部聘请的专家组成，总经理拥有录用决策的最终决定权。

### 第2章 招聘需求管理

**第6条** 招聘工作一般从招聘需求的提出开始，各用人部门提出招聘需求，例如，需要多少人，需要什么样的人，什么时候需要等。

**第7条** 各部门、下属子公司根据业务发展、工作需要和人员使用情况，向人力资源部提出员工招聘要求，并填写人员需求申请表，报人力资源部审批。

**第8条** 突发的人员需求

续表

因新增加业务而致使企业内缺乏此工种人才或人才储备不足时，各用人部门需及时将人员需求上报人力资源部。

第9条　储备人才

为了促进公司业务发展及战略目标的实现，需储备一定数量的各类专门人才，如大学毕业生、专门技术人才等。

### 第3章　招聘渠道

第10条　公司招聘可分为内部招聘和外部招聘。内部招聘是指公司内部员工在获知内部招聘信息后，按规定程序前来应聘，公司对前来应聘人员进行选拔并对适合者予以录用的过程。外部招聘是指出现职位空缺而内部招聘无法满足需求时，公司从社会上选聘人员的过程。

第11条　内部招聘

所有公司正式员工都可以提出应聘申请，公司鼓励员工积极推荐优秀人才或提供优秀人才的信息，对于内部推荐的人才，不降低录用的标准，但可以在同等条件下优先录取。

第12条　外部招聘

外部招聘主要通过招聘媒体（报纸、电视、电台等）发布招聘信息、参加人才招聘会、通过职业介绍所招聘等。

### 第4章　人员甄选

第13条　简历的筛选

招聘信息发布后，公司会收到大量应聘人员的应聘资料，人力资源部工作人员对收集到的相关资料进行初步审核，初步挑选出合格应聘者，以电话或信函的方式（面试通知书）通知他们前来公司参加下一环节的甄选。

第14条　笔试

根据招聘的实际需要，可在面试之前对应聘者先进行笔试，笔试内容一般包括：

1. 一般智力测验。
2. 个性特征测验。
3. 领导能力测验（适用于管理人员）。
4. 综合能力测验。
5. 专业知识技能。

第15条　面试

面试一般分为初试、复试两个环节，因招聘职位的不同，用于公司中高层人员的招聘

续表

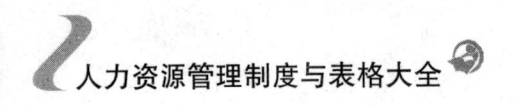

或公司所需的特殊人才的招聘，也会有第三轮甚至第四轮的面试环节。

1. 初试。主要是对应聘者基本素质、专业技能、价值取向等方面做出一个基本判断。

2. 复试。根据第一轮面试结果，人力资源部对符合空缺职位要求的应聘者进行复试，主要针对应聘者与岗位的契合度进行考察，如应聘者对岗位所需技能的掌握程度、胜任该岗位所需的综合能力等。

### 第 5 章　背景调查

第 16 条　背景调查是就应聘者与工作有关的一些背景信息进行查证，以此来进一步确定应聘者的任职资格。

第 17 条　经公司甄选合格的人员，在公司决定录用之前，可视情况对其进行相关的背景调查，调查内容包括：员工学历水平、工作经历、综合素质等，以此来降低用人风险。

第 18 条　员工录用通知

通过笔试、面试环节选拔，公司在做出录用决策的＿＿＿个工作日内，向考核合格的应聘人员发出录用通知；对于未录用人员，人力资源部应礼貌地以电话、邮件或者信函的形式告知对方面试结果。

第 19 条　员工报到与试用

1. 报到

（1）被录用员工收到公司的录用通知后，须在规定时间内到公司报到。若在收到录用通知的＿＿＿日内不能按时报到，公司有权取消其录用资格，如有特殊情况经批准后可延期报到。

（2）被录用人员按规定时间来公司报到后，须办理以下手续。

①携带体检合格证明、身份证、学历证书、职称证等的复印件，将资料交于人力资源部。

②签订劳动合同。

③申领相关办公用品。

2. 试用与转正

（1）公司新进人员到人力资源部办理完相关报到手续后，进入试用期阶段，试用期为 1～6 个月不等。若用人部门负责人认为有必要时，也可报请公司相关领导批准，将试用期酌情缩短。

续表

（2）用人部门和人力资源部对试用期内员工工作态度、工作能力、工作业绩三个方面进行考核鉴定，考核。

①试用期内表现优异者，可申请提前转正，但试用期最短不得少于一个月。

②试用期满且未达到公司合格标准者，人力资源部与用人部门可根据实际情况决定延期转正或辞退，试用期延期时间最长不得超过3个月。

（3）员工在试用期即将结束时，需填写员工转正申请表，公司根据员工试用期的表现做出相应的人事决策。

（4）办理转正手续，同时用人部门和人力资源部为转正员工定岗定级，提供相应待遇和员工职业发展规划等。

第6章　附则

第20条　本制度由公司人力资源部负责解释。

第21条　本制度自下发之日起执行。

| 编制人员 | | 审核人员 | | 批准人员 | |
|---|---|---|---|---|---|
| 编制日期 | | 审核日期 | | 批准日期 | |

# 第三节　招聘录用管理流程

## 一、招聘需求录用管理流程

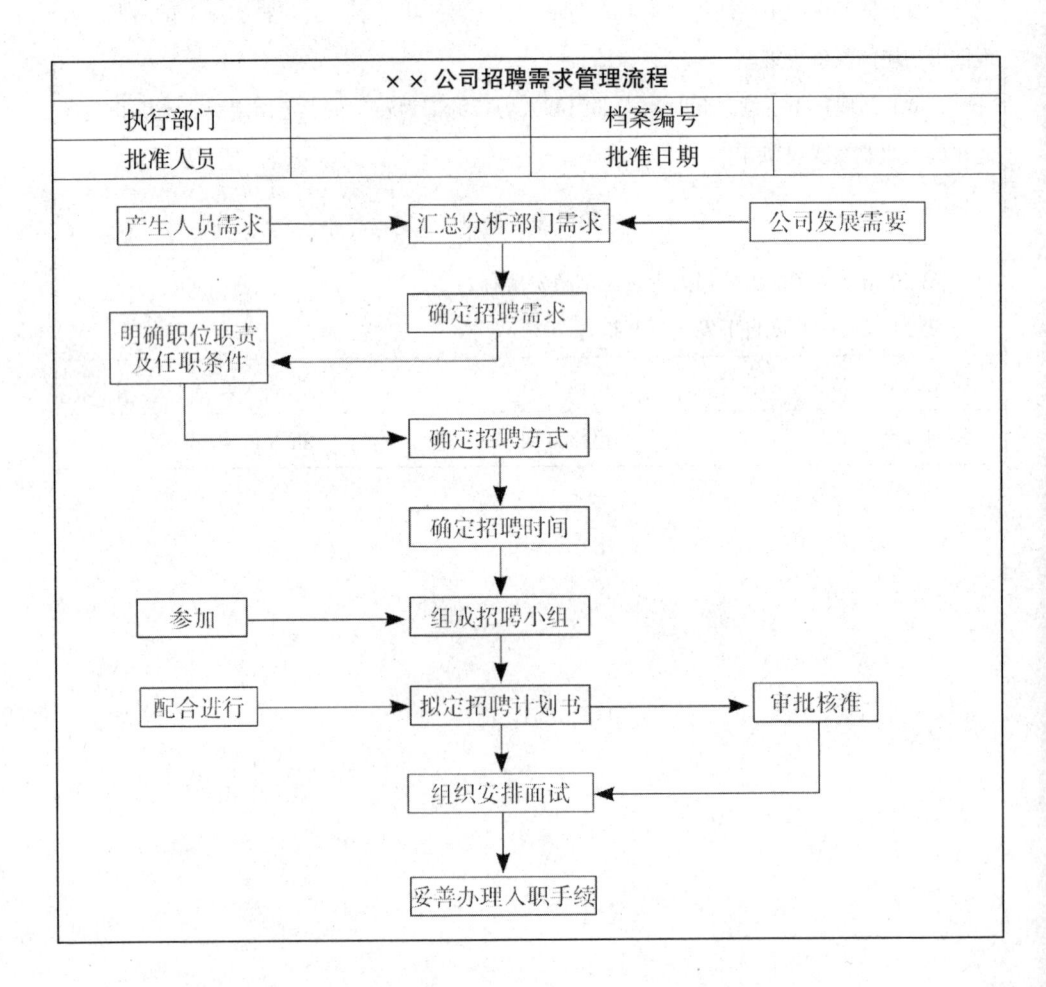

| ××公司招聘需求管理流程 |||| 
|---|---|---|---|
| 执行部门 |  | 档案编号 |  |
| 批准人员 |  | 批准日期 |  |

```
产生人员需求 → 汇总分析部门需求 ← 公司发展需要
                    ↓
              确定招聘需求
                    ↓
明确职位职责
及任职条件  →  确定招聘方式
                    ↓
              确定招聘时间
                    ↓
参加      →   组成招聘小组
                    ↓
配合进行  →  拟定招聘计划书  →  审批核准
                    ↓
              组织安排面试
                    ↓
              妥善办理入职手续
```

## 二、招聘与录用管理流程

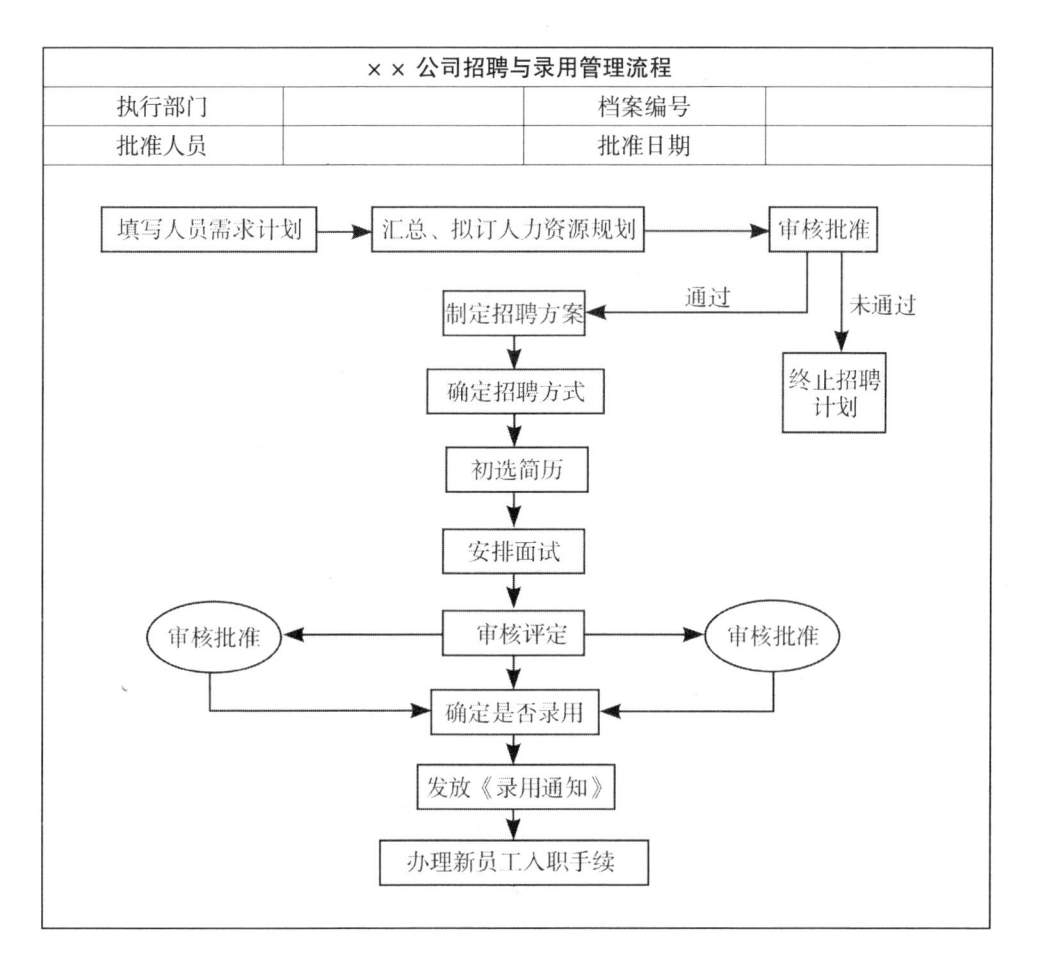

| ××公司招聘与录用管理流程 |||| 
|---|---|---|---|
| 执行部门 |  | 档案编号 |  |
| 批准人员 |  | 批准日期 |  |

```
填写人员需求计划 → 汇总、拟订人力资源规划 → 审核批准
                                         ↓通过    ↓未通过
                         制定招聘方案 ←          终止招聘计划
                              ↓
                         确定招聘方式
                              ↓
                          初选简历
                              ↓
                          安排面试
                              ↓
         审核批准 ← 审核评定 → 审核批准
              ↓        ↓       ↓
              → 确定是否录用 ←
                     ↓
                发放《录用通知》
                     ↓
              办理新员工入职手续
```

## 三、内部招聘管理流程

| ××公司内部招聘管理流程 |||||
|---|---|---|---|---|
| 执行部门 | | 档案编号 | | |
| 批准人员 | | 批准日期 | | |

```
部门内部推荐         汇总、分析各部门人员需求
或员工自荐    ─┐           │
              ├──→  实施内部招聘
公司人才储备  ─┘           │
                         初步审核 ──────→ 审批
                            │
        参与 ──────→    人员评价
                            │
      录用决策 ←─────────────┴────→ 审批
                            │
                     妥善办理相关手续
```

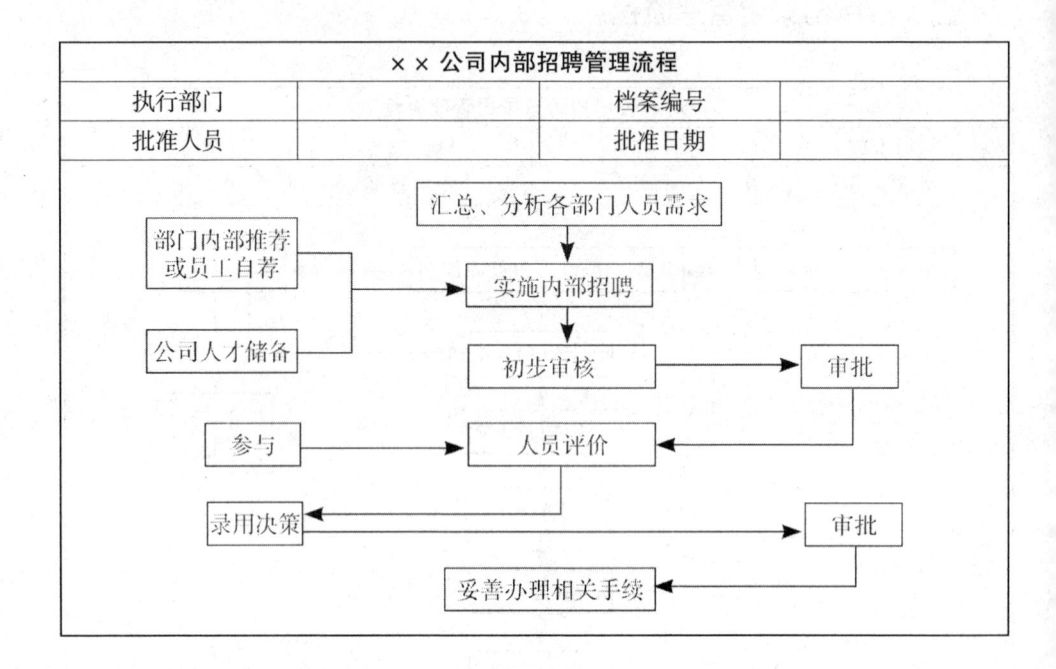

## 四、新员工入职流程

| ××公司新员工入职流程及工作标准 |||
|---|---|---|
| 执行部门 | | 档案编号 | |
| 批准人员 | | 批准日期 | |
| 员工 | 职能部门 | 人力资源部 |

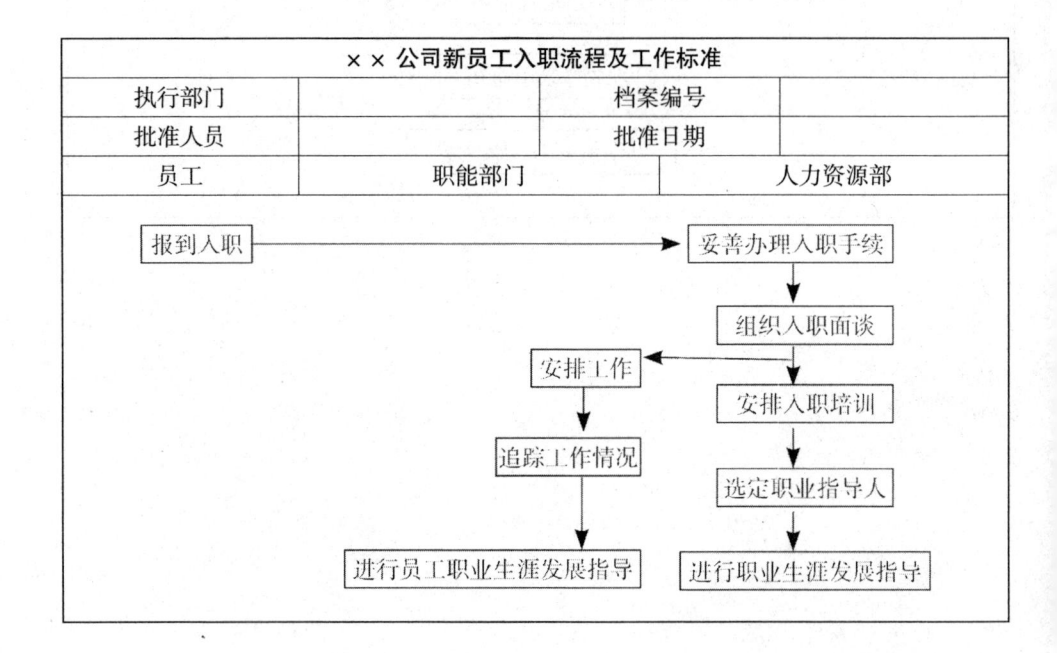

```
报到入职 ──────────────────→ 妥善办理入职手续
                                   │
                              组织入职面谈
                                   │
              安排工作 ←───────┤
                 │            安排入职培训
           追踪工作情况             │
                 │            选定职业指导人
                 ↓                 ↓
     进行员工职业生涯发展指导    进行职业生涯发展指导
```

## 五、员工试用管理流程

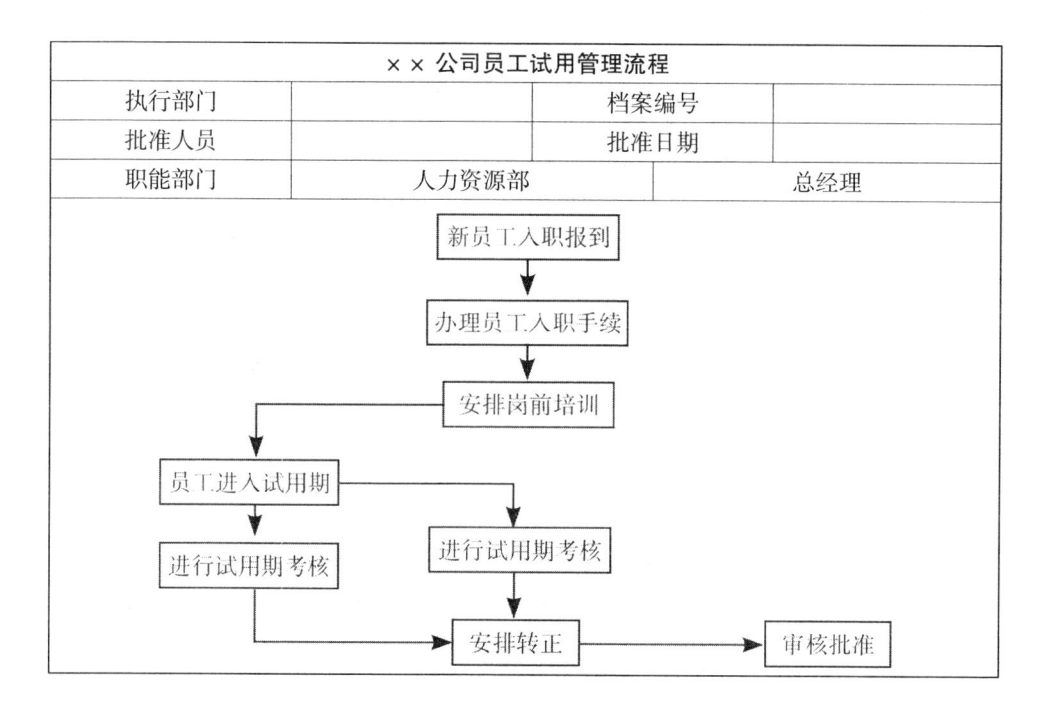

| ×× 公司员工试用管理流程 |||||
|---|---|---|---|---|
| 执行部门 | | 档案编号 | | |
| 批准人员 | | 批准日期 | | |
| 职能部门 | 人力资源部 || 总经理 | |

```
新员工入职报到
     ↓
办理员工入职手续
     ↓
安排岗前培训
     ↓
员工进入试用期
   ↓      ↓
进行试用期考核   进行试用期考核
   ↓      ↓
     安排转正 → 审核批准
```

## 六、员工转正定级流程及工作标准

| ×× 公司员工转正定级流程及工作标准 ||
|---|---|
| 执行部门 | |
| 批准人员 | |
| 工作流程 | 工作标准 |
| 通知 | 部门负责人在新员工转正前 5 个工作日内向员工本人发出申请转正的通知。 |
| 申请 | 接到申请转正通知的员工在人力资源部领取并填写员工转正定级申请表。 |
| 评估与审批 | （1）员工所属部门经理根据公司相关制度签署意见。<br>（2）人力资源部签署意见。<br>（3）公司总经理签署意见。<br>（4）获准转正的员工，由人力资源部向其发放员工转正定级通知书。<br>（5）未获转正的员工，经公司商讨决定，人力资源部负责为其办理试用期延长、岗位异动或辞退等手续。 |

（表中"档案编号"、"批准日期"列省略）

续表

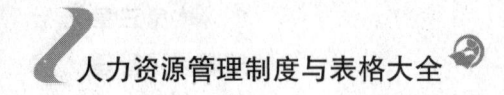

| | |
|---|---|
| 面谈 | （1）员工确定可以转正后，其所属部门负责人负责与该员工进行转正面谈。<br>（2）明确转正面谈的主要内容：薪资调整结果、员工试用期的工作表现、优势及不足。<br>（3）延长试用期、安排岗位异动或辞退的面谈内容：向员工讲明原因，详述具体的安排。 |
| 员工职业生涯规划 | 职业生涯规划需根据员工转正前的表现、个人发展需求及公司设计的员工职业生涯发展进行。 |

# 第四节　招聘录用管理表格

## 一、年度招聘计划审批表

| 序号 | 招聘岗位 | 招聘原因 | | | 招聘人数 | 岗位要求 | | | 招聘渠道 | | | |
|---|---|---|---|---|---|---|---|---|---|---|---|---|
| | | 新增岗位 | 人员流动 | 业务扩充 | | 学历 | 经验 | 职称 | 内部选拔 | 网络 | 招聘会 | 猎头机构 | 其他 |
| 1 | 财务经理 | | √ | | 1 | 本科以上 | 5年以上 | 中级 | | √ | | | |
| 2 | 销售人员 | | | √ | 15 | 中专 | | | | | √ | | √ |
| 3 | 人事主管 | √ | | | 1 | 本科 | | 中级 | | | | | |
| 4 | …… | | | | | | | | | | | | |
| 5 | …… | | | | | | | | | | | | |
| | | | | | | | | | | | | | |
| 合计 | | | | | 17 | | | | | | | | |
| 人力资源部审批 | | | | | 总经理审批 | | | | | | | | |

## 二、年度招聘渠道汇总表

| 序号 | 分类 | 子项 | 单位性质 | 联系人 | 电话 | 邮箱 | 备注 |
|---|---|---|---|---|---|---|---|
| 1 | 网络 | 猎聘网 | | | | | |
| | | 前程无忧 | | | | | |
| | | …… | | | | | |
| 2 | 报纸 | 手递手 | | | | | |
| | | 人才报 | | | | | |
| | | …… | | | | | |
| 3 | 人才职介 | 北京人才 | | | | | |
| | | 上海人才 | | | | | |
| | | …… | | | | | |
| 4 | 猎头机构 | ××猎头 | | | | | |
| | | ××猎头 | | | | | |
| 5 | 招聘会 | 展览中心 | | | | | |
| 6 | 校园 | ××大学 | | | | | |
| 7 | …… | …… | | | | | |

## 三、人员需求申请表

| 申请部门 | | | | | | | |
|---|---|---|---|---|---|---|---|
| 申请原因 | □员工辞退　□员工离职　□业务增量　□新增业务　□新设部门 ||||||| 
| | 说明 | | | | | | |
| 需求计划说明 | 职务名称 | 工作描述 | 所需人数 | 最迟上岗日期 | 任职条件 || |
| | 职位1 | | | | 专业知识 | | |
| | | | | | 工作经验 | | |
| | | | | | 工作技能 | | |
| | | | | | 其他 | | |
| | 职位2 | | | | 专业知识 | | |
| | | | | | 工作经验 | | |
| | | | | | 工作技能 | | |
| | | | | | 其他 | | |
| 合计 | 　　　　　　　　　　　　　　　　　　　　人 |||||||

续表

| 薪酬标准 | 职位1 | 基本工资 |  | 其他待遇 |  |
| --- | --- | --- | --- | --- | --- |
|  | 职位2 | 基本工资 |  | 其他待遇 |  |
| 部门经理意见 |  |  |  | 签字：<br>日期： |  |
| 人力资源部意见 |  |  |  | 签字：<br>日期： |  |
| 总经理批示 |  |  |  | 签字：<br>日期： |  |

## 四、招聘工作计划表

| 招聘季度 | 招聘月度 | 招聘人员 ||||  招聘渠道 || 费用预算 | 其他 |
| --- | --- | --- | --- | --- | --- | --- | --- | --- | --- |
|  |  | 管理人员 | 技术员工 | 基础员工 | 其他 | 网络 | 招聘会 |  |  |
| 一季度 | 1 |  |  |  |  |  |  |  |  |
|  | 2 |  |  |  |  |  |  |  |  |
|  | 3 |  |  |  |  |  |  |  |  |
| 二季度 | 4 |  |  |  |  |  |  |  |  |
|  | 5 |  |  |  |  |  |  |  |  |
|  | 6 |  |  |  |  |  |  |  |  |
| 三季度 | 7 |  |  |  |  |  |  |  |  |
|  | 8 |  |  |  |  |  |  |  |  |
|  | 9 |  |  |  |  |  |  |  |  |
| 四季度 | 10 |  |  |  |  |  |  |  |  |
|  | 11 |  |  |  |  |  |  |  |  |
|  | 12 |  |  |  |  |  |  |  |  |
| 小计 |  |  |  |  |  |  |  |  |  |

## 五、内部人员竞聘申请表

| 竞聘职位 | | | |
|---|---|---|---|
| 竞聘人员 | | 所在部门 | |
| 年龄 | | 学历 | |
| 个人简介 ||||
| | | | |
| 竞聘理由（竞聘该职位的优势、强项等） ||||
| | | | |
| 竞聘人签字 | 部门经理意见 | 人力资源部意见 | 副总经理意见 |
| | | | |

## 六、竞聘结果及审批表

| 竞聘职位 | | | | | |
|---|---|---|---|---|---|
| 竞聘候选人 | 所在部门 | 学历 | 年龄 | 职称 | 竞聘结果 |
| 张×× | | | | | 通过 |
| 李×× | | | | | 备选 |
| 王×× | | | | | 淘汰 |
| …… | | | | | |
| …… | | | | | |
| 人力资源部意见 ||||||
| 副总经理审批 ||||||
| 总经理审批 ||||||

## 七、面试邀请函

```
                    ××公司面试邀请函
    _____先生/女士:
    您好!
    我公司人力资源部通过_____收到您的简历,感谢您对我公司的信任和选择。
    经过人力资源部初步筛选,我们认为您基本具备_____岗位的任职资格,因此正式通
知您来我公司参加面试。相关信息如下:
    一、面试时间:    年   月   日   时
    二、面试地点:
    三、路线:
    四、携带资料:
    五、联系方式:

                                          单位名称:(盖章)
                                             年   月   日
```

## 八、面试问题汇总表

| 类别 | 问题 | 问题延伸 |
| --- | --- | --- |
| 个人基本情况 | 教育背景 | 请对您的专业进行简单介绍 |
| | | 您的教育背景对您从事的工作有哪些帮助? |
| | 家庭情况 | 家庭成员构成 |
| | | 家庭成员中影响最大的是谁?为什么? |
| | | 工作是否对家庭生活有影响? |
| | 个人兴趣爱好 | 您的兴趣爱好? |
| 职业评估 | 工作经历 | 简述从业经历、所属行业、工作内容 |
| | | 上一任工作担任的职位及主要岗位职责 |
| | | 离职原因 |
| | 工作业绩 | 工作中取得过哪些成绩 |
| | | 您的哪些努力获得了工作成绩? |
| | 应聘动机 | 为什么选择这份工作? |
| | | 自我评价一下应聘这份工作的优势和劣势 |
| | | 您的职业规划是什么? |

续表

| 公司印象 | / | 对我公司的第一印象如何？ |
|---|---|---|
|  | / | 您是通过哪些渠道了解到公司的？ |
| 薪酬福利 | / | 您目前的薪资水平如何？ |
|  | / | 您期望的薪资水平如何？ |
| 其他 | / | 您的最快到岗时间？ |
|  | / | 是否接受出差？ |
|  | / | 是否接受加班？ |
|  | / | 之前的同事关系如何？ |
|  | / | 是否接受入职前背景调查？ |

## 九、面试评价、录用审批表

| 面试评价、录用审批表 | 应聘人姓名： | 面试时间： |
|---|---|---|
|  | 应聘部门： | 面试地点： |
|  | 应聘职位： | 直属上级： |
| 一、面试官面试评价 ||||
| 人力资源部评价：<br><br>　　　　　　　　　　　　　　　　　　　　　签字 / 日期 ||||
| 用人部门评价及录用意见：<br><br>　　　　　　　　　　　　　　　　　　　　　签字 / 日期 ||||
| 二、录用审批 ||||
| 到岗日期：　　　年　　月　　日<br>试 用 期：　　　年　　月　　日到　　　年　　月　　日 ||||
| 试用期待遇（税前）：　　　　　　转正后待遇（税前）： ||||
| 聘用性质：□正式　　□劳务　　□实习　　□其他 ||||
| 部门经理审核 | 人力资源部审核 | 副总经理审核 | 总经理批准 |
|  |  |  |  |
| 通知录用记录 | 通知录取时间：　　　　　　　　　　　本人答复时间：<br>□接受——入职时间：<br>□放弃——原因：<br>人力资源部签字 / 日期： |||

## 十、面试台账

| 序号 | 日期 | 到达 | 姓名 | 预约时间 | 性别 | 年龄 | 面试职位 | 联系电话 | 渠道 | 初试/复试 | 初试结果 | 复试结果 | 备注 |
|------|------|------|------|----------|------|------|----------|----------|------|-----------|----------|----------|------|
|      |      |      |      |          |      |      |          |          |      |           |          |          |      |
|      |      |      |      |          |      |      |          |          |      |           |          |          |      |
|      |      |      |      |          |      |      |          |          |      |           |          |          |      |
|      |      |      |      |          |      |      |          |          |      |           |          |          |      |
|      |      |      |      |          |      |      |          |          |      |           |          |          |      |
|      |      |      |      |          |      |      |          |          |      |           |          |          |      |
|      |      |      |      |          |      |      |          |          |      |           |          |          |      |

## 十一、新员工录用通知书

录用通知书

尊敬的×××女士：

经过沟通和了解，并经过公司内部慎重的考虑和讨论之后，我们认为您是我们_____岗位合适的人选。现诚挚的邀请您加入我公司！

一、职位相关信息

1. 岗位名称：　　　　部门：　　　　报到日期：　　年　　月　　日

2. 劳动合同：您需要在报到之日起两周内通过入职体检（公司出费用），合格后与公司签订劳动合同，合同期_____年，其中包括_____个月的试用期。

二、薪资福利信息

1. 薪酬：试用期：基本工资：_____人民币/月

2. 转正后：

①基本工资：_____人民币/月；

②绩效工资：_____人民币/月（根据考勤及工作态度等情况发放）；

③项目提成（按公司相关规定发放）。

3. 福利：

①公司将按国家及地方规定为您缴纳社会保险；

②饭补：_____元/月；

③通信补助（公司规定）。

三、报到时请准备以下材料（请务必按照指定份数提交，复印件均需A4大小）

1. 身份证原件及复印件____份（正反面），或其他身份证明复印件。

2. 户口本首页、本人页复印件____份。

3. 学历证、学位证书、英语四/六级证书、专业/执业资格证书等原件及复印件____份。

4. 标准一寸白底彩色照片____张，在北京缴纳过社会保险的人员交1张照片。

5. 具有工作经验的人员，需提供与原单位解除劳动关系的证明。

我们希望：您在公司工作的每一天都能开心并不断进步！

我们期望：您为公司的发展做出贡献！

我们确信：您和公司都将会因为您的努力工作而长期受益！

我们欢迎您的加入！让我们共同成长进步！


人力资源部

联系人： 　　　　　　　　电话：

×××××× 公司

_____年___月___日

备注：该录用通知书在_____年___月___日前内签回有效。

---

**入职承诺**

本人已阅读并理解本录用通知书的内容和要求，并郑重承诺会于约定日期到公司报到，且向公司提供简历、证件等个人信息真实可靠，如证实本人提供的个人信息存在虚假的情况，本人愿意承担相应的法律责任。

签名：_____　　　　　　　　　___年___月___日

## 十二、员工求职登记表

| 个人基本信息 |||||||
|---|---|---|---|---|---|---|
| 姓名 | | 身份证 | | | | 近照 |
| 出生日期 | 年　月　日 | 性别 | | 民族 | 政治面貌 | |
| 户籍类别 | 农□　非农□ | 户籍地址 | | | | |
| 联系地址 | | | 邮编 | | 联系电话 | |
| 身高 | | | 体重 | | 视力 | |
| 健康状况 | | | 其他联系方式 | | | |
| 基本能力 |||||||
| 文化程度 | 研究生 | 本科 | 大专 | 高中 | 初中及以下 ||
| 最高学历毕业学校 | | | | 所学专业 | | |
| 目前学习培训情况 | | | | | | |
| 外语 | 语种 | | | | | |
| | 等级 | | | | | |
| 计算机 | 类别 | | | | | |
| | 等级 | | | | | |
| 主要学习经历 |||||||
| 起止日期 || 学校 ||| 学习专业 ||
| ||||||| 
| ||||||| 
| ||||||| 
| ||||||| 
| 主要工作经历 |||||||
| 起止日期 || 工作单位 ||| 工作岗位 ||
| ||||||| 
| ||||||| 
| ||||||| 
| |||||||

续表

| 自我描述 |||
|---|---|---|
| | | |
| 求职意向 |||
| 应聘岗位 | 无要求□（如有要求，可按要求填写，最多填三项） ||
| 应聘岗位 1 | ||
| 应聘岗位 2 | ||
| 入职部门 | 入职职位 | 入职日期 |
| 期望收入 | 无要求□（如有要求请填写，其中月收入必须填写，其他可以不填） ||
| ^ | 月收入　　元；　年收入　　元；　小时收入　　元 ||
| 其他需要说明的情况 |||
| 爱好及特长 | ||
| 获奖情况 | ||
| 重要发明成果或突出业绩 | ||

## 十三、员工入职登记表

| 姓名 | | 性别 | | 出生年月 | | |
|---|---|---|---|---|---|---|
| 籍贯 | | 出生地 | | 民族 | | 照片 |
| 身高 | | 体重 | | 健康状况 | | |
| 政治面貌 | □团员　□预备党员　□党员　□入党积极分子　□群众　□其他党派 ||||||
| 婚姻状况 | □未婚　□已婚　□离异 ||| 身份证号码 | ||
| 技术职称 | ||| 参加工作时间 | ||
| 学历 | || 学位 | 计算机水平 | ||
| 外语语种 | || 外语等级 | E-mail | ||
| 通信地址 | |||| 联系电话 | ||
| 户口所在地 | ||||||

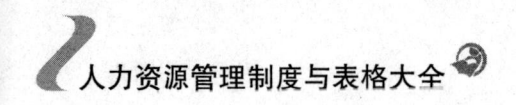

续表

| 家庭主要成员 | 姓名 | 性别 | 称谓 | 联系电话 |
|---|---|---|---|---|
| | | | | |
| | | | | |
| | | | | |

| 主要工作经历 ||||||
|---|---|---|---|---|
| 起止时间 | 工作单位 | 职务/工种 | 证明人 | 联系电话 |
| | | | | |
| | | | | |
| | | | | |
| | | | | |

| 教育背景 ||||||
|---|---|---|---|---|---|
| 起止时间 | 毕业院校 | 所学专业 | 学历 | 全日制/在职 | 毕(结/肄)业 |
| | | | | | |
| | | | | | |
| | | | | | |

| 身份证复印件粘贴处 |
|---|
| |

| 培训及持证情况 |||||
|---|---|---|---|---|
| 培训情况 | 起止时间 | 培训机构 | 培训项目 | 所获证书 |
| | | | | |
| | | | | |
| | | | | |

| 持证情况 | | | | |
|---|---|---|---|---|
| 紧急情况通知人（配偶除外） | | 关系 | | 电话 |
| 联系地址 | | | 邮政编码 | |

续表

| 填表人声明 | 1.本人保证所填所写以及履历资料属实，若有不实之处，本人愿意无条件接受公司处罚甚至辞退，并不要求任何补偿。<br>2.保证遵守公司各种规章制度。<br><br>签字： |
|---|---|

## 十四、员工到职通知单

| 入职员工 | | 所在部门 | |
|---|---|---|---|
| 拟到职日期 | | 人数 | 共计：_____人 |
| 人力资源部 | □劳动合同 □保密协议 □员工手册 □入职指南 □员工资料卡 □其他入职资料<br>经办人： | | |
| 行政部 | □办公用品 □餐卡 □胸卡 □钥匙 □工服 □其他行政物品<br>经办人： | | |
| 技术部 | □电脑 □U盘 □其他技术备品<br>经办人： | | |
| 用人部门 | □岗位安排 □岗前培训 □部门规章制度 □其他事项<br>经办人： | | |
| 附注：请相关部门做好新员工入职的准备工作。 | | | |

## 十五、新入职员工指引卡

| 亲爱的伙伴：<br>　　首先代表公司欢迎您的加入，为帮助您快速熟悉公司环境及相关制度，人力资源部特发放员工指引卡，以便您在遇到问题时能第一时间获得帮助。 | |
|---|---|
| 1.餐卡办理、充值 | 联系人及电话： |
| 2.办公用品 | 联系人及电话： |
| 3.工服洗涤、更换等 | 联系人及电话： |
| 4.公司制度、规定等 | 联系人及电话： |
| 5.其他 | 联系人及电话： |
| 员工意见箱 | 位于××××  |
| 总经理电话 | （略） |
| 总经理邮箱 | （略） |
| 　　祝您在公司工作愉快！ | |

## 十六、新员工试用期表现鉴定表

| 员工姓名 | | 所在部门 | |
|---|---|---|---|
| 入职时间 | | 转正时间 | |
| 试用期考核成绩 | 分 | | |
| 结果 | 试用合格，同意转正 | | |
| | 试用不合格，辞退 | | |
| 原因： | | | |
| 员工本人签字 | | 部门经理 | |
| 人力资源部 | | 总经理 | |

注：员工所在部门应于员工试用期结束前 7 天完成考核，并及时将考核意见签署后交至人力资源部，人力资源部依据考核意见办理转正或解除劳动合同手续。

## 十七、新员工转正申请表

| 员工姓名 | | 所在部门 | |
|---|---|---|---|
| 入职时间 | | 转正时间 | |
| 员工自我总结： | | | |
| 部门评估： | | | |
| 员工本人签字 | | 部门经理 | |
| 人力资源部 | | 总经理 | |

注：员工转正申请为员工转正考核提供参考依据。

## 十八、新员工试用期表现评估表

| 员工姓名 | | 所在部门 | | | |
|---|---|---|---|---|---|
| 入职时间 | | 转正时间 | | | |
| 序号 | 考评内容 | 自我评分 | 部门评分 | 平均分 | |
| 1 | 工作内容 | | | | |
| 2 | 工作表现 | | | | |
| 3 | 个人素质 | | | | |
| 4 | 发展潜能 | | | | |
| 5 | 劳动纪律 | | | | |
| 6 | …… | | | | |
| 员工本人签字 | | 部门经理 | | | |
| 人力资源部 | | 总经理 | | | |

注：员工转正手续由新员工转正申请表、新员工试用期表现评估表共同完成；人力资源部依据员工所在岗位及员工综合要求，制订新员工试用期评估考核指标。

## 十九、员工转正定级申请表

| 填制部门 | | | 档案编号 | | | |
|---|---|---|---|---|---|---|
| 员工姓名 | | 职位名称 | | 学历 | | 入职日期 | |
| 毕业院校名称 | | | 专业/系 | | | 毕业时间 | |
| 入职后的培训经历 | | | | | | | |
| 培训考核成绩 | | | | | | | |
| 本部门的主要工作内容及绩效 | | | | | | | |
| | | | | | | | |
| 试用期得分平均级别 | | | | 胜任职位 | | | |
| 部门经理意见 | | | | 原因 | | | |
| 人力资源部意见 | | | | 原因 | | | |

续表

| 总经理审批 | | 原因 | |
|---|---|---|---|

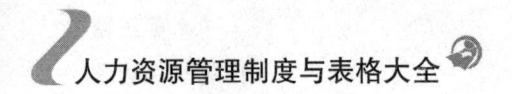

转正定级标准：

优秀——A，转正后职位及薪酬晋升一级，并报请总经理审批决定是否晋级。

称职——B，转正后职位薪酬晋升一级。

见习——C，转正后职位薪酬以实际平均得分值为主要参考依据。

见习——D，延期使用或辞退。

不合格——E，不予录用。

| 申请人姓名 | | 职位 | | 入职日期 | |
|---|---|---|---|---|---|
| 审批情况 | | 转正日期 | | 合同签订情况 | |
| 备注 | | | | | |

## 二十、提前转正申请表

| 员工姓名 | | 所在部门 | | 岗位 | |
|---|---|---|---|---|---|
| 入职时间 | | 合同期限 | | 合同约定转正日期 | |
| 试用期考核 | ____月 | ____分 | □优秀 □优良 □及格 □不及格 | | |
| | ____月 | ____分 | □优秀 □优良 □及格 □不及格 | | |
| | ____月 | ____分 | □优秀 □优良 □及格 □不及格 | | |
| 有无特殊贡献 | | | | | |
| 个人工作总结 | | | | | |
| 阐述提前转正理由；对企业、本岗位工作看法及心得；未来的工作计划等 | | | | | |
| 试用期工资 | | | 转正后工资 | | |
| 申请人签字 | 直属领导 | 部门经理 | 人力资源部 | 财务部 | 总经理 |
| | | | | | |

注：员工根据自身表现及对企业的了解，可提前提出书面转正申请，经批准后，提前结束试用期，成为正式员工。

## 二十一、员工录用通知书

**员工录用通知书**

＿＿＿＿＿＿先生/女士：

　　非常高兴地通知您，您已成功应聘我们公司的＿＿＿＿＿＿职位。

　　很希望您能接受这项工作。我公司将会为您提供广阔的发展空间、良好的工作环境和优厚的报酬。您的月薪是＿＿＿＿＿＿元，其他福利＿＿＿＿＿＿。

　　请您在＿＿＿＿月＿＿＿＿日来公司报到，并携带以下证件。

　　两张一寸免冠照片，身份证、毕业证书、学位证书、相关的职业资格证书的复印件。

　　报到地点：＿＿＿＿＿＿＿＿＿＿＿＿＿＿＿＿＿＿＿＿＿＿＿＿＿＿。

　　如果您还有什么问题，请与我部联系，联系电话。

　　此致

　　　　　　　　　　　　　　　　　　　　　　××公司人力资源部

　　　　　　　　　　　　　　　　　　　　　＿＿＿＿年＿＿＿月＿＿＿日

## 二十二、招聘渠道效果评估表

| 序号 | 招聘渠道 | 产生费用 | 推荐/简历数量 | 录取人数 | 淘汰人数 | 人均成本 |
|---|---|---|---|---|---|---|
| 1 | 招聘会 | | | | | |
| 2 | …… | | | | | |
| 3 | | | | | | |
| | | | | | | |
| | | | | | | |
| | | | | | | |
| 人力资源部意见 | | | | | | |
| 总经理批示 | | | | | | |

# 第四章

## 培训管理

# 第一节 培训管理人员岗位职责及任职条件

## 一、培训主管职责及任职条件

### 1. 培训主管岗位职责

培训主管的直接上级是人力资源经理,直接下级是培训专员。其岗位职责有以下几点。

职责(1)检查各部门培训的实施情况,对培训效果进行调查分析。

职责(2)负责培训教材的收集编写,指导实施基础的培训工作。

职责(3)筛选专业的培训讲师或专业的培训机构。

职责(4)与企业各部门经理协商制定年度、季度培训计划。

职责(5)制订部门年度预算计划,并督促下属有效地执行。

职责(6)明确企业的工作目标及方针,并制定相应的实施计划。

职责(7)及时与相关部门建立必要的工作联系,以使工作协调一致。

职责(8)对下属的工作进行合理的安排,确保工作完成得高效、有序。

### 2. 培训主管任职条件

培训主管需符合下列任职条件。

条件(1)对企业的发展历史、经营规模、经营方针、规章制度及在同行业中的地位熟悉了解。

条件(2)对人力资源管理方面的专业知识熟悉了解,对计算机应用、现代管理理论知识及方法明确掌握。

条件(3)具有人力资源管理专业本科及以上学历,5年以上人力资源管理或人力资源培训相关工作经验。

条件(4)对本部门的职责、计划及工作要点熟悉了解。

条件(5)对企业各职务职能要点等相关知识明确掌握。

条件(6)对人员素质、绩效测评等相关知识明确掌握。

条件(7)对政府的政策、法律法规及相关的规定条款熟悉了解。

## 二、培训专员岗位职责及任职条件

### 1. 培训专员岗位职责

培训专员的直接上级是培训主管,没有下级。其岗位职责有以下几点。

职责(1)初步筛选专业的培训讲师或专业的培训机构。

职责(2)负责培训教材的收集整理,并指导实施基础的培训工作。

职责(3)协助上级领导及各部门协商制订年度、季度培训计划。

职责(4)明确企业的工作指示及方针,并制订相应的实施计划。

职责(5)及时与相关部门建立必要的工作联系,以使工作协调一致。

职责(6)检查各部门培训的实施情况,并对培训效果进行调查分析。

### 2. 培训专员任职条件

条件(1)具有人力资源管理专业专科及以上学历,3年以上人力资源管理或人力资源培训相关工作经验。

条件(2)了解企业的生产、开发、销售、经营、政策、计划及服务项目。

条件(3)思维敏捷,具有优秀的表达能力、与人沟通能力、规划能力。

条件(4)熟悉内部培训及外部培训组织作业流程,对年度培训规划有一定经验。

条件(5)能够熟练地操作使用各类办公软件。

条件(6)具有高度敬业精神,有能力开展日常培训工作。

条件(7)熟悉培训市场,能与培训供应商保持良好的合作关系。

## 第二节　培训管理制度

### 一、新员工培训制度

| 制度名称 | XX 公司新员工培训制度 | 受控状态 | |
| --- | --- | --- | --- |
| | | 编号 | |
| 执行部门 | | 监督部门 | | 编修部门 | |

第 1 章　总则

第 1 条　目的

为规范公司新员工培训管理，使新员工更好地熟悉和适应公司文化、制度和行为规范，特制定本制度。

第 2 条　适用范围

本制度适用于公司新进员工的培训管理。

第 3 条　培训目的

1. 让新员工在最短的时间内了解公司历史、发展情况、相关政策、企业文化等，帮助新员工确立自己的人生规划并明确自己未来在企业的发展方向。

2. 使新员工找到归属感，满足新员工进入新群体的心理需求。

3. 为新员工提供公司及工作岗位相关信息，同时使其了解公司对他们的从业期望。

4. 提高新员工解决问题的能力，并为其提供寻求帮助的渠道。

5. 加强新老员工之间、新员工与新员工间的融合。

第 2 章　新员工培训内容

第 4 条　培训内容

新员工培训一般分为两个阶段，即公司培训和部门培训，主要内容见下表。

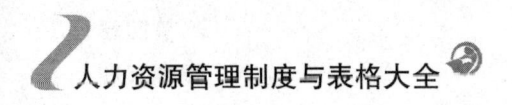

续表

| 培训阶段 | 培训内容 |
|---|---|
| 公司培训 | 1. 公司概况<br>（1）公司的发展历史、经营业务、在同行业中的地位、发展趋势<br>（2）公司组织机构及各部门的主要职能、公司高层管理人员的情况<br>（3）企业文化<br>2. 相关规章制度<br>（1）人事规章制度，主要包括：薪酬福利制度、培训制度、考核制度、奖惩制度、考勤制度等<br>（2）财务制度，如费用报销制度<br>（3）其他，如商务礼仪、职业生涯规划等 |
| 部门培训 | 1. 相关部门的介绍<br>2. 新员工所在岗位职责、业务操作流程<br>3. 岗位所需专业技能的培训与指导<br>4. 员工所在部门组织结构、主要职能和责任、规章和制度 |

**新员工培训的内容**

### 第3章 新员工培训管理

第 5 条　新员工培训由公司人力资源部统一负责管理，各部门予以配合。

第 6 条　培训时间

由公司进行集中培训，起始时间为新员工报到后的第二天，为期 7 天；第二阶段的培训，大致时间为新员工到岗后的第 1～2 个月，具体时间安排视部门实际工作情况而定。

第 7 条　培训纪律

1. 填写"培训人员签到表"。受训员工在培训时不得随意请假，如有特殊原因必须经总经理审批并报人力资源部备案，否则将以旷工论处。

2. 培训时受训人员不得吸烟，手机调至振动状态，不得接听电话、任意交谈。

第 8 条　奖惩措施

培训期间无故迟到、早退累计时间达 30~60 分钟者以旷工半天论处；超过 1 小时者，以旷工 1 天处理；情节严重者，记过 1 次。

第 9 条　培训考核

人力资源部组织相关人员于培训结束后对新员工培训效果进行考核，考核主要以笔试和实操演练两种方式进行。考核结果分为四个等级，具体标准及相应的人事政策见下表。

续表

**考核结果评定一览表**

| 等级 | 标准 | 措施 |
|---|---|---|
| A | 80 分以上 | 重点培养 |
| B | 70~79 分 | 合格，继续培养 |
| C | 60~69 分 | 再次进行培训 |
| D | 60 分以下 | |

### 第 4 章 附则

第 10 条 本制度的拟订和修改由人力资源部负责，报总经理审批通过后执行。

第 11 条 本制度的最终解释权归公司人力资源部。

| 编制人员 | | 审核人员 | | 批准人员 | |
|---|---|---|---|---|---|
| 编制日期 | | 审核日期 | | 批准日期 | |

## 二、岗前人员培训制度

| 制度名称 | XX 公司岗前人员培训制度 | 受控状态 | |
|---|---|---|---|
| | | 编号 | |
| 执行部门 | | 监督部门 | | 编修部门 | |

### 第 1 章 总则

第 1 条 目的

岗前培训的目的是使新进人员了解公司的概况并向他们介绍公司规章制度，以便使新进人员能更快更好地胜任未来工作。

第 2 条 适用范围

本制度适用于所有员工岗位培训。

### 第 2 章 岗前培训

第 3 条 岗前培训阶段

1. 公司总部的培训。
2. 分支机构或所在部门的培训。
3. 实地训练。

续表

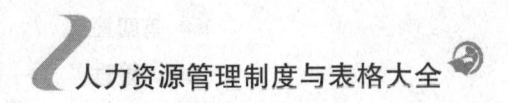

第 4 条　岗前培训内容

岗前培训内容主要包括公司概况、公司经营业务、人事规章制度、工作岗位情况及业务知识培训五部分，其各自包含的具体内容见下表。

**岗前培训内容**

| 培训内容 | 简介 |
| --- | --- |
| 公司概况 | 1. 公司的组织结构及部门职责<br>2. 企业文化<br>3. 公司现状及在同行业中的地位<br>4. 公司发展历史 |
| 公司经营业务 | 1. 公司主营产品<br>2. 产品的性能、价格及销售情况、产品竞争力分析等 |
| 企业规章制度 | 主要包括员工考勤制度、薪酬福利制度、日常工作行为规范等 |
| 工作岗位情况介绍 | 1. 岗位特征<br>2. 工作标准<br>3. 与其他部门的配合情况<br>4. 主要工作职责与内容 |

第 5 条　业务知识培训

根据实际工作需要而进行的培训称为业务知识培训。不同岗位的人员，其培训内容是不同的，下表给出了三类人员的业务知识培训内容。

**不同员工业务知识培训内容**

| 人员类别 | 业务知识培训内容 |
| --- | --- |
| 一般管理人员 | 现代管理理论和技巧的培训，如组织协调能力、决策能力、如何对下属进行有效的授权与激励等 |
| 专业技术人员 | 专业技术知识的学习与实际操作技能的提高 |
| 营销人员 | 提高销售人员整体素质和销售技能，如销售技巧、自我管理能力、沟通技巧等 |

第 6 条　培训档案管理

人力资源部应将岗前培训参训人员基本情况、受训成绩登记在"员工培训记录表"中，为以后的相关人事决策提供依据。

## 第 3 章　附则

第 7 条　本制度的拟订和修改由人力资源部负责，报总经理审批通过后执行。

第 8 条　本制度的最终解释权归公司人力资源部。

续表

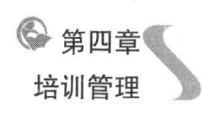

| 编制人员 | | 审核人员 | | 批准人员 | |
| --- | --- | --- | --- | --- | --- |
| 编制日期 | | 审核日期 | | 批准日期 | |

## 三、在职人员培训制度

| 制度名称 | XX公司在职人员培训制度 | | 受控状态 | |
| --- | --- | --- | --- | --- |
| | | | 编号 | |
| 执行部门 | | 监督部门 | 编修部门 | |

### 第1章 总则

第1条 目标

1.总目标：提高本公司从业人员的职业素质、业务知识、工作技能、工作质量及绩效。

2.具体目标：

（1）提高员工的工作热情，培养员工的协作精神，营造良好的工作环境和工作氛围。

（2）建立公司人员培养、选拔机制。

（3）提高、完善并充实员工各项技能，充分发挥其潜能，使其更加胜任现在或将来的工作，为工作轮换、人员晋升创造条件。

（4）增加员工对公司的信任感和归属感。

（5）减少员工工作中的消耗和浪费，提高工作质量和效率。

第2条 适用范围

本制度适用于公司所有在职人员的培训管理。

### 第2章 在职人员培训实施管理

第3条 培训需求的提出

培训需求的提出，主要有个人提交、部门提交、人力资源部统一安排三种方式。具体如下。

1.个人提交。员工将自己的培训需求交至所属部门经理，部门经理将部门的培训需求汇总交至人力资源部。

2.部门提交。公司各职能部门根据部门工作的需要，在年末提出下一年度所属员工的培训计划，报人力资源部审批。

3.人力资源部统一安排。人力资源部每年年末根据公司战略发展的需要，制订下一年

续表

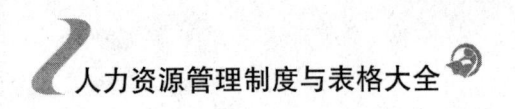

度员工的培训计划，报总经理审批后实施。

第 4 条　培训内容

1. 公共课程培训。主要是涉及企业制度、企业文化、企业发展情况等内容的培训，由人力资源部统一组织实施。

2. 专项业务培训。专项业务培训指对各岗位所需的专业技能进行的培训，如采购、生产、质量、财务、销售等各职能部门专业知识及实践操作等的培训。

3. 素质提高与能力提升培训。主要包括公司业务普及培训、管理技能培训、各种晋升培训等。

第 5 条　培训形式

1. 脱产培训与在职培训相结合。

2. 课堂讲授与实际操作相结合。

3. 公司内部培训与外派培训相结合。

第 6 条　外部培训

1. 因工作需要，各部门可推荐外派员工接受培训，报请总经理审批通过后，根据人力资源管理规章督促员工办理相关手续。

2. 派外受训人员返回后，应及时将受训书籍、教材及资格证书等相关资料送至人力资源部存档，其受训成绩将记录于受训资历表中。

3. 派外受训人员应将受训所获知识整理成册或整理成教材，在公司举办的讲习会上，把相关知识传授给其他员工。

4. 外派培训人员报销差旅费前，人力资源部需及时检查其派外受训的资料是否收回，并在报销单据上进行签注。未经审核的单据，财务部门有权拒绝报销。

第 7 条　培训纪律

1. 学员应按时参加公司组织的培训并在培训签到表上签到，如未签到视同旷课。

2. 尊重讲师和工作人员，团结学员，相互交流，共同提高。

3. 遵守课堂纪律，上课期间认真听讲，做好笔记，严禁大声喧哗、交头接耳。

4. 上课时各类通信工具一律置于无声状态或关闭。接听电话或打电话应到教室外，以免影响他人听讲。

5. 学员不得无故缺席、迟到、早退，严格遵守培训的作息时间；受训人员如因故不能参加培训，必须在开课前两天向所在部门主管请假。

6. 认真填写并上交各种调查表格。

学员参加培训时有违反上述行为之一的，依具体情节和后果的严重性，对其进行停职、降薪、调岗、记过、除名等相应的处罚。

第 8 条　培训评估

1. 每项培训结束时，主办部门需根据实际情况发放在职员工受训意见调查表，学员填写后与测验卷一同被收回，部门对学员意见进行汇总，送至人力资源部，人力资源部对汇总意见进行分析，以完善培训内容。

2. 人力资源部负责对各部门的培训效果进行评估，定期发放培训效果调查表，以供各部门主管填写汇总意见。同时结合生产及销售绩效，比较分析培训的成效，并以书面报告的形式将情况呈报审核后，发给各部门及相关人员，以便以后培训时参考。

第 9 条　培训档案管理

为员工岗位轮换、晋升、降职等的依据，人力资源部须建立员工培训档案，将员工接受培训的具体情况和培训结果详细记录备案，具体包括培训时间、培训地点、培训内容、培训目的、培训效果自我评价、培训考核成绩等。

### 第 3 章　附则

第 10 条　本制度的拟订和修改由人力资源部负责，报总经理审批通过后执行。

第 11 条　本制度的最终解释权归公司人力资源部。

| 编制人员 | | 审核人员 | | 批准人员 | |
|---|---|---|---|---|---|
| 编制日期 | | 审核日期 | | 批准日期 | |

## 四、外派人员培训制度

| 制度名称 | XX 公司外派人员培训制度 | 受控状态 | |
|---|---|---|---|
| | | 编号 | |
| 执行部门 | | 监督部门 | | 编修部门 | |

### 第 1 章　总则

第 1 条　目的

为使员工了解并学习先进的管理经验及专业技术，以促进员工素质的提高，满足公司业务及未来发展的需要，特制定本制度。

第 2 条　适用范围

本制度适用于公派及私请外出培训学习员工。

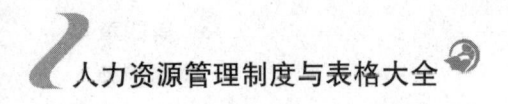

第 3 条　权责单位

1. 人力资源部负责此制度的制定、修改和废止工作。

2. 总经理负责此制度发布、修改和废止的核准工作。

## 第 2 章　外派培训需求申请

第 4 条　培训人员确定

1. 部门经理、公司领导或人力资源部，视实际需要可提议指派受训人员。

2. 各部门结合部门发展的需要与员工的实际工作表现，推荐合适人员参加外派培训。

3. 员工个人根据工作的需要，也可以向公司提出参加外派培训的申请。

第 5 条　外派人员资格

1. 参加外派学习的人员首先应符合外派项目对学历、能力等方面的要求。

2. 如无特殊批准，具有参加外派学习资格的人员，应为在本公司连续工作超过一年、年度考核优秀并有意愿在本公司长期工作的员工。

第 6 条　外派培训申请

参加公司外派培训学习的人员应填报"外派培训申请表"提交人力资源部，人力资源部汇总外派培训需求，报总经理审批通过后组织实施。

## 第 3 章　外派培训形式

第 7 条　外派培训可选择大专院校进修交流、参加专题讲座和交流会、赴国外参观或考察、到其他公司或工厂进行访问交流等方式。

## 第 4 章　外派费用管理

第 8 条　外派培训费用

1. 外派培训的费用在____元以下的，由公司统一支付相关的培训费用。

2. 占用工作时间____天以上或企业统一支付培训费用____元以上的培训，参训员工应与企业签订"培训协议"，双方签字后作为"劳动合同"的附件执行。"培训协议"一式两份，参训员工和企业各执一份。

3. 外派培训人员的培训费须在返回后一周内经本部门经理及主管副总批准，人力资源部和相关主管报销的部门审核后办理报销手续。

4. 培训费报销时，人力资源部应检查受训资料是否全部送回，并在报销单据上签注，未经人力资源部确认的单据，财务部门有权不予报销。

续表

### 第 5 章 外派培训人员的管理

第 9 条 员工参加外派培训期间，视同正常上班，其工资与各项福利待遇正常计发。

第 10 条 受训人员须自觉遵守外部培训机构的各项规定与要求，凡因违规违纪受到培训机构处分者，公司根据情节严重程度予以相应的处分。

第 11 条 受训学员需在学习结束的五天内，对学习情况进行书面总结，并交人力资源部备案。

第 12 条 培训期满，受训学员必须按时回公司报到，如逾期不归，按旷工处理。

第 13 条 参加外派培训的人员返回后，应提交参训报告，并将所学知识整理成册，有选择地列为培训教材并担任讲师，将培训所学知识与技能传授给其他员工。

### 第 6 章 附则

第 14 条 本制度的拟订和修改由人力资源部负责，报总经理审批通过后执行。

第 15 条 本制度的最终解释权归公司人力资源部。

| 编制人员 |  | 审核人员 |  | 批准人员 |  |
|---|---|---|---|---|---|
| 编制日期 |  | 审核日期 |  | 批准日期 |  |

## 五、销售人员培训制度

| 制度名称 | XX公司销售人员培训制度 | 受控状态 |  |
|---|---|---|---|
|  |  | 编号 |  |
| 执行部门 |  | 监督部门 |  | 编修部门 |  |

### 第 1 章 总则

第 1 条 为提高本企业销售人员的综合能力和销售业绩，特制定本制度。

第 2 条 凡本企业所属销售人员的培训及相关事项均按本制度执行。

### 第 2 章 销售人员培训管理规定

第 3 条 销售人员培训工作程序

1. 明确企业经营方针与经营目标。

2. 了解销售人员现状及需解决的问题。

3. 分析以上问题并将问题分类。

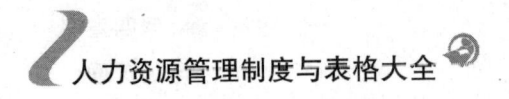

4. 分析关键要素。

5. 制订销售培训计划。

6. 设计销售培训课程。

7. 确定销售培训方式。

8. 按计划实施销售人员培训。

9. 评估销售人员培训效果（培训成效、遗留的问题）。

第 4 条　销售人员培训计划的内容包括培训目标、培训时间、培训地点、培训方式、培训师资、培训内容等。

第 5 条　制订培训计划时应考虑到新入职销售人员培训、销售人员提升培训、销售主管培训等不同人员培训的差异。

第 6 条　确定培训目标

1. 挖掘销售人员的潜能。

2. 提高销售人员对企业的信任感和归属感。

3. 完善销售人员工作的方法。

4. 改善销售人员工作的态度。

5. 终极目标——提高利润水平。

第 7 条　确定培训时间

需要根据实际情况来确定，主要考虑以下五个方面的因素。

1. 产品属性：产品属性越复杂，培训时间就越长。

2. 组织管理要求：管理要求越严，所需的培训时间就越长。

3. 销售人员素质：销售人员素质越高，所需的培训时间就越短。

4. 所需的销售技巧：若要求的销售技巧越复杂，需要的培训时间就越长。

5. 市场状况：市场竞争越激烈、越复杂，培训时间就越长；应该避免与销售旺季发生冲突。

第 8 条　确定培训内容

培训内容因销售工作需要及销售人员素质而异。总的来说，培训内容包括以下七大方面。

1. 企业概况：包括企业的发展历史、经营目标、组织结构、财务状况、主要设施及主要管理人员等。

2. 产品知识：包括主要产品和销量、产品生产过程、产品生产技术、产品的功能用途、企业专为每种产品制定的销售要点及销售说明等。

3. 财务知识：包括合理支配销售费用、票据结算知识等。

续表

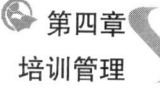

4. 竞争对手：包括竞争对手的产品、市场策略、销售政策等。

5. 相关法律知识：包括合同法、产品质量法、客户赊销与信用风险管理等。

6. 销售知识和技巧：包括市场营销基础知识、销售活动分析、公关知识、广告与促销、产品定价、现场销售的程序和责任、谈判策略与技巧、与客户沟通的技巧等。

7. 目标顾客：包括目标顾客的类型、购买动机、购买习惯和行为等。

第9条  选择培训地点

培训按地点不同，可分为集中培训和分散培训。

1. 集中培训一般由总公司统一举办，参训人员为全体销售人员，适用于一般知识和态度方面的培训，可以保证培训的质量和水平。

2. 分散培训由各分公司分别自行培训所属销售人员，适用于特殊目标的培训，可结合销售实践来进行。

第10条  选择培训方式

1. 在职培训。

2. 销售会议培训。

3. 定期设班培训或函授。

第11条  选择培训讲师

培训讲师应由具备培训专长和丰富销售经验的专家学者或经验丰富的高级销售人员、销售经理担任。培训讲师应具备五个条件。

1. 透彻了解所授的课程。

2. 具备乐于训练和教导的精神。

3. 能灵活运用培训方法。

4. 能够补充和修正所用的教材。

5. 对担任讲师有浓厚的兴趣。

第12条  选择培训方法

常用的培训方法有课堂教学法、会议培训法、模拟培训法、实地培训法。

1. 课堂教学法：一种较正式、应用较广泛的培训方法，由销售专家或有丰富销售经验的销售人员以讲授的形式将知识传授给受训人员。

2. 会议培训法：组织销售人员就某一专门议题进行讨论，会议由培训讲师或销售专家组织。销售人员有机会表达自己的意见、交流想法和经验。

3. 模拟培训法：由受训人员亲自参与并具有一定实战意义的培训方法，其具体做法又可分为实例研究法、角色扮演法、销售情景模拟法。

续表

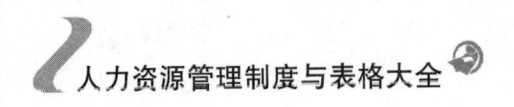

4. 实地培训法：适用于新进人员的销售培训，由有经验的销售人员带一段时间后，让新人独立工作，从而使其能够较快地熟悉业务并上岗。

### 第3章　销售骨干培训管理规定

第13条　参加此类培训的销售人员是指工作两年以上，一线销售业绩突出，并有丰富组织管理经验的非管理人员。

第14条　制订销售骨干的培训计划见下表。

|  | 第一天 | 第二天 | 第三天 |
|---|---|---|---|
| 上午 | 9：00　集合（15~20人）<br>9：30　销售经理致词<br>10：30　销售骨干分组 | 8：00　各组发表探讨结果、交流意见<br>9：30　角色分组<br>10：30　角色扮演训练 | 8：30　管理水平提升训练 |
| 下午 | 13：00　正确的工作态度<br>15：00　小组讨论，使用团队列名法归纳总结<br>17：00　各小组派代表发言 | 13：00　在职培训技巧 | 13：00　管理技巧案例分析<br>15：30　分公司总经理致词 |
| 晚上 | 18：00　在职培训技巧<br>20：00　如何在工作中训练销售人员 | 18：00　如何提高个人业绩<br>20：30　你是如何提高个人业绩的（分享） |  |

第15条　销售骨干培训实施重点

1. 选择采用授课、分组讨论、角色扮演等培训方法。

2. 拟定行动计划书。

3. 事先设计好用于培训课程评估的调查问卷，培训结束后需要写出受训报告。

第16条　培养制订销售计划的能力

销售计划的内容包括：达到销售目标的重要性阐述、培养制订销售目标的能力、学习商业谈判策略技巧、制订达成目标的有效行动计划。

第17条　培训结束后，需要评价销售骨干培训实施的效果，填写"培训效果评价表"或"培训效果调查问卷"。

第18条　销售骨干培训实施时应注意的几点。

1. 参训人员的层次。参加此类培训的销售人员须通晓企业的各种活动，善于处理与其他部门的关系，有较强的沟通、协调能力。

2. 参训人员的态度。实施培训前要使参训者明确意识到自己就是解决问题的执行者。

续表

第 19 条　与销售骨干培训相关的其他事项可参照《销售人员培训管理规定》执行。

### 第 4 章　销售经理培训管理规定

第 20 条　本培训的目标是改进销售经理的工作态度，通过学习现场训练技巧以培训高级销售人才。

第 21 条　销售经理培训的方法

1. 会议式授课法。在会议上，探讨分析具有良好业绩的下属的能力特征，分析采用何种方法可培养这种能力。

2. 现场培训法。通过现场培训使销售经理掌握现场培训法的基本形式及举措。

### 第 5 章　附则

第 22 条　受训销售骨干和销售经理有责任承担培训销售人员的任务，将所学知识传授给销售人员，发扬团队精神，以实现企业的销售目标和市场目标。

第 23 条　本制度提交总经理审批后颁布实施。

第 24 条　本制度如有未尽事宜，可随时增补，并提交总经理审批后生效。

第 25 条　本制度由人力资源部监督执行，公司人力资源部负责最终解释权。

| 编制人员 | | 审核人员 | | 批准人员 | |
|---|---|---|---|---|---|
| 编制日期 | | 审核日期 | | 批准日期 | |

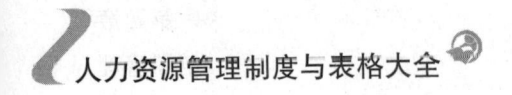

## 第三节 培训管理流程

### 一、新员工培训需求调查流程及调查内容

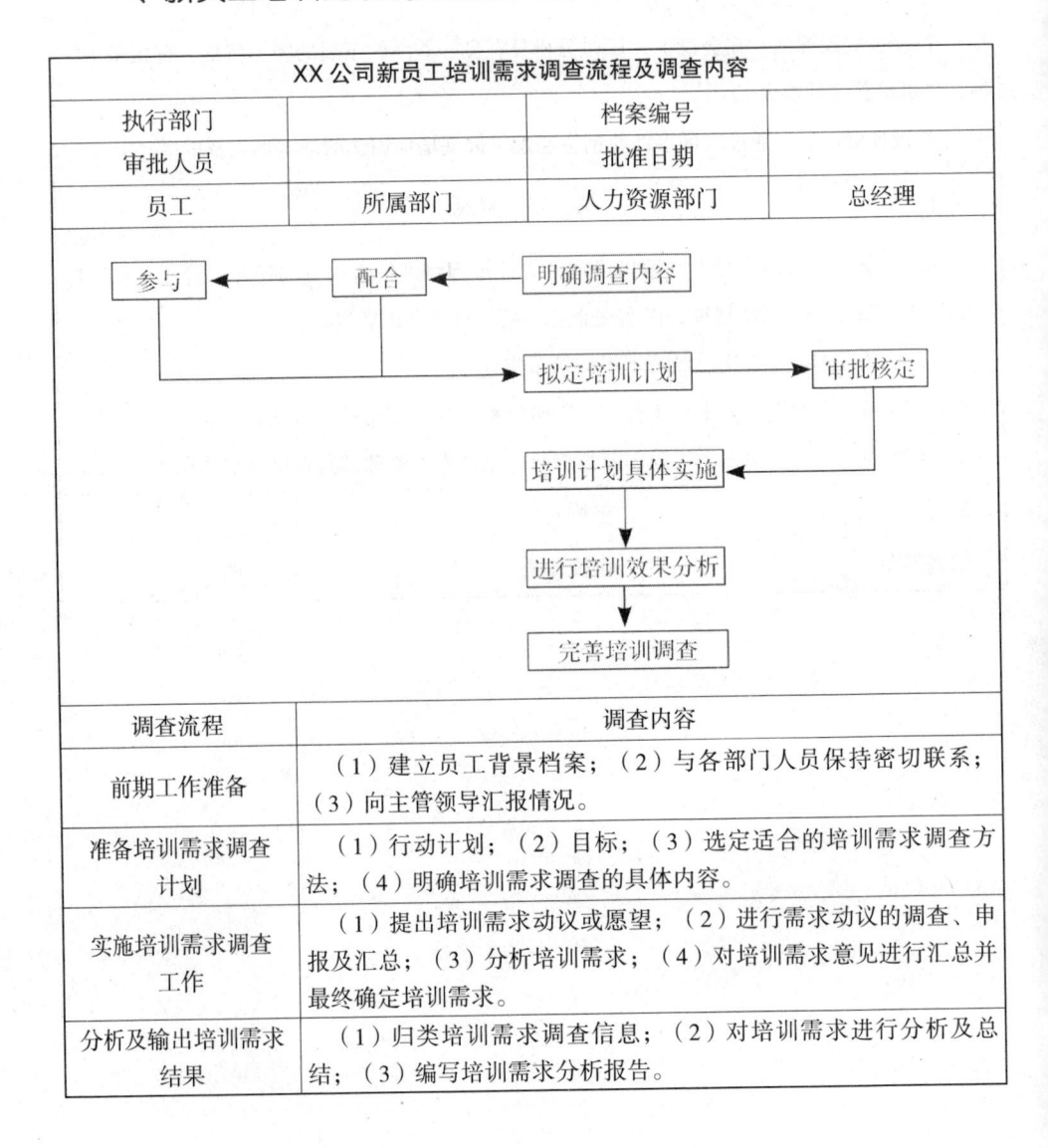

<table>
<tr><td colspan="5" align="center">XX公司新员工培训需求调查流程及调查内容</td></tr>
<tr><td>执行部门</td><td></td><td colspan="2">档案编号</td><td></td></tr>
<tr><td>审批人员</td><td></td><td colspan="2">批准日期</td><td></td></tr>
<tr><td>员工</td><td colspan="2">所属部门</td><td>人力资源部门</td><td>总经理</td></tr>
</table>

```
参与 ← 配合 ← 明确调查内容
                    ↓
              拟定培训计划 → 审批核定
                              ↓
              培训计划具体实施 ←
                    ↓
              进行培训效果分析
                    ↓
              完善培训调查
```

| 调查流程 | 调查内容 |
|---|---|
| 前期工作准备 | （1）建立员工背景档案；（2）与各部门人员保持密切联系；（3）向主管领导汇报情况。 |
| 准备培训需求调查计划 | （1）行动计划；（2）目标；（3）选定适合的培训需求调查方法；（4）明确培训需求调查的具体内容。 |
| 实施培训需求调查工作 | （1）提出培训需求动议或愿望；（2）进行需求动议的调查、申报及汇总；（3）分析培训需求；（4）对培训需求意见进行汇总并最终确定培训需求。 |
| 分析及输出培训需求结果 | （1）归类培训需求调查信息；（2）对培训需求进行分析及总结；（3）编写培训需求分析报告。 |

## 二、新员工入职培训流程

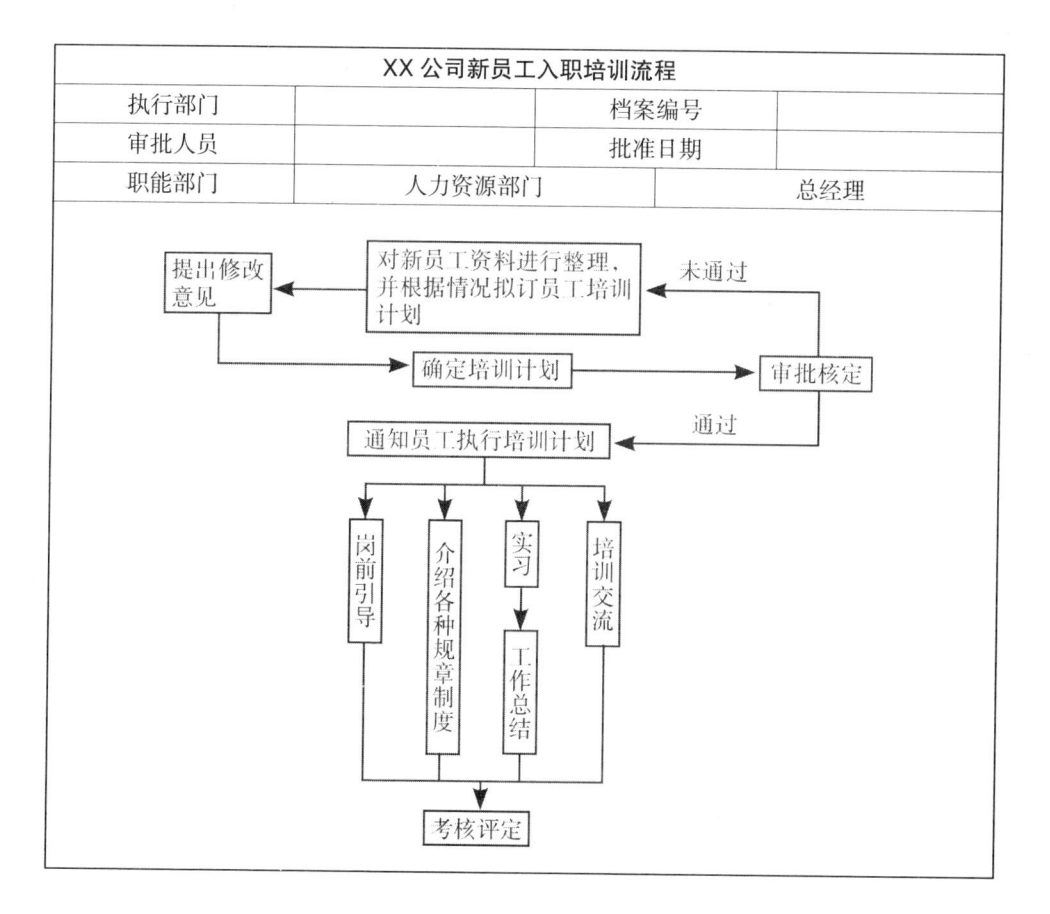

| XX 公司新员工入职培训流程 |||| 
|---|---|---|---|
| 执行部门 | | 档案编号 | |
| 审批人员 | | 批准日期 | |
| 职能部门 | 人力资源部门 || 总经理 |

```
提出修改        对新员工资料进行整理,        未通过
意见     ←   并根据情况拟订员工培训   ←
  │            计划                         │
  │             │                           │
  └──────→  确定培训计划   ──────→   审批核定
                                            │
                                           通过
                                            │
              通知员工执行培训计划   ←──────┘
                     │
        ┌────────┬───────┬────────┐
        ↓        ↓       ↓        ↓
      岗前     介绍各种  实习    培训
      引导     规章制度   │      交流
                         ↓
                       工作总结
        └────────┴───────┴────────┘
                     ↓
                  考核评定
```

## 三、在职员工培训流程及工作标准

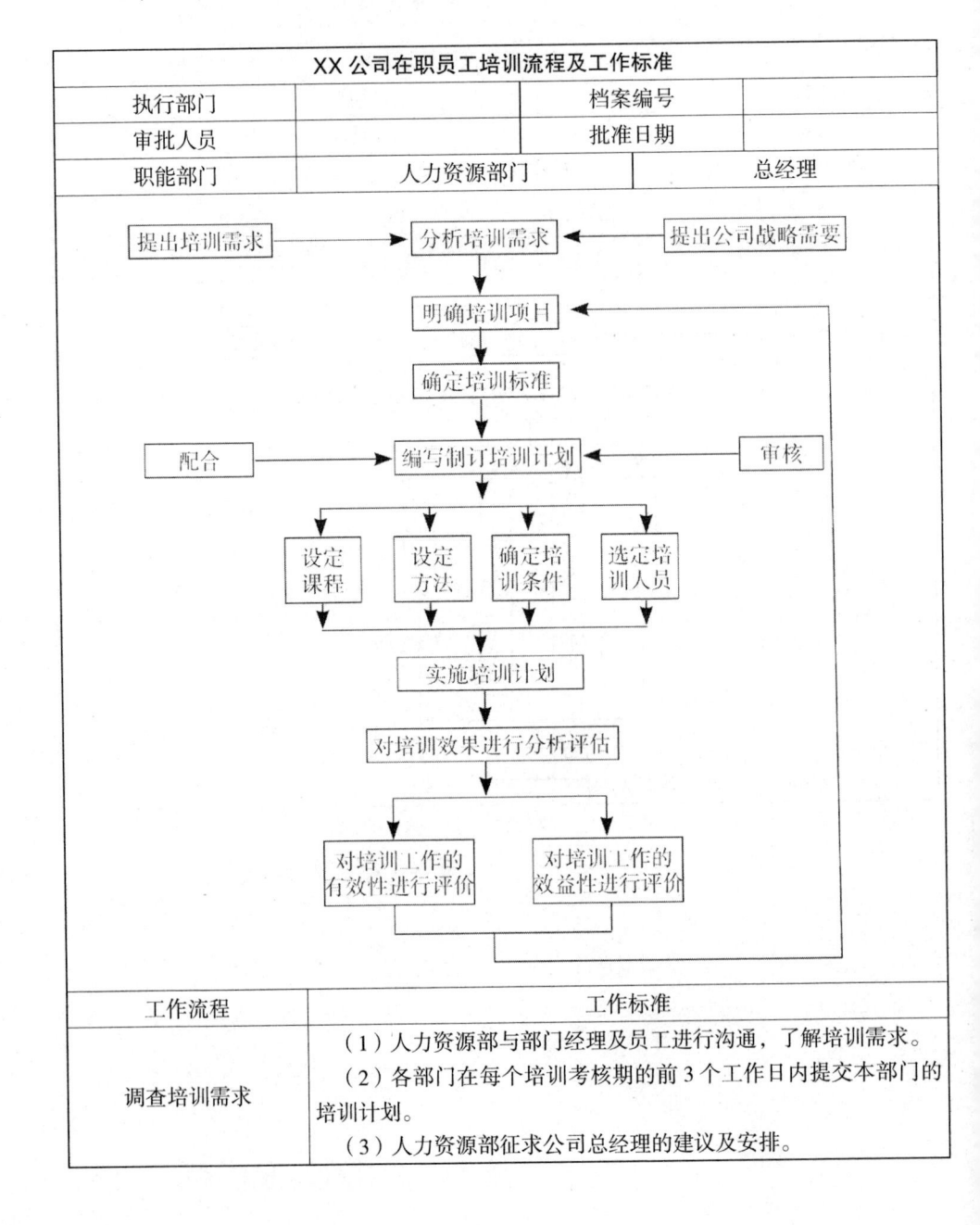

| XX公司在职员工培训流程及工作标准 ||||
|---|---|---|---|
| 执行部门 | | 档案编号 | |
| 审批人员 | | 批准日期 | |
| 职能部门 | 人力资源部门 || 总经理 |

```
提出培训需求 → 分析培训需求 ← 提出公司战略需要
                    ↓
                明确培训项目 ←
                    ↓
                确定培训标准
                    ↓
       配合 → 编写制订培训计划 ← 审核
                    ↓
         ┌──────┬──────┬──────┐
       设定   设定   确定培   选定培
       课程   方法   训条件   训人员
         └──────┴──────┴──────┘
                    ↓
                实施培训计划
                    ↓
            对培训效果进行分析评估
                    ↓
         ┌──────────┴──────────┐
      对培训工作的           对培训工作的
      有效性进行评价         效益性进行评价
```

| 工作流程 | 工作标准 |
|---|---|
| 调查培训需求 | （1）人力资源部与部门经理及员工进行沟通，了解培训需求。<br>（2）各部门在每个培训考核期的前3个工作日内提交本部门的培训计划。<br>（3）人力资源部征求公司总经理的建议及安排。 |

120

续表

| 工作流程 | 工作标准 |
|---|---|
| 制订培训计划 | （1）人力资源部对培训计划进行统计、协调及安排。<br>（2）将培训计划报请公司总经理审核。<br>（3）将培训课程的具体安排在每个培训考核期开始前3个工作日公布。 |
| 实施培训 | （1）员工参加培训并填写员工培训签到表。<br>（2）由人力资源部和各职能部门共同组织与监督实施。<br>（3）保证培训导师和员工的上下班交通等，并保证培训成绩及人数统计无差错。 |
| 培训效果的考核评估及反馈 | （1）人力资源部负责对各部门及员工的培训时数及绩效进行统计。<br>（2）根据抽查，对职能部门的培训进行考核评估。<br>（3）按照公司相关制度将培训与学习结果应用到绩效管理中。 |

## 四、外派培训管理流程

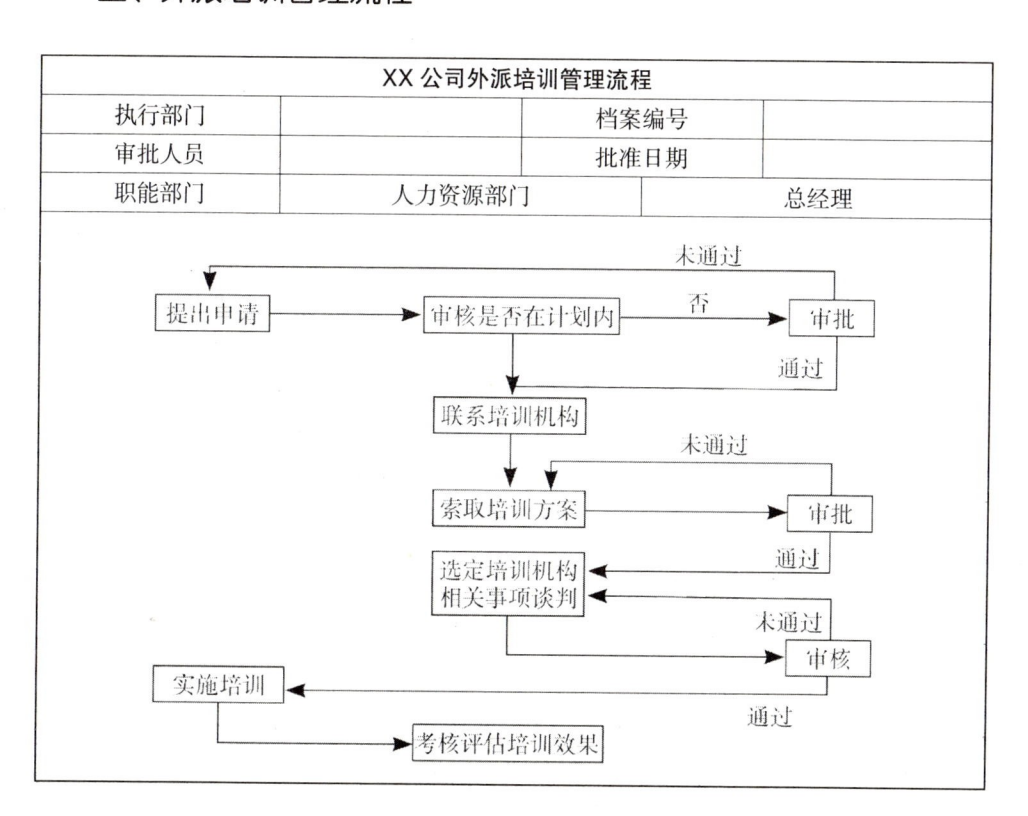

| XX公司外派培训管理流程 |||||
|---|---|---|---|---|
| 执行部门 | | | 档案编号 | |
| 审批人员 | | | 批准日期 | |
| 职能部门 | 人力资源部门 || 总经理 ||

```
                        未通过
    ┌──────────────┐      ┌─────→┌──────┐
    ↓              │   否 │      │ 审批 │
┌────────┐   ┌──────────────┐    └──────┘
│提出申请│──→│审核是否在计划内│       通过
└────────┘   └──────────────┘
                    │
                    ↓
              ┌──────────┐
              │联系培训机构│
              └──────────┘
                    │         未通过
                    ↓        ┌─────→┌──────┐
              ┌──────────┐   │      │ 审批 │
              │索取培训方案│──┤      └──────┘
              └──────────┘          通过
                    │
                    ↓
            ┌──────────────┐
            │选定培训机构   │
            │相关事项谈判   │
            └──────────────┘
                    │         未通过
                    ↓        ┌─────→┌──────┐
                             │      │ 审核 │
                             │      └──────┘
                                    通过
              ┌────────┐
              │实施培训│←────┐
              └────────┘     │
                    │        │
                    ↓        │
            ┌──────────────┐
            │考核评估培训效果│
            └──────────────┘
```

121

## 第四节　培训管理表格

### 一、培训需求调查问卷

<table>
<tr><td colspan="6" align="center">填表人信息</td></tr>
<tr><td>姓名</td><td></td><td>性别</td><td></td><td>学历</td><td></td></tr>
<tr><td>部门</td><td></td><td>职位</td><td></td><td>入职时间</td><td></td></tr>
<tr><td rowspan="7">培训现状</td><td>1. 影响培训效果的因素</td><td colspan="4">□课程对工作无益　　　□时间安排欠妥<br>□培训师授课水平一般　□员工缺乏培训意识</td></tr>
<tr><td>2. 公司培训内容评价</td><td colspan="4">□内容陈旧　□技能缺乏　□缺乏团队凝聚力<br>□知识单一</td></tr>
<tr><td>3. 最认可的培训形式</td><td colspan="4">□面授　□案例分析　□实操训练　□多媒体　□游戏示范　□座谈研讨　□参观交流　□考察</td></tr>
<tr><td>4. 公司培训师的评价</td><td colspan="4">□口才一般　□互动较差　□综合素质一般　□来源单一</td></tr>
<tr><td>5. 参加培训的原因</td><td colspan="4">□个人兴趣　□领导安排　□公司统一安排　□绩效考核</td></tr>
<tr><td>6. 对培训时间安排的建议</td><td colspan="4">□晚上　　□周末　　□不占用休息时间</td></tr>
<tr><td>7. 通过培训哪些方面有所提升</td><td colspan="4">□企业文化认同感　　□专业技能<br>□工作态度　　　　　□业务知识</td></tr>
<tr><td rowspan="7">培训需求、建议</td><td>1. 您认为公司的培训重点</td><td colspan="4">□企业文化　□专业技能　□入职教育　□规章制度　□核心管理技能　□营销战略　□人才储备与培养　□人力资源　□其他</td></tr>
<tr><td>2. 最需要公司提供支持的培训项目</td><td colspan="4">□英语　□办公软件　□财务知识　□法律法规　□服务礼仪　□自学考试（请注明）＿＿</td></tr>
<tr><td>3. 您是否愿意成为培训师</td><td colspan="4">□愿意　□不愿意　□理由是：＿＿＿＿</td></tr>
<tr><td>4. 培训周期怎样最合适</td><td colspan="4">□每月3次　□每周1次　□根据实际工作需求安排</td></tr>
<tr><td>5. 您认为公司应强化的培训方式</td><td colspan="4">□授课技巧　□案例分析　□实操演练　□多媒体　□游戏示范　□座谈研讨　□参观交流　□考察</td></tr>
<tr><td>6. 您认为公司培训队伍应增加</td><td colspan="4">□内部培训师素质　□外部培训师渠道　□建立激励机制</td></tr>
<tr><td>7. 是否有必要将培训与绩效考核挂钩</td><td colspan="4">□非常有必要　□有必要　□没必要</td></tr>
</table>

续表

| 您对公司培训工作的建议（培训内容、培训重点、培训时间安排、培训方式等） |
|---|
|  |

注：各部门汇总本部门培训需求调查问卷，人力资源部将进一步汇总分析，分析结果是制订下一年度公司培训计划的重要依据。

## 二、培训需求汇总表

| 分类 | 具体需求 | 数量 | 比例 | 备注 |
|---|---|---|---|---|
| 培训内容 | 入职教育 |  |  |  |
|  | 规章制度 |  |  |  |
|  | 专业技能 |  |  |  |
|  | 企业文化 |  |  |  |
|  | 管理技能 |  |  |  |
|  | 其他 |  |  |  |
| 培训方式 | 课堂讲述 |  |  |  |
|  | 案例分析 |  |  |  |
|  | 现场操作 |  |  |  |
|  | 外部考察 |  |  |  |
|  | 其他 |  |  |  |
| 培训时间 | 不占用休息时间 |  |  |  |
|  | 周末 |  |  |  |
|  | 晚上 |  |  |  |
| …… | …… |  |  |  |
|  |  |  |  |  |

注：此表的目的是把员工培训需求调查中最突出的问题反映出来，并依此制订适合公司发展的年度培训计划。

### 三、年度培训计划表

| 培训计划 | 责任部门 | 责任人 | 日期 | 1月 | 2月 | 3月 | 4月 | 5月 | 6月 | 7月 | 8月 | 9月 | 10月 | 11月 | 12月 |
|---|---|---|---|---|---|---|---|---|---|---|---|---|---|---|---|
| 内部培训 | | | | | | | | | | | | | | | |
| 人事管理制度培训 | 人力资源部 | | | | | | | | | | | | | | |
| 行政管理制度培训 | | | | | | | | | | | | | | | |
| 新员工入职培训 | | | | | | | | | | | | | | | |
| …… | | | | | | | | | | | | | | | |
| 年度培训需求调研汇总 | | | | | | | | | | | | | | | |
| 新员工岗前培训 | 各部门 | | | | | | | | | | | | | | |
| 部门规章制度培训 | | | | | | | | | | | | | | | |
| 紧急预案案例培训 | | | | | | | | | | | | | | | |
| …… | | | | | | | | | | | | | | | |
| 外部培训 | | | | | | | | | | | | | | | |
| 时间管理 | 人力资源部 | | | | | | | | | | | | | | |
| 高效沟通技巧 | | | | | | | | | | | | | | | |
| 员工激励 | | | | | | | | | | | | | | | |
| …… | | | | | | | | | | | | | | | |

注：填表人可根据本部门需求增加或调整培训内容。

## 四、月度培训计划表

| 培训时间 | 培训类别 | 培训内容 | 参训人员 | 培训讲师 | 培训课时 | 备注 |
|---|---|---|---|---|---|---|
|  |  |  |  |  |  |  |
|  |  |  |  |  |  |  |
|  |  |  |  |  |  |  |
|  |  |  |  |  |  |  |
|  |  |  |  |  |  |  |
|  |  |  |  |  |  |  |

注：此表由人力资源部培训专员根据年度培训计划及各部门培训计划表汇总而成，并由人力资源部培训专员负责跟进落实。

## 五、部门培训计划表

| 培训时间 | 培训内容 | 相关部门 | 参训人员 | 培训课时 | 考核方式 | 备注 |
|---|---|---|---|---|---|---|
|  |  |  |  |  |  |  |
|  |  |  |  |  |  |  |
|  |  |  |  |  |  |  |
|  |  |  |  |  |  |  |
|  |  |  |  |  |  |  |
|  |  |  |  |  |  |  |

## 六、员工个人培训计划表

| 培训类型 | 培训题目 | 参训方式 | 实施时间 | 费用估算 | 需获得的支持与帮助 |
|---|---|---|---|---|---|
|  |  |  |  |  |  |
|  |  |  |  |  |  |
|  |  |  |  |  |  |
|  |  |  |  |  |  |
|  |  |  |  |  |  |
|  |  |  |  |  |  |

## 七、员工培训申请表

| 员工姓名 |  | 部门 |  | 填表日期 |  |
|---|---|---|---|---|---|
| 申请参训课题 | | | | | |
| 申请参训原因 | | | | | |
| 参训时间 | | | | | |
| 个人是否支付费用 | | | | | |
| 是否需要脱产培训 | | | | | |
| …… | | | | | |
| 本部门经理审批 | 人力资源部审批 | | 主管副总审批 | | 总经理审批 |
| | | | | | |

本人因_____，自愿参加本次培训。

申请人签名：
申请日期：

注：员工培训申请表用于非常规性培训，需由员工本人签字确认；人力资源部备案、存档。

## 八、员工外派培训申请表（一）

| 员工外派培训申请表 ||||||
|---|---|---|---|---|---|
| 填制部门 | | | 档案编号 | | |
| 员工姓名 | | 工号 | | 职位 | | 所属部门 | |
| 培训机构 | | | 开设课程 | | |
| 备注 | | | | | |

本人期待参加上述机构所举办的培训，期望公司承担所需费用，此项培训能够很好地提高我的工作技能，在业界有广泛的好评。其中课程培训时间，如有任何改变，本人必根据公司规定及时上报部门，受训期间个人如有任何违反公司培训规定的行为，愿以个人工资抵扣公司所付的学费。详细培训课程如下：

续表

| 课程内容 | 名称 | 日期（始） | 日期（止） | 学费金额 |
|---|---|---|---|---|
| | | | | |
| | | | | |
| | | | | |

总经理：　　　人力资源部：　　　财务部：　　　员工申请部门：

## 九、员工外派培训申请表（二）

| 员工外派培训申请表 ||||
|---|---|---|---|
| 填制部门 | | 档案编号 | |
| 申请部门 | | 部门负责人签单 | |
| 培训起止日期 | | 总经理签单 | |
| 申请培训原因： ||||
| 申请培训内容概述： ||||
| 培训方式： ||||
| 培训目标： ||||
| 拟参训人员名单： ||||

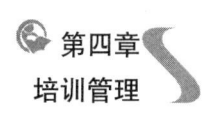

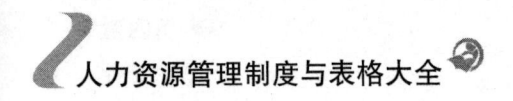

## 十、员工外派培训记录表

| 员工外派培训记录表 | | | | |
|---|---|---|---|---|
| 填制部门 | | 档案编号 | | |
| 员工姓名 | | | | |
| | 培训课程名称 | 日期（年、月） | 时数共计（小时） | 培训地点 |
| 入职前 | | | | |
| | | | | |
| | | | | |
| 入职后 | | | | |
| | | | | |
| | | | | |

## 十一、培训人员签到表

| 培训时间 | | 培训地点 | |
|---|---|---|---|
| 培训内容 | | 培训讲师 | |
| 序号 | 签到 | | 签退 |
| | | | |
| | | | |
| | | | |
| | | | |
| | | | |
| | | | |

## 十二、在职人员技能提升培训报名表

| 员工姓名 | | 所在部门 | |
|---|---|---|---|
| 提升技能 | □专业技能　□职场礼仪　□沟通技巧　□团队合作　□企业文化　□其他 ||||
| 培训时间 | ||||
| 培训地点 | ||||
| 培训机构 | ||||
| 培训类别 | □内部培训　□外部培训 ||||
| 费用预算 | ||||
| 效果预测 | ||||
| 申请人签字 | | 部门经理意见 | |
| 人力资源部意见 | | 财务部意见 | |
| 总经理审批 | ||||

## 十三、在职人员培训资历表

| 在职人员培训资历表 |||||||||
|---|---|---|---|---|---|---|---|---|
| 填制部门 | | | | 档案编号 | | | ||
| 姓名： | | 所属部门： | | | 代号： | | ||
| 序号 | 受训时职位 | 培训内容 | 培训起止时间 | 时数 | 累计时数 | 成绩 | 考核评估记录 ||
| 1 | | | | | | | ||
| 2 | | | | | | | ||
| 3 | | | | | | | ||
| 4 | | | | | | | ||
| 5 | | | | | | | ||
| 6 | | | | | | | ||
| …… | | | | | | | ||

## 十四、入职培训记录表

| 序号 | 姓名 | 部门 | 入职培训内容 | 培训日期 | 培训师 | 成绩 | 备注 |
|------|------|------|--------------|----------|--------|------|------|
| 1 | | | | | | | |
| 2 | | | | | | | |
| 3 | | | | | | | |
| 4 | | | | | | | |
| …… | | | | | | | |
| 您还希望获得哪些方面的入职培训,以协助您更快地熟悉公司,适应岗位工作。(不记名提议) ||||||||

## 十五、新员工入职培训考核表

| 姓名 | | 部门 | | 职务 | |
|------|---|------|---|------|---|
| 培训主题 | |||||
| 对于本岗位工作职责、流程 | |||||
| 对于公司各项规章制度 | |||||
| 对于部门主要工作内容 | |||||
| 对于公司企业文化、发展理念 | |||||
| 对于公司产品 | |||||
| 对于公司所处行业及地位 | |||||
| …… | |||||
| 培训师 | | | 人力资源部经理 | | |

## 十六、员工年度培训积分卡

姓名：　　　　　　　　　　　部门：

| 序号 | 日期 | 培训内容 | 培训课时 | 积分 | 记录人 |
|---|---|---|---|---|---|
| 1 | | | | | |
| 2 | | | | | |
| 3 | | | | | |
| …… | | | | | |
| 一季度积分小计 | | | | | |
| 1 | | | | | |
| 2 | | | | | |
| 3 | | | | | |
| …… | | | | | |
| 二季度积分小计 | | | | | |
| …… | | | | | |
| …… | | | | | |
| 积分总计 | | | | | |

注：员工培训积分卡由人力资源部专门负责培训的人员填写汇总，可随时记录员工的培训情况，作为员工绩效考核的参考依据。

## 十七、员工受训意见调查表

| 员工受训意见调查表 |||| 
|---|---|---|---|
| 填制部门 | | 档案编号 | |
| 培训内容 | | 主办部门 | |
| 说明：<br>请受训人员如实填写本表，完成填写后请送至主办部门。<br>请在所选答案对应的"□"内打"√"。<br>请您如实填写建议事项，以帮助我们改进未来的培训内容。<br>您认为培训课程内容怎样？<br>□优　□良　□可　□差<br>您认为受训时间是否适当？<br>□时间太长　□适当　□时间太短 ||||

续表

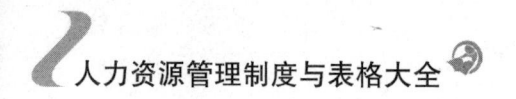

| 参加此次培训您有哪些收益？ |
| --- |
| □获得了相应的知识。 |
| □改变了工作态度。 |
| □工作技能得到了提高。 |
| □使我拓展了同领域的知识面。 |
| □使我对自我和工作有了正确的认知。 |
| 您对培训设备设施有什么建议？ |
| □优　□良　□尚可　□差 |
| 如再有类似培训机会，您愿意继续参加吗？ |
| □愿意　□不确定　□不愿意 |
| 其他建议： |

## 十八、内部培训师课时统计表

| 培训师 | 培训课题 | 单次课时 | 培训次数 | 培训时长 | 备注 |
| --- | --- | --- | --- | --- | --- |
|  |  |  |  |  |  |
|  |  |  |  |  |  |
|  |  |  |  |  |  |
|  |  |  |  |  |  |
|  |  |  |  |  |  |

注：定期统计内部培训师课时，可检查、考核培训师的培训工作量及培训工作完成情况。

## 十九、优秀内部培训师评选表

| 培训师姓名 | 主要培训课题 | 培训风格 | 培训方式 | 投他一票 |
| --- | --- | --- | --- | --- |
|  |  |  |  |  |
|  |  |  |  |  |
|  |  |  |  |  |
|  |  |  |  |  |

## 二十、年度培训费用预算表

| 分类 | 明细 | 次数 | 经费预算 | 小计 | 备注 |
|---|---|---|---|---|---|
| 内部培训 | 培训设备 | | | | 设备更新 |
| | 人工成本 | | | | 培训专员 |
| | 培训资料 | | | | |
| | 培训用品 | | | | |
| | 培训奖金 | | | | |
| | 其他费用 | | | | |
| | …… | | | | |
| 外部培训 | 讲师课时费 | | | | |
| | 讲师交通费 | | | | |
| | 讲师住宿费 | | | | |
| | 讲师餐费 | | | | |
| | 公关费 | | | | |
| | 培训设备费 | | | | |
| | 其他费用 | | | | |
| | …… | | | | |
| 总计 | | | | | |
| 人力资源部经理审批 | | 主管副总审批 | | 总经理审批 | |
| | | | | | |

## 二十一、集体培训申请表

| 培训内容 | |
|---|---|
| 参训人员 | |
| 培训目的 | |
| 培训时间 | |
| 培训地点 | |
| 培训类别 | |
| 效果预测 | |
| 费用预测 | |

| 人力资源部 | 财务部 | 总经理 |
|---|---|---|
| | | |

## 二十二、培训经费申请审批表

| 申请人 | | 部门负责人 | |
|---|---|---|---|
| 申请事由 | | | |
| 培训时间 | | 培训地点 | |
| 费用明细 | 讲师课时费 | ＿＿＿＿元 | |
| | 讲师交通费 | ＿＿＿＿元 | |
| | 讲师住宿费 | ＿＿＿＿元 | |
| | 讲师餐费 | ＿＿＿＿元 | |
| | 培训资料费 | ＿＿＿＿元 | |
| | 培训设备费 | ＿＿＿＿元 | |
| | 其他费用 | ＿＿＿＿元 | |
| | …… | ＿＿＿＿元 | |
| 费用总计 | | ＿＿＿＿元 | |

| 人力资源部 | 财务部 | 总经理审批 |
|---|---|---|
| | | |

## 二十三、外部培训费用统计表

| 外训日期 | 培训师 | 培训课题 | 培训课时 | 培训费 | 其他费用 ||||  本次费用小计 |
|---|---|---|---|---|---|---|---|---|---|
| | | | | | 住宿费 | 交通费 | 资料费 | 餐费 | |
| | | | | | | | | | |
| | | | | | | | | | |
| | | | | | | | | | |
| | | | | | | | | | |
| | | | | | | | | | |
| | 费用总计 | | | | | | | | |

## 二十四、员工培训档案

| 员工培训档案 |||||||
|---|---|---|---|---|---|---|
| 填制部门 | | | 档案编号 | | | |
| 表格编号 | | | | | | |
| 员工姓名 | | 性别 | 出生年月 | | 身份证号码 | |
| 学历 | | 专业/系 | 职位名称 | | 所属部门 | |
| 培训起止时间 | 培训项目/内容 | 培训机构 | 所获证书 | | 备注 | |
| | | | | | | |
| | | | | | | |
| | | | | | | |
| | | | | | | |
| 人力资源部评语：<br><br>签名：<br>　　　　　年　月　日 |||| 所属部门评语：<br><br>签名：<br>　　　　　年　月　日 |||

## 二十五、员工培训总结表

| 在职培训总结表 ||||||
|---|---|---|---|---|---|
| 填制部门 | | | 档案编号 | | |
| 部门: | | 经办人姓名: | | 填表日期: 年 月 日 ||
| 培训课程 | | | 编号 | | |
| 项目总结 | 举办时间 || 培训时数 | 参训人数 ||
| 预定 | |||||
| 实际 | |||||
| 培训费用 | 项目 | 预算 || 实际 | 异常说明 |
| ^ | 讲师费 | |||  |
| ^ | 教材费 | |||  |
| ^ | 其他 | |||  |
| ^ | 总计 | |||  |
| 培训检讨及审核 | 学员意见 |||||
| ^ | 讲师意见 |||||
| ^ | 财务部 | || 人力资源部 ||

## 二十六、培训协议模板

**培训协议模板**

甲方（企业）：

乙方（参训员工）：

经乙方本人申请，甲方审核同意，由甲方出资，选派乙方到_____（本市、非本市）参加_____培训，自_____年___月___日始，至_____年___月___日止，学习期限为_____（天）。

培训性质为：□脱产学习 □非脱产学习 □在职培训

甲乙双方协商一致，平等自愿地签订本协议，内容如下：

1.乙方在培训期间应严格遵守培训机构有关规章制度和纪律，刻苦学习，全面达到培训目标。

2. 本次培训费用预计共____元，甲方承担_____元，占费用总额的_____%；乙方承担____元，占费用总额的____%。

3. 在培训期间无论什么原因导致甲乙双方解除劳动合同，由乙方返还甲方所支付的培训费用。

4. 乙方在培训期间视为：□上班　　□请假。

乙方在培训期间，工资按照正常上班工资的_____%计发，其他福利待遇不变。

5. 服务年限的规定见下表。

服务年限规定一览表

| 公司支付的培训费用 | 服务年限 |
| --- | --- |
| 培训费用＜____元 | 1 年 |
| ____元≤培训费用＜____元 | 2 年 |
| 培训费用≥____元 | 3 年 |

6. 甲方为乙方支付或报销培训费用后，乙方却未能履行相应义务的，按下列标准执行。

（1）乙方提前解除劳动合同，应支付甲方未满约定服务期限的违约金。

（2）由于乙方的过失，甲方对乙方予以辞退，除支付未满服务期限的违约金额外，还需赔偿给甲方造成的相应损失。

本协议自双方签约之日起生效，本协议一式两份，甲乙双方各执一份，双方签字后作为劳动合同的附件执行。

甲方：　　　　　　　　　　　乙方：

签单：　　　　　　　　　　　签单：

日期：　　年　　月　　日　　日期：　　年　　月　　日

# 第五章

绩效考核管理

# 第一节　绩效考核管理人员岗位职责及任职条件

## 一、绩效主管岗位职责及任职条件

**1. 岗位职责**

绩效主管的直接上级是人力资源部经理，直接下级是绩效专员。其岗位职责有以下几点。

职责（1）负责根据企业需要制定年度考评计划，根据不同岗位设置不同的考评周期，制定员工教育、培训计划，为企业发展储备人才。

职责（2）制定考评的范围、要求及内容，组织培训考评人员，收集考评问卷及信息，发布考评结果，收集反馈信息，为总经理的人力资源决策提供依据。

职责（3）根据企业综合的经营计划，具体落实本部门的工作计划。

职责（4）合理安排下属的工作，以提高工作效率。

职责（5）负责部门管辖范围内的重要课题实施方案的制定。

职责（6）负责向下属明确工作的目标及重要性。

职责（7）负责部门预算计划的编制，并督促下属切实有效地执行。

职责（8）负责有关人员信息的汇总、提炼，并做适当处理。

职责（9）及时与相关部门进行工作联系，使工作协调一致。

**2. 任职条件**

绩效主管要符合下列任职条件。

条件（1）具有人力资源管理、心理学、管理学专业本科及以上学历。

条件（2）了解现代人力资源开发及管理的相关知识，具有3年以上绩效管理工作经验。

条件（3）对管理学、心理学、社会学、组织学、财务基础知识及计算机数据库等方面的知识有一定了解。

条件（4）熟悉企业的生产、开发、销售、经营、政策、计划及服务项目。

条件（5）熟悉与企业经营活动相关的国家法律法规、政策规定。

条件（6）熟悉企业绩效考核的运作程序及方法。

## 二、绩效专员岗位职责及任职条件

### 1. 绩效专员岗位职责

绩效专员的直接上级是绩效主管，没有下级，其岗位职责有以下几点。

职责（1）协助人力资源部经理完成绩效考核管理的工作。

职责（2）根据绩效考核的实际情况及相关规定，负责相关人员奖惩的实施。

职责（3）协助和指导各部门的绩效考核工作，并向员工解释绩效考核管理制度的有关问题。

职责（4）对考核结果、考核制度等资料进行分类，做好归档工作。

职责（5）负责评估当前的绩效考核制度，并提供改进措施。

职责（6）根据公司需要，提供绩效数据支持，协助政策解释。

职责（7）配合领导完成各类员工绩效考核工作的具体组织及实施。

### 2. 绩效专员任职条件

绩效专员要符合下列任职条件。

条件（1）明确掌握员工考核的知识与技能，熟悉了解考核的制度及流程。

条件（2）两年以上人力资源工作经验，一年以上绩效考核工作经验。

条件（3）了解员工考核的操作标准，熟悉人力资源管理系统。

# 第二节　绩效考核管理制度

## 一、基层人员绩效考核制度及标准

关于基层人员考核的管理制度，我们列举两家企业的考核制度，以供读者阅读参考。

## 1. 绩效考核制度

| 制度名称 | ××公司绩效考核制度 | 受控状态 | |
| --- | --- | --- | --- |
| | | 编号 | |
| 执行部门 | | 监督部门 | | 编修部门 | |

### 第1章 总则

第1条 为完善公司各部门的绩效管理工作，促进员工及部门绩效的改进和提升，特制定本制度。

第2条 考评的原则

1. 一致性：在一段连续的时间内，考评的内容及标准不应有太大的变化，至少一年内考评的方法应保持一致。

2. 公开性：员工有权利知道自己的考评结果。

3. 公平性：对同岗位的员工使用相同的考评标准。

4. 客观性：考评应客观的反映员工的实际情况，避免出现因光环效应、个人偏见等带来的误差。

第3条 绩效考核体系框架

1. 考核等级：在各项考核的环节中，考核的结果可分为以下三个等级。

| 考核等级 | 定义与描述 |
| --- | --- |
| 甲 | 优秀：持续或部分超出期望，超额或基本完成任务（工作完成率在95%以上） |
| 乙 | 良好：业绩正常稳定，能够完成大部分工作任务（工作完成率在90%以上） |
| 丙 | 较差：需辅导及改进才能完成大部分工作任务 |

2. 考核对象：职能负责人及其他人员。总经理负责对职能负责人进行考核，职能负责人负责对其他人员进行考核。

3. 考核周期：月度绩效考核、季度绩效评估及年度绩效评估。

### 第2章 月度绩效考核

第4条 月度绩效考核采用百分制，考核的内容包括重点工作和常规工作，其权重如下：

| 考核对象 | 重点工作权重 | 常规工作权重 |
| --- | --- | --- |
| 职能负责人 | 60% | 40% |
| 其他人员 | 40% | 60% |

第5条 考核内容说明

续表

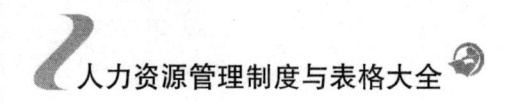

1. 重点工作：包括部门和职能模块的重要工作、年度专项工作、领导指派的重要工作。

2. 常规工作：包括个人年度或月度常规性工作、领导指派的临时性工作等。

3. 加减分指标：

加分项指经总经理批准可予以加分的事项，根据被考核人月度内的工作质量、突发事件的应对与处理能力及被考核人受到公司相关奖励等，视具体情况确定，加分值为 0~5 分。

扣分项指经总经理批示应予以扣分的事项，具体根据被考核人的工作质量、违规违纪等情况及相关单位和部门的投诉确定，扣分值为 0~5 分。

第 6 条　考核流程

1. 被考核员工应于每月 25 日前，向职能负责人申报下月的工作计划、当月情况及考核的自我评价。

2. 职能负责人应于每月 30 日前，对被考核员工申报的工作计划等进行调整和确认，完成考核的复评，并报请总经理审批。

第 7 条　考核结果与薪酬发放

考核结果与个人月度的固定薪酬挂钩，发放比例如下：

| 考核得分（S） | S > 95 | S ≤ 95 |
|---|---|---|
| 固定薪酬标准的发放比例 | 100% | 考核得分从 95 分起，每少一分扣发薪资标准的 1% |

注：发放比例最低不少于 90%。

第 8 条　考勤

员工考勤不纳入员工的月度考核，将根据具体考勤结果在其月度工资中扣减缺勤工资，扣发标准参见薪资管理办法（另订）。

## 第 3 章　季度绩效评估

第 9 条　季度绩效评估

季度绩效评估包括季度工作考核和季度能力评价，不同考核对象的相应权重如下：

| 考核对象 | 季度工作考核 | 季度能力评价 |
|---|---|---|
| 职能负责人 | 100% | 无 |
| 其他人员 | 70% | 30% |

第 10 条　季度工作考核的结果由季度内三个月的月度考核得分加权平均计算。

第 11 条　季度能力评价

1. 评价方式：采用百分制，包括沟通协调能力、执行能力、创新能力、团队协作、积

续表

极生动第5项评价指标，每项指标占20%。

2.评分标准：根据职位职级的要求，对员工个人绩效目标达成过程中的能力表现情况进行强制性的评价打分，具体标准如下：

| 展现能力与职位匹配程度 | 评分范围 |
|---|---|
| 甲 | 19~20 |
| 乙 | 17~18 |
| 丙 | 16分以下 |

第12条　季度评估流程

1.各考核责任人负责在每季度首月的3日前，根据季度考核表所列的项目及考核权限，完成上季度的考评工作。

2.职能负责人组成无等级会议小组，对其他人员的季度业绩考核、季度评价进行讨论，初步评估季度绩效等级结果。

3.部门成员季度绩效评估结果的最终评定由部门经理负责。

第13条　季度评估结果与薪酬发放

1.职能负责人不参加季度绩效奖励的分配

2.其他人员季度的绩效奖励，参考结合团队和个人季度评估的结果进行分配；若评估结果为丙，将不参加季度绩效奖励的分配。

## 第4章　年度绩效评估

第14条　对员工个人年度业绩的全面评价属于年度绩效评估，不同考核对象的评估结构如下：

| 考核对象 | 年度业绩考核 | 能力评价 |
|---|---|---|
| 职能负责人 | 季度业绩评估80% | 总经理评价20% |
| 其他人员 | 季度业绩评估100% | 无 |

1.年度业绩评估：将员工个人各季度业绩评估得分进行加权平均。

2.总经理评价：由总经理负责对职能负责人年度工作计划的完成情况及个人工作能力等方面进行综合的评价。其中工作能力的评价需结合相关人员开展360度的反馈评价，反馈结果将成为总经理进行评价的重要参考依据。

第15条　年度评估流程

1.12月20日前，各考核责任人应完成年度绩效评估表的申报工作。

2.12月25日前，总经理应完成对职能负责人的评价。

续表

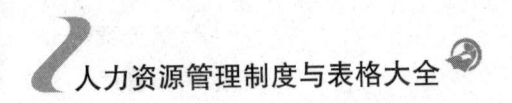

3. 12月30前，部门总监组织无等级会议，按照强制分布比例，完成对部门员工年度绩效等级结果的最终评定。

| 年度绩效等级 | 甲 | 乙 | 丙 |
|---|---|---|---|
| 人数比例 | 10% | 80% | 10% |

第16条 年度绩效结果应用

1. 参照《薪资计发办法》的发放比例，年度绩效等级与员工薪酬的浮动相结合。

2. 根据考核的具体情况，对年度考核成绩为丙级的员工予以调岗或解雇。

## 第5章 绩效调整、改进与适用人员

第17条 绩效面谈职能负责人在各个考核周期应与考核等级为甲级的员工进行面谈，对表现优异的员工予以肯定和激励；与考核等级为乙级的员工进行面谈，为其提出具体的改进建议，并在考核评估中做详细记录。

第18条 部门经理应于每月5日前召开月度工作会议，通报上月工作计划的完成情况及被考核人员的考核成绩，提出相应的改进意见。

第19条 员工申诉员工有权对本人的绩效考核结果提出申诉，职能负责人针对员工申诉具体原因进行的评议，并及时将评议结果反馈给员工本人。

第20条 新员工入职后的一个月内，考核上级应为其制定工作绩效目标，并在其试用期结束前，完成对其的转正评估。

1. 月度考核：试用期内，参加月度考核，此考核结果不影响其薪资。

2. 季度绩效评估：转正起当季在职满两个月者，参加当季季度评估。

3. 年度绩效评估：转正起当年度在职满三个月者，参加年度绩效评估。

第21条 人员调动

1. 调动时当月在职满20天者，参加月度考核。

2. 调动时当季在职满两个月者，参加季度绩效评估。

3. 调动时当年度在职满三个月者，参加年度绩效评估。

第22条 离职人员原则上不再进行绩效评定，因薪酬结算需要绩效评定者，可参照在职期间的月度考核及季度考核结果进行综合评定。

## 第6章 附则

第23条 保密

1. 考评结果只对考评负责人、被考评人员、人力资源负责人及（副）总经理公开。

2. 考评结果及考评文件交与人力资源部存档。

续表

3. 任何人不得将考评结果透露给无关人员。

第 24 条  本制度如有未尽事宜，可随时增补，并提交总经理审批后生效。

第 25 条  本制度由人力资源部监督执行，公司人力资源部负责最终解释。

| 编制人员 | | 审核人员 | | 批准人员 | |
|---|---|---|---|---|---|
| 编制日期 | | 审核日期 | | 批准日期 | |

## 2. 员工绩效考核制度

| 制度名称 | ××公司员工绩效考核制度 | 受控状态 | |
|---|---|---|---|
| | | 编号 | |
| 执行部门 | | 监督部门 | | 编修部门 | |

### 第1章  总则

第 1 条  通过对员工工作绩效进行管理，评估和提升公司各部门员工的工作绩效，提高员工的工作能力和工作绩效，最终实现公司发展战略目标，确保公司绩效考核的顺利实施和日常工作的规范管理，特制定本标准。

第 2 条  本考核制度可作为各部门员工转岗、培训、晋升、高薪、发放年终奖金的重要依据。

第 3 条  公司各部门人员的考核评定，均须严格遵照本标准执行。

第 4 条  权责单位

1. 人力资源部负责本标准的制定和修改。

2. 总经理负责本标准制定、修改、废止的审核批准工作。

第 5 条  本标准的管理单位为人力资源部。

### 第2章  考核规定

第 6 条  公司员工考核划分为三类，即平时考核（月度考核）、年终考核与专案考核。

第 7 条  平时考核（月度考核）：

1. 各部门直接主管依照员工考核标准表所规定事项，针对部门内员工逐一进行正确的考核，并将每月的各项考核结果登记于员工平时初考表内。于次月3日前交人力资源部存档，作为年度考核及专案考核初核的参考依据。

2. 员工平日的特殊功过，由各部门主管依《员工奖惩办法》报请奖惩。

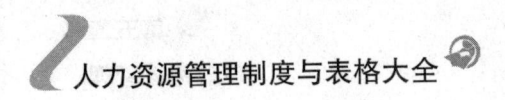

**第 8 条　年终考核**

1. 每年的年初办理上一年度的考核。

2. 人力资源部依据员工平时初考表、员工出勤和奖惩等资料予以核计，并填列于年度员工考核表内，分送各部门主管复核。

3. 各部门主管将对各项成绩分别进行复核、计算得分，并送人力资源部核准后报请总经理审批。考核将依据该年度考核表内资料进行。

**第 9 条　专案考核**

1. 在年度调薪或年终奖金发放前，应完成专案考核的办理，并将其作为发放或调考依据。

2. 专案考核办理的程序与年度考核同。

**第 10 条　考核评分标准**

1. 平时考核

平时考核的评定项目及最高评分标准如下：

| 评定项目 | 最高评分标准 |
| --- | --- |
| 业绩贡献 | 60 分 |
|  | 20 分 |
| 业务技能 | 20 分 |

2. 年度考核、专案考核

年度考核或专案考核复核时，除复核平时考核所列的各项考核指标外，还应加上出勤考核及奖惩考核的项目。其评分计算结构如下：

（1）年度考核或专案考核期间的平时考核平均分数，须占总考核分数的 80%。

（2）员工出勤评分须占总考核分数的 20%，其 20 分评扣计算如下：

| 出勤考评项目 | 扣分标准 |
| --- | --- |
| 迟到 | 扣 0.2 分 / 次 |
| 早退 | 扣 1 分 / 次 |
| 病假 | 扣 0.2 分 / 天（不满 1 天以 1 天计） |
| 旷工 | 扣 3 分 / 天（不满 1 天以 1 天计） |

（3）曾受奖惩的员工在计算考核期间，其考核须依以下规定加减分数：

| 奖惩考评项目 | 加减分标准 |
| --- | --- |
| 记大功或大过一次 | ±9 分 |
| 记功或记过一次 | ±3 分 |
| 嘉奖或训诫一次 | ±1 分 |
| 备注 | 功过可抵，但受奖加分不可超过 100 分 |

续表

（4）由人力资源部负责核计上述出勤分数。

第11条　考核列等

1. A等考核总分在90分以上。

2. B等考核总分在80~90分（含90分）。

3. C等考核总分在70~80分（含80分）。

4. D等考核总分在60~70分（含70分）。

5. E等考核总分不满60分。

第12条　考核列等限制

员工考核列等须注意以下事项：

1. 被列为A等的员工考核成绩均在80分以上，并有记功以上奖励，且出勤项目分数在18分以上方可。

2. 员工考核成绩有以下情形之一者，不得被列为B等：

（1）曾受记过以上处分尚未注销的。

（2）出勤项目分数不满16分的。

3. B等以上人数所占的比例不可高过总考核人员的15%。

4. C等以下人数所占的比例不可低于总考核人员的15%。

5. 年度考核或专案考核期间，员工的实际工作时间未满1/2，或停薪留职尚未回到公司者，无权参加年度考核或专案考核。

第13条　考核奖惩

年度考核或专案考核的奖惩如下：

| 等级 | 年度调薪时奖惩 | 年（中）终奖金发放系数 |
| --- | --- | --- |
| A | 升3级 | 以奖金系数的1.5计发 |
| B | 升2级 | 以奖金系数的1.2计发 |
| C | 升1级 | 以奖金系数的1.0计发 |
| D | 不予升级 | 以奖金系数的0.8计发 |
| E | 降1级或解聘 | 以奖金系数的0.5计发 |
| 备注 | （1）考核的奖惩幅度可视具体状况随时进行修改和变动。<br>（2）连续两次年度考核被列为E等者，与其解除聘用关系。 ||

第14条　核定权责员工考核

核定权责如下：

1. 直接对总经理负责的部、厂、科主管级人员不予考核。

续表

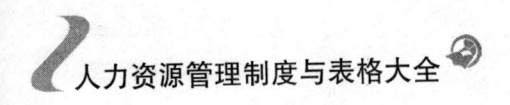

2. 直接主管负责员工、管理人员的初核，部、厂、室或科主管负责复核，复核后的考核结果送人力资源部报请总经理进行最终的核定。

第 15 条　其他事项

1. 试用期满考评表将作为归等级与派任工作的参考依据，具体由新进人员试用期结束后，或在职员工迁调职务试用期结束后，均由其部门主管填报，并送人力资源部审核。

2. 员工的考核保证公平、公正，由人事部负责监督及复查。

3. 考评人员不得泄露或徇私，违者议处，应本着公正、公平的原则进行考评。

4. 员工考核表由人力资源部密存，除总经理及人力资源部主管外，其他人员无权查阅。

### 第 3 章　附则

第 16 条　本管理办法的解释权归人力资源部所有。

第 17 条　本管理办法自公布之日起实施。

| 编制人员 | | 审核人员 | | 批准人员 | |
|---|---|---|---|---|---|
| 编制日期 | | 审核日期 | | 批准日期 | |

## 二、中高层人员绩效考核管理制度及测评内容

### 1. 中高层人员绩效考核管理制度

| 制度名称 | ××公司中高层人员绩效考核管理制度 | 受控状态 | |
|---|---|---|---|
| | | 编号 | |
| 执行部门 | | 监督部门 | | 编修部门 | |

#### 第 1 章　总则

第 1 条　通过对员工的工作业绩、工作能力及工作态度进行公正客观地评估，充分发挥绩效考核体系的激励和促进作用，促使中高层管理人员不断改善工作绩效、提高自身能力，从而提高企业的整体运行效率。

第 2 条　考核范围除副总经理、总经理等人员外，公司所有中高层管理人员，包括各职能部门经理以上的人员。

第 3 条　考核实施机构。绩效考核领导小组组长由总经理担任，组员包括副总经理、各职能总监及人力资源部经理。

续表

### 第2章 具体考核内容

第4条 考核内容主要包括三个方面：工作业绩、核心能力及工作态度。它们在整个考核评价过程中所占的权重如下：

| 考核内容 | 工作业绩 | 核心能力 | 工作态度 |
| --- | --- | --- | --- |
| 权重 | 55% | 35% | 10% |

1. 工作业绩考核：针对被考核者在一个考核周期内的工作效率及结果的考核。
2. 核心能力考核：综合被考核者在一个考核周期内的工作效果。
3. 工作态度考核：针对被考核者对工作岗位的认知度及为此付出努力的程度的考核。

第5条 考核者根据被考核者在一个考核周期内的表现及其自述报告来评定等级。

### 第3章 考核方式

第6条 对中高层管理者的考核采取考核加述职的方式，实际上就是对公司各系统经营与管理状况所进行的考察。

第7条 对中高层管理者的考核主要分四项：上级考核、同级互评、自我评价、下属民主测评。

1. 上级考核：由公司最高层领导对本公司所有中高层管理人员进行评价，通过对综合评价数据进行加权计算来确定上级考核的最终得分。
2. 同级互评：中高层管理人员之间进行相互评定，通过对综合评价数据进行加权计算来确定同级互评的最终得分。
3. 下属民主测评：由被考核者的直接下属对其进行评价，通过对综合评价数据进行加权计算来确定下属民主测评的最终得分。
4. 自我评价：是指由被考核者本人结合述职报告所给出的相应分数。

第8条 最终考核分数的确定。最终考核总分＝上级考核分数×45％＋同级互评分数×30％＋下属民主测评分数×20％＋自我评价分数×5％。

### 第4章 考核结果及运用

第9条 考核等级考核等级是考核小组对中高层人员绩效给予的综合评价。考核等级可分为五个层次，分别为：优秀、良好、合格、需改进、不合格。

第10条 公司在原则上规定了考核等级与百分制成绩间的关系，以及考核等级的定义，具体内容如下：

续表

| 等级 | 考评分数 | 定义 | 含义 |
|---|---|---|---|
| 1 | 超过90分 | 优秀 | 实际业绩明显超过预期目标，在目标或岗位职责要求上均取得突出成绩 |
| 2 | 80~89分 | 良好 | 实际业绩达到或超过预期目标，在目标或岗位职责要求所涉及的主要方面取得相对突出成绩 |
| 3 | 70~79分 | 合格 | 实际业绩基本达到预期目标，既无突出表现，也无明显失误 |
| 4 | 60~69分 | 需改进 | 实际业绩未达到预期目标，在多方面或主要方面存在不足或失误 |
| 5 | 低于69分 | 不合格解雇或降级 | 实际业绩远未达到预期目标，在很多方面或主要方面存在重大不足或失误 |

第11条 年度内中高层管理者的年中、年末考核，各部门内部员工的季度和月度考核，均遵循公司规定的比例强制分布，具体操作过程中可进行适当调整。

**第5章 附则**

第12条 公司人力资源部负责本制度的制定，报请总经理批准后实施。

第13条 人力资源部负责本制度的解释。

| 编制人员 | | 审核人员 | | 批准人员 | |
|---|---|---|---|---|---|
| 编制日期 | | 审核日期 | | 批准日期 | |

## 2. 中高层人员绩效考核测评内容

对中高层管理人员进行考核，应首先明确岗位的工作内容。下面我们重点讲述一些部门中高层人员绩效测评的内容，以供读者阅读参考。

（1）人力资源总监绩效测评。

| 制度名称 | ××公司人力资源总监绩效测评标准 | 受控状态 | |
|---|---|---|---|
| | | 编号 | |
| 执行部门 | | 监督部门 | | 编修部门 | |

**日常业务方面**

（1）在公司领导批示下组织制定人力资源部的政策、方针。

（2）定期组织制定、修改、完善公司各项规章制度，将管理规范化、科学化。

（3）负责部门预算计划的编制，并监督执行。

（4）深入基层了解各部门员工的动向，及时发现人才，做好企业领导的参谋。

续表

（5）制定员工教育培训计划，培养、训练管理人员，为企业发展储备人才。

（6）定期召开例会，以布置、检查、总结工作，能够及时向有关领导汇报工作。

（7）掌握企业动态，时刻寻找可助企业发展的方法。

（8）遇到重大事务时，及时通过会议的方式向下属传递相关信息，总结集体智慧，做出正确的决策。

（9）定期组织考核，表扬先进个体，搞好本部门建设。

### 管理监督方面

（1）人力资源安排得体，依据用工计划，合理调配、审核员工。

（2）负责为下属正确地说明工作的目标及重要性，确保实现和完成部门目标及计划。

（3）负责监督管理部门内各项管理制度、细则的执行情况。

（4）鼓励下属相互协作，形成集体合力，确保团队管理工作有序进行。

（5）贯彻、执行咨询式管理模式，建立维持良好的人际关系。

（6）有效运用资源，能够发挥人力、物力的最大功效。

（7）对内部人员进行合理的调整，建立科学有层次的人员结构。

（8）了解员工的需求，并针对不同需求制定不同的解决方案，正确引导员工的行为。

（9）组织本部门员工进行业务培训，以提高其管理及业务能力，充分调动每位员工的工作积极性。

### 指导协调方面

（1）指导员工了解企业各方面的政策规章。

（2）做好公司员工的思想工作，确保员工正确认识并认同公司政策、目标、计划及工作程序。

（3）协调各部门间的人员调动工作，为各部门做好服务工作。

（4）关注员工思想动态，调动员工工作积极性，确保各项任务的完成。

（5）关心下属，做好与下属的交流工作，为下属合理的要求或需要提供帮助。

（6）以组织一员的身份与上下级同事及其他相关人员建立和谐的工作关系。

（7）对下属工作能力、工作绩效等给予客观考核和评定。

（8）树立良好的形象，时刻为员工做出表率。

（9）能够快速接纳新趋势、新理念及新的管理方法。

（10）建立良好的内外部人际关系网络，以使工作顺利进行。

（11）根据下属的工作能力给予相应的指导及帮助。

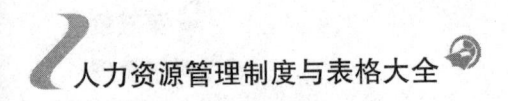

续表

| 审查报告方面 |||||
|---|---|---|---|---|
| （1）提供企业人力资源计划及开发报告。<br>（2）向总经理提供部门的政策方针、计划及财务预算报告。<br>（3）负责提出部门费用控制计划报告。<br>（4）向总经理提出员工工资、资金、福利标准的报告。<br>（5）提出企业培训计划和实施报告。<br>（6）工作总结报告及时、准确、真实。<br>（7）审查人力资源开发效果报告。<br>（8）审核培训实施效果报告。<br>（9）审查企业人员流动状况报告。<br>（10）提出企业员工绩效考评计划和实施报告。 |||||
| 编制人员 | | 审核人员 | | 批准人员 |
| 编制日期 | | 审核日期 | | 批准日期 |

（2）营销总监绩效测评。

| 制度名称 | ××公司营销总监绩效测评标准 | 受控状态 | |
| --- | --- | --- | --- |
| | | 编号 | |
| 执行部门 | | 监督部门 | | 编修部门 | |

| 业务工作方面 |
|---|

（1）通过市场调查及预测，了解消费者的需求状况及变化趋势。

（2）能够为新产品的市场开发、公关宣传等方面制定合理的方案，尽可能满足消费者需求。

（3）有效地组织商品流通，减少周转环节，使产品尽快向消费者转移，以降低经营成本，提高经济效益。

（4）在市场供求信息中，透过现象看本质，及时向市场提供适合的产品。

（5）有长远发展观念，通过多种途径扩大产品的知名度，提升品牌效应，树立良好的品牌形象。

（6）建立合理科学的人才结构，形成有层次的动态平衡的人员结构。

（7）灵活采用各种促销方式，建立适合市场流通的销售渠道。

续表

（8）组织相关人员进行竞争状况分析，了解本企业的竞争对手及其经营具有的优势、特色等，组织制定出有竞争力的营销方案，稳固企业的市场地位。

（9）与公众建立融洽的关系，为企业开拓新市场奠定基础。

（10）根据企业总目标和资源状况，分析市场机会，设定营销目标及战略。

（11）针对企业的具体情况，编写市场营销战略计划。

（12）协助直接客户优化采购和存货政策。

（13）建立与上级、平行部门、下级及客户之间和谐的信息沟通。

（14）适时组织营销人员拜访现有客户和潜在客户。

（15）合理协调内部人员及企业同其他相关行业的活动。

### 管理、监督方面

（1）能发挥各人之长，调动各类营销人员的积极性，形成集体合力。

（2）能指挥若定，令行禁止，确保企业目标的实现。

（3）建立系统的销售网，有效地管理经销商，调动他们的销售积极性。

（4）善于激励下属高效工作，鼓励下属团结协作。

（5）明确本部门的工作目标，通过目标管理的方式协助员工制订个人目标，使个人目标与组织目标相一致。

（6）妥善处理工作中的问题和临时追加的工作任务。

（7）了解下属的需求，正确引导他们的行为。

### 指导协调方面

（1）正确、及时的采用物质激励和精神鼓舞两种方式，调动下属的工作积极性。

（2）以组织一员的身份与上下级同事及其他相关人员建立和谐的工作关系。

（3）教育营销部门员工了解公司政策。

（4）对下属工作能力等方面客观地进行考核，并积极训练教育下属，提高他们的素质和能力。

（5）认真为客户解决疑难问题，建立企业与客户间良好的关系。

### 审查报告方面

（1）于执行策略最有利的时机提出建议。

（2）严密控制媒体费用。

（3）审查产品经理的预算。

续表

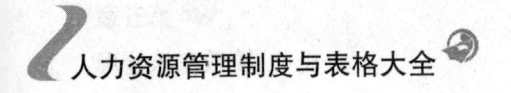

（4）保存执行利润计划的材料。

（5）分析传媒成本。

（6）工作总结报告真实、准确。

（7）提出销售导向的财务报告。

（8）整体工作成绩达到预期目标或计划要求。

（9）对客户及地区的赢利能力进行评估。

| 编制人员 | | 审核人员 | | 批准人员 | |
| --- | --- | --- | --- | --- | --- |
| 编制日期 | | 审核日期 | | 批准日期 | |

（3）企划总监绩效测评。

| 制度名称 | ××公司企划总监绩效测评标准 | 受控状态 | |
| --- | --- | --- | --- |
| | | 编号 | |
| 执行部门 | | 监督部门 | | 编修部门 | |

| 业务工作方面 |
| --- |

（1）合理安排下属人员工作，使工作高效有序地进行。

（2）编制部门员工教育培训计划，训练培养管理人员，为企业发展储备人才。

（3）编制部门预算计划，并监督执行。

（4）调整内部人员，形成合理、科学、有层次的人员结构。

（5）正确理解企业的工作目标、指示及方针，制订相应的实施计划。

（6）负责为下属正确地说明工作目标及重要性。

（7）掌握企业产品的市场占有率，并针对不同地区提出明确的开拓方针。

（8）掌握企业与其他企业的竞争情况，应对市场竞争，下达明确适当的指示。

（9）正确分析企业内外信息，并提出明确的活动方针。

（10）制订部门长期的目标或计划，并监督实施。

（11）遇到重大事务时，及时通过会议的方式向下属传递相关信息，总结集体智慧，做出正确的决策。

（12）经常探究本部门合理化、系统化建设的方法。

（13）制定部门管辖内的重要课题实施方案，并调整、联络协助上级实施。

（14）时常考虑企业的发展，努力贯彻、落实企业的长期计划。

续表

### 管理监督方面

（1）时常考虑企业的发展，确认并努力贯彻落实长期计划。

（2）了解下属人员的需求及动机，并正确引导他们的行为。

（3）明确部门工作计划及目标，协助下属制订个人目标，使个人目标与组织目标一致。

（4）督促团队管理工作有序的进行，确保完成各项任务。

（5）洞悉经营方针、政策、计划要点，并通告下属。

（6）掌握下属的心理状态，针对他们的需求、期望、问题及困难实施不同的解决方案。

（7）监督管理人员的报告是否及时、充分。

（8）向下属适量分配工作，并明确工作质量要求及日期限制。

（9）负责各种管理措施的设计及协调，以使下属能及时发现问题并纠正错误。

### 指导协调方面

（1）对下属各方面的工作能力、工作绩效等进行客观的考核。

（2）积极教育训练下属，以促进他们工作技能及素质的提高。

（3）帮助下属了解企业各方面的政策和规章。

（4）切实有效地贯彻执行咨询式管理。

（5）建立维持良好的内外部人际关系网，以使工作顺利进行。

（6）及时指出下属工作中的错误，并予以纠正。

（7）迅速地接纳新事物、新趋势及新的管理方法。

（8）在政策、目标、计划、程序和日程等各项工作方面保证上下协调一致。

（9）在批评下属前，不被他人思想所支配，先单独听取该下属的想法与意见，并进行正确的分析与解释。

（10）留心下属的工作情况，给予指导及帮助，帮助下属提高综合素质。

（11）在分析问题及寻求解决方案时，能充分考虑下属的合理化意见。

（12）协调各职能部门间的工作，使企业产生最好的效益。

### 审查报告方面

（1）监督部门工作成绩是否达到预期目标或计划要求。

（2）细心听取各相关人员有关工作情况的报告。

（3）审查下属提交的各类策划报告的可行性。

续表

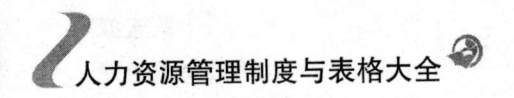

(4) 提出企业战略规划详细理论和实施报告。

(5) 及时向上级提供真实准确的工作进度报告。

(6) 负责各类信息和市场销售报告的收集、整理、分析、编制及保存。

| 编制人员 | | 审核人员 | | 批准人员 | |
| --- | --- | --- | --- | --- | --- |
| 编制日期 | | 审核日期 | | 批准日期 | |

(4) 生产总监绩效测评。

| 制度名称 | ××公司生产总监绩效测评标准 | 受控状态 | |
| --- | --- | --- | --- |
| | | 编号 | |
| 执行部门 | | 监督部门 | | 编修部门 | |

业务工作方面

(1) 亲自管理安排部门人员工作，使人员结构科学合理，生产过程顺利无阻。

(2) 定期召开生产部门全体员工会议，提醒、训诫员工。

(3) 在设备维修指导及保养方面起带头作用。

(4) 配合人力资源部门及时针对设备的使用操作方面对员工进行技术培训。

(5) 每天巡查各生产现场，及时发现并解决存在的问题。

(6) 监督考勤、考核工作成绩的落实。

(7) 制订部门员工教育、培训计划，训练培养管理人员，为企业发展储备人才。

(8) 亲自督查水电等能源的节约情况，充分降低生产成本。

(9) 亲自负责防火、防风、防雨等自然灾害防治工作，确保生产安全。

(10) 制订各类设备操作规程，严格实施标准化、规范化的管理。

(11) 负责设施更新、改造工程计划的组织制定及有效实施。

(12) 负责向下属正确地说明工作目标及重要性。

(13) 准确及时地掌握企业所需的各方面的情报。

(14) 负责各相关人员信息的汇总、分析及相应的处理。

(15) 时常探究本部门合理化、系统化建设的方法。

(16) 能够及时察觉并预先阻止工作中潜在问题的发生。

管理监督方面

(1) 监督各类生产用品的节约情况，制定详细的用料数量单。

续表

（2）严格依照生产规程进行生产现场的管理，在制度面前毫不留情。

（3）严格监督设备、设施使用及保养的情况。

（4）发挥员工长处，调动各类员工积极性，形成集合力量。

（5）严格管理重点设备和公共场所动力设施，及时处理发现的问题。

（6）顾全大局、令行禁止，保证完成生产目标及计划。

（7）加强职业道德与安全教育，培养员工责任感。

（8）确保团队管理工作有效进行，共同完成各项任务。

（9）负责部门内各项管理制度、细则的执行及监督。

（10）根据下属人员的需求及动机，正确地引导他们的行为。

（11）妥善处理工作中的失误及追加的临时任务，督促下属及时完成。

（12）主持制定、完善管理制度，严格监督执行奖惩措施。

（13）高度关注生产或其他现场的安全、卫生及整洁。

（14）明确了解经营方针、政策及计划的要点，并告知下属。

（15）有效运用资源，发挥人力、物力最大的功效，提高工作绩效。

（16）时常考虑与福利保健相关的问题，以提高下属的积极性。

（17）向下属适量分配工作，并明确工作质量要求及日期限制。

（18）正确授予下属与其所承担工作任务相应的责任及权力。

### 指导协调方面

（1）正确及时地采用物质激励和精神鼓舞两种方式，有效地调动下属的工作积极性。

（2）帮助下属明确企业各方面的政策及规章。

（3）积极训练教育下属，以提高他们的工作技能及素质。

（4）对下属各方面的工作能力、工作绩效等客观地进行考核。

（5）及时指出并纠正下属工作中的失误。

（6）能正式且严肃地综合考虑下属提出的建议，无论采纳与否，都能告以正当充分的理由。

（7）根据下属工作能力予以相应的指导和帮助。

（8）当下属取得成功或取得相应成绩时，给予肯定并当面表扬。

（9）在目标、政策、计划、程序和日程等各项工作方面上下协调一致。

（10）真诚地与下属谈其绩效、工资报酬、升迁机会等其关心的问题。

（11）能找出下属的特长及优点，并根据组织需要合理的安排其工作，使其的才能得

续表

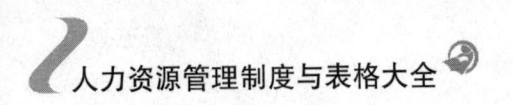

到充分地发挥。

（12）经常与其他相关部门建立必要的工作关系，使部门间的工作协调一致。

（13）很乐意运用自己的权限为下属合理的要求或需要提供帮助。

### 审查报告方面

（1）提出部门财务预算报告。

（2）提出安全生产可行性报告。

（3）提出生产计划和成本控制报告。

（4）审核生产质量管理报告。

（5）审查设备维修计划报告及设备保养计划报告。

（6）及时、准确、真实地向执行总监提交生产进度报告。

（7）审查生产各部门工作进度报告。

（8）提出部门人员选聘与培训报告。

（9）保存生产质量控制报告。

（10）审查员工培训效果报告。

| 编制人员 | | 审核人员 | | 批准人员 | |
|---|---|---|---|---|---|
| 编制日期 | | 审核日期 | | 批准日期 | |

（5）行政总监绩效测评。

| 制度名称 | ××公司行政总监绩效测评标准 | 受控状态 | |
|---|---|---|---|
| | | 编号 | |
| 执行部门 | | 监督部门 | | 编修部门 | |

### 业务工作方面

（1）对全体员工定期组织精神文明建设学习，以增强员工凝聚力。

（2）负责员工编制和员工福利方案的拟定、修改及执行。

（3）负责对外接待及对外联谊活动，树立良好的企业外部形象。

（4）负责员工后勤服务工作。

（5）组织及实施办公自动化工作，以使办公便捷、节约费用。

（6）组织员工开展各种文体活动，保障员工身心健康，活跃员工的业余生活。

（7）处理企业违法乱纪、违反企业规章制度、泄露企业机密等破坏企业生产安定的

续表

人员。

（8）合理安排下属人员工作，以使工作高效有序地进行。

（9）制订部门员工教育、培训计划，培养训练管理人员，为企业发展储备人才。

（10）负责部门预算计划的编制及督促执行。

（11）对内部人员进行合理的调配，形成科学有层次的人员结构。

（12）准确掌握部门财务情况。

（13）向下属正确地说明工作的目标及重要性。

（14）参与对经营有重大影响的大型项目或课题的组织、监督及管理。

（15）时常探究部门合理化、系统化建设的方法。

（16）准确及时地掌握企业所需的各方面的情报。

（17）负责各相关人员信息的汇总、提炼及相应的处理。

### 管理监督方面

（1）有效地管理企业财产，确保企业各项制度正常运行。

（2）顾全大局、令行禁止，保证目标及计划的实现。

（3）正确确立部门工作计划及目标，协助下属制订个人目标，使个人目标与组织目标一致。

（4）负责部门内各项管理制度、细则的实施及监督管理。

（5）负责管理制度的制定及完善，严格执行奖惩措施。

（6）用人方面发挥员工长处，调动各类人员积极性，形成集合力量。

（7）对生产或其他现场的安全、卫生及整洁高度关注。

（8）根据下属的心理状态、需求、期望、问题及困难，采用不同的解决方案。

（9）时常考虑福利保健等问题，以提高下属的积极性。

（10）监督管理人员的报告是否充分及时。

（11）整理相关库存资料，随时检查必要的商品信息资料。

### 指导协调方面

（1）正确及时地采用物质激励和精神鼓舞两种方式，有效调动下属的工作积极性。

（2）及时指出并纠正下属工作中的失误。

（3）帮助下属了解企业各方面的政策、规章。

（4）对下属各方面的工作能力及工作绩效客观的进行考核。

（5）建立良好的内外部人际关系网，以使工作顺利进行。

续表

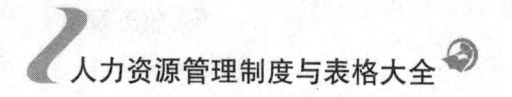

（6）协调各职能部门间的工作，使企业获得最好的效益。

（7）有效地贯彻执行咨询式管理。

（8）在目标、政策、计划、程序和日程等各项工作方面保证上下协调一致。

（9）注重工作目标管理，使工作协调有序。

（10）经常与下属进行有感情的沟通，体会下属的感受，但不失去理性。

（11）领导部门人员共同朝着企业的发展目标努力前进。

（12）在批评下属前，不被他人思想所左右，单独听取该下属的想法及意见，并进行正确的分析及判断。

（13）能正式且严肃地综合考虑下属提出的建议，无论采纳与否，都能告之正当充分的理由。

#### 审查报告方面

（1）提出企业管理规范、章程、违纪处罚条例等相关报告。

（2）审查企业后勤工作报告。

（3）审核办公费用控制报告。

（4）审查企业精神文明建设报告。

| 编制人员 | | 审核人员 | | 批准人员 | |
|---|---|---|---|---|---|
| 编制日期 | | 审核日期 | | 批准日期 | |

（6）财务总监绩效测评。

| 制度名称 | ××公司财务总监绩效测评标准 | 受控状态 | |
|---|---|---|---|
| | | 编号 | |
| 执行部门 | | 监督部门 | | 编修部门 | |

#### 业务工作方面

（1）严格按照上级规定的日期组织编制财务各期预算及结算报告。

（2）负责会计统计报告的组织编制及审核。

（3）负责对企业的财务经济状况定期进行核算。

（4）组织财会人员做好会计核算，准确、及时、完整地记账、算账、报账，及时提供真实的会计核算资料，全面地反映给企业领导。

（5）管理好资金出入，及时做好资金回笼，准时进账、存款，保证开支合理供给。

续表

（6）编制月度、季度、年度财务执行计划，合理正确地调度资金，提高资金的使用效率。

（7）协助各部门准确地完成经济核算，为企业发展积累资金。

（8）建立健全财务管理制度，及时发现问题并纠正，如遇重大问题及时向执行总监报告。

（9）负责银行贷款及还贷手续的办理。

（10）制订部门员工的教育培训计划，训练培养管理人员，为企业发展储备人才。

（11）对经营管理中存在的问题进行分析，并及时向执行总监提出管理建议，以促进企业管理水平的提高。

（12）每季度组织一次全面的库存现金和备用金检查，并不定期地抽查业务部门、收款岗位的库存现金及备用金状况。

（13）对内部人员进行合理的调整，形成科学有层次的人员结构。

（14）定期组织财务人员开展财务分析工作，对经营成果进行考核。

（15）及时与相关部门建立必要的工作关系，使工作协调一致。

（16）根据企业经营计划和销售计划，制订、执行和检查利润计划。

（17）合理地制定各部门的生产指标、成本费用、专项资金及流动资金定额。

（18）明确企业的经营方针、政策及计划，并告知下属。

（19）合理安排部门的工作，按时高效地完成工作。

（20）拟定并推行部门的行动方针及目标。

（21）以长期的展望制订部门目标或计划，并予以实施。

（22）协助执行总监处理好与财政、税务、金融部门的关系，及时掌握财政、税务及外汇的动向。

（23）负责各类信息和市场销售报告的收集、整理、分析、编制及保存。

（24）保存企业关于财务工作方面的文件、资料、合同协议、账册、报表凭证及原始单据。

**管理监督方面**

（1）控制各类成本，确保经济效益。

（2）严格按规章管理费用开支，执行成本物资审批制度及费用报销制度。

（3）围绕提高企业管理水平和经济效益，为执行总监当家理财，严守财政关。

（4）监督管理企业的外汇收支，并及时将情况反映给执行总监。

续表

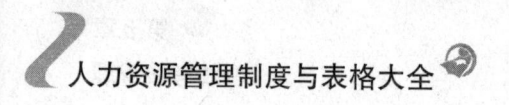

（5）监督检查企业的固定资产、低值易耗品、物料用品等财产物资的使用及保管情况。

（6）负责部门内各项管理制度、细则的监督管理及实施。

（7）督促相关人员重视应收账款的催收工作，提高资金回笼的速度。

（8）监督采购人员完善客户、工程、办公及劳保物资、用品的采购工作。

（9）用人方面发挥员工优点，调动各类人员的积极性，形成集合力量。

（10）及时处理财产、物资管理中存在的问题，确保企业财务、物资的合理利用、管理安全。

（11）根据下属人员的需求及动机正确的引导他们的行为。

（12）明确工作的分配命令、时间及具体要求。

（13）正确授予下属与其所承担工作任务相应的责任与权力。

（14）有效运用资源，发挥人力、物力的最大效能，提高工作绩效。

（15）明确经营的方针政策及计划要点，并告知下属。

### 指导协调方面

（1）对部门员工进行培训，使员工熟练掌握岗位的业务知识及操作程序。

（2）与各部门建立必要的工作关系，掌握合理的成本及费用水平。

（3）正确及时地采用物质激励和精神鼓舞两种方式，有效地调动下属的工作积极性。

（4）建立并维持良好的内外部人际关系网，使工作进行顺利。

（5）帮助下属了解企业各方面的政策规章。

（6）及时指出并纠正下属工作中的失误。

（7）对下属各方面的工作能力、工作绩效进行客观的考核。

（8）注重工作目标管理，使工作协调、有序。

（9）真诚地与下属谈其绩效、薪酬标准、晋升机会等其关心的问题。

（10）迅速地接受新事物、新的趋势及新的管理问题。

### 审查报告方面

（1）审核新产品、新项目的资金方案。

（2）审查重要的经济合同及协议。

（3）审查各部门财务计划，并报请执行总监审核。

（4）审查各项开支。

（5）审核企业产品价格标准和员工工资、奖金方案。

（6）及时向上级准确、真实地报告工作进度。

续表

| 编制人员 | | 审核人员 | | 批准人员 | |
|---|---|---|---|---|---|
| 编制日期 | | 审核日期 | | 批准日期 | |

（7）培训部经理绩效测评。

| 制度名称 | ××公司培训部经理绩效测评标准 | | 受控状态 | |
|---|---|---|---|---|
| | | | 编号 | |
| 执行部门 | | 监督部门 | | 编修部门 | |

业务工作方面

（1）安排员工进行仪器设备的保养和维修的培训。

（2）严格按照培训计划的实施方案展开培训的实施工作。

（3）组织人员为企业的新进员工进行业务技术的考核及培训。

（4）在总经理的直接领导下，严格按照企业经营管理的方针政策，展开各项培训工作的计划、组织、检查及督促工作。

（5）制订培训教学计划并实施。

（6）负责部门员工教育培训计划的制定，训练培养管理人员，为企业的发展储备人才。

（7）迅速察觉并预先阻止工作中潜在问题的发生。

（8）准确掌握部门的财务情况，对相关资料定期进行分析及检查。

（9）编制部门预算并督促执行。

（10）制订部门长期目标及计划并实施。

（11）拟订并推行部门的行动方针及目标。

（12）寻找部门合理化、系统化建设的方法。

（13）合理地把握时间，安排部门的工作，按时高效地完成工作。

（14）积极地收集和学习与工作相关的情报及新知识。

管理监督方面

（1）监督员工遵守企业各项人事规章制度，并对员工的工作态度及表现进行考核。

（2）管理培训师及相关人员实施培训计划。

（3）管理并控制外派培训学习员工的数量。

（4）按照企业的经营管理方针、政策，组织、检查各项培训工作。

续表

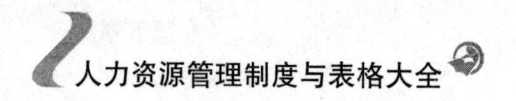

（5）令行禁止，保证实现目标及计划。

（6）设计及协调各种管理措施，使下属能及时发现并纠正错误。

（7）明确部门工作的计划及目标，协助下属制订个人目标，使个人目标与组织目标一致。

（8）根据企业的发展需求，制订长期的培训计划，并努力贯彻落实。

（9）发挥员工特长，调动各类人员的积极性，形成集合力量。

指导协调方面

（1）对下属各方面的工作能力及工作绩效进行客观的考核。

（2）协调各部门工作与培训在时间上的冲突，争取培训不耽搁工作。

（3）正确及时地采用物质激励和精神鼓舞两种方式，有效地调动下属的工作积极性。

（4）指导培训师与培训人员做好培训实施工作。

（5）积极训练教育下属，提高他们的工作技能和素质。

（6）迅速地接受新理念、新趋势及新的管理方法。

（7）及时指出并纠正下属工作中的失误。

（8）注重工作目标管理，使工作的进行协调、有序。

（9）帮助下属了解企业各方面的政策规章。

（10）在目标、政策、计划、程序和日程等各项工作方面上下协调一致。

（11）与其他相关部门建立必要的工作联系，使部门间的工作协调一致。

（12）真诚地与下属谈绩效、薪酬标准、晋升机会等其关心的问题。

（13）在分析问题及寻求解决方案时，能充分地参考接受下属的合理化建议。

（14）根据下属的工作能力予以相应的指导及帮助。

审查报告方面

（1）提出培训经费控制执行报告。

（2）提出针对企业不同层次员工所采用的不同培训内容及方案的实施报告。

（3）提出培训经费预算报告。

（4）提出企业培训计划报告。

（5）审核管理、技术培训教学大纲。

（6）审查对外招生培训教学计划及费用的核算标准。

（7）审核培训后的业绩考核工作。

续表

(8) 审核培训师资格。

| 编制人员 | | 审核人员 | | 批准人员 | |
|---|---|---|---|---|---|
| 编制日期 | | 审核日期 | | 批准日期 | |

(8) 公关部经理绩效测评。

| 制度名称 | ××公司公关部经理绩效测评标准 | 受控状态 | |
|---|---|---|---|
| | | 编号 | |
| 执行部门 | | 监督部门 | | 编修部门 | |

### 业务工作方面

（1）根据不同的公众及目的，组织编辑内外部发行的简报、杂志等刊物。

（2）采用科学的公共关系方法，为最高领导层及生产部门提供与公共关系有关的服务。

（3）根据企业中有关公共关系的政策及行动提出建设性意见。

（4）组织有新闻价值的专题活动，举行新闻发布会、记者招待会，通过广告、文艺节目等多种方式对企业的产品及服务进行宣传。

（5）为企业领导层提供改变传播和行动的咨询意见，以取得公众最大限度的支持及谅解。

（6）组织相关的讲演、接待参观、募集捐款、社会赞助、奖学金、专题讨论会、座谈会等活动来提高企业的知名度。

（7）促进和确保公众意见不断反馈，使企业的政策及行动与公众要求相一致。

（8）采用报纸、市场调查、民意测验等方式，掌握社会环境，预测发展趋势，提出科学的公共关系建议及计划。

（9）负责公关活动的确定及实施，使企业的政策和行动得到广泛的接受。

（10）制订部门员工教育培训计划，训练培养公关人员，为企业的发展储备人才。

（11）负责部门年度预算及工作计划的编制及监督执行。

（12）对内部人员进行合理的调配，形成科学有层次的人员结构。

（13）对下属人员的工作进行合理的安排，以使工作高效有序地进行。

### 管理监督方面

（1）监督管理部门内各项管理制度、细则、计划等工作的执行情况。

续表

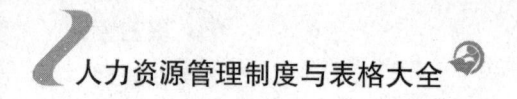

（2）发挥员工特长，充分调动各类人员的积极性，形成集合力量。

（3）确保团队管理工作有效地进行，共同高效地完成各项公关工作。

（4）令行禁止，保证实现目标及计划。

（5）鼓励下属协作完成任务。

（6）明确部门的工作计划及目标，协助下属制订个人目标，使其个人目标与组织目标相一致。

（7）负责管理制度的制定及完善，并严格监督执行。

（8）根据下属人员的需求及动机正确的引导他们的行为。

（9）妥善处理工作中的信息反馈及追加的临时任务，督促项目负责人准确及时地完成任务。

指导协调方面

（1）对下属各方面的工作能力及绩效进行客观公正的考核。

（2）正确及时地采用物质激励和精神鼓舞两种方式，充分调动下属的工作积极性。

（3）以组织中一员的身份与上下级同事及其他相关人员建立协调、和谐的工作关系。

（4）积极训练教育下属，以促进他们技能及素质的提高。

（5）建立维持良好的内外部人际关系网，高度关注与公众的关系。

（6）及时指出并纠正下属工作中的失误和不足。

（7）帮助下属了解公司各方面的政策规章、公关礼仪知识及操作规范。

审查报告方面

（1）审查公关费用控制报告。

（2）审查公共关系传播媒介及渠道的合适性与效果。

（3）负责公共关系的目标及活动计划报告的组织制定及审核。

（4）提供真实准确的工作总结报告。

（5）耐心听取相关人员关于工作情况的报告，并给予相应的指示。

（6）负责公关策划实施的各类相关报告材料的编制及保存。

（7）审查公关广告及公共关系调查报告。

| 编制人员 |  | 审核人员 |  | 批准人员 |  |
|---|---|---|---|---|---|
| 编制日期 |  | 审核日期 |  | 批准日期 |  |

（9）储运部经理绩效测评。

| 制度名称 | ××公司储运部经理绩效测评标准 || 受控状态 | |
| --- | --- | --- | --- | --- |
| ^^^ | ^^^ ^^^ | 编号 | |
| 执行部门 | | 监督部门 | | 编修部门 | |

业务工作方面

（1）严格执行仓储制度，保证产品安全存入并做好货品出入库管理。

（2）负责制定储运管理制度，保证产品的安全存放及运输。

（3）负责库存信息系统的建立及库存统计工作。

（4）与销售部门协商，制订合理的年度、季度、月度生产及库存计划，保证对销售部门的产品供应。

（5）负责区域库存信息系统的建立，及区域库存需求计划的制订。

（6）制定合理的库存及运输计划，保证对销售部门产品的供应。

（7）制订运输计划，确定合适的运输商。

（8）对内部人员进行合理的调配，形成科学有层次的人员结构。

（9）整理相关的库存控制资料，随时核查必要的商品信息资料。

（10）定期亲自巡视仓库，并根据适当库存作出指示。

（11）清楚掌握盘存内容，严防商品管理方面的漏洞。

（12）对下属人员的工作进行合理的安排，使工作高效有序地进行。

管理监督方面

（1）制订完善的仓储管理制度，并严格执行，保证产品的安全出入。

（2）监督产品入库计划的实施过程。

（3）令行禁止，保证目标及计划的实现。

（4）对仓储和运输的成本支出进行严格的监控。

（5）严格监控运输过程中的运输时间及货物安全。

（6）用人所长，充分调动各类人员的积极性，形成集体合力。

（7）确保团队管理工作有效地进行，共同有效地完成各项任务。

（8）根据下属的需求及动机，正确地引导他们的行为。

（9）妥善处理工作中的失误及追加的临时任务，督促各项工作准确及时地完成。

（10）监督管理部门内各项管理制度、细则、计划等。

（11）善于放手让下属去工作，适时地鼓励他们协作完成工作。

续表

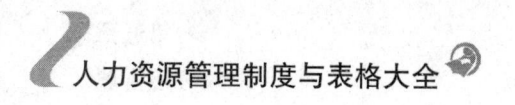

（12）经常教育下属，确保其如期高效地完成工作。

（13）时常探究部门工作的合理化程度，致力于系统化的建设。

（14）减少员工在人事关系及工作安排方面的抱怨及不满。

### 指导协调方面

（1）了解销售与生产部门计划，保证对销售部门的产品供应。

（2）指导各级仓储管理人员建立区域库存信息系统，完善信息沟通。

（3）对下属各方面的工作能力及绩效进行客观的考核。

（4）正确及时地采用物质激励和精神鼓舞两种方式，充分地调动下属工作的积极性。

（5）以组织中一员的身份与上下级同事及其他相关人员建立协调、和谐的工作关系。

（6）积极训练教育下属，以促进他们工作技能及素质的提高。

（7）建立维持良好的内外部人际关系网，以使工作进行顺利。

（8）及时指出并纠正下属工作中的失误。

（9）帮助下属了解企业各方面的政策规章。

（10）注重工作目标管理，使工作的进行协调、有序。

（11）在目标、政策、计划、程序和日程等各项工作方面保证上下协调一致。

（12）时常考虑福利保障等问题，以提高员工工作的热情。

### 审查报告方面

（1）审核仓储管理制度。

（2）审核区域性库存计划。

（3）审定地区性储运发展计划。

（4）准确、及时、真实地提供工作总结报告。

（5）核查仓储和运输成本支出并进行有效控制。

（6）审核各地区入库设立计划，并严格监督实施过程。

（7）耐心听取各相关人员关于工作情况的报告，并给予相应的指示。

（8）提出仓库和运输成本控制的报告。

（9）用最有效的方法和程序来编制及保存与管理相关的报告。

（10）审核工作成绩是否达到预期的目标及计划要求。

| 编制人员 | | 审核人员 | | 批准人员 | |
|---|---|---|---|---|---|
| 编制日期 | | 审核日期 | | 批准日期 | |

（10）客户服务部经理绩效测评。

| 制度名称 | ××公司客户服务部经理绩效测评标准 | 受控状态 | |
| --- | --- | --- | --- |
| | | 编号 | |
| 执行部门 | | 监督部门 | | 编修部门 | |

业务工作方面

（1）编制客户投诉案件统计表及客户投诉案件登记追踪表。

（2）紧急处理客户投诉，确保客户满意。

（3）对客户定期进行调查，掌握客户意见。

（4）负责客户服务档案资料的建立。

（5）编制部门年度预算计划，并监督执行。

（6）制订部门员工教育培训计划，训练培养管理人员，为企业的发展储备人才。

（7）对内部人员进行合理的调配，形成科学有层次的人员结构。

管理监督方面

（1）负责投诉案件的追踪处理。

（2）监督客户意见调查实施。

（3）负责管理部门内各项管理制度、细则、计划等的监督执行。

（4）确保团队管理工作有效地进行，共同有效地完成各项任务。

（5）用人所长，充分调动各类人员的积极性，形成集合力量。

（6）负责管理制度的主持制定及完善，并严格监督执行。

（7）经常教育下属，确保其如期高效地完成工作。

（8）正确授予下属与其所承担工作任务和相应的责任及权力。

（9）适时地鼓励下属协作完成任务。

指导协调方面

（1）加快服务的速度，提高客户对服务的信赖程度。

（2）协调流通与配送工作，使客户能迅速地得到所需的商品。

（3）正确协调企业与客户的利益关系，做到企业不受损失，客户满意。

（4）保证客户意见及信息渠道的通畅，以便更好地为客户服务。

（5）对下属各方面的工作能力及绩效进行考核。

（6）正确及时地采用物质激励和精神鼓舞两种方式，充分调动下属的工作积极性。

续表

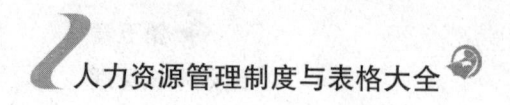

（7）以组织中一员的身份与上下级同事及其他相关人员建立协调、和谐的工作关系。

（8）积极训练教育下属，以促进他们工作技能及素质的提高。

（9）建立维持良好的内外部人际关系网，使工作顺利进行。

（10）及时指出并纠正下属工作中的失误。

（11）帮助下属了解企业各方面的政策规章。

### 审查报告方面

（1）提出客户需求意见报告。

（2）提出客户服务计划性报告。

（3）审查客户服务工作报告。

（4）审查客户服务档案文件编制报告。

（5）审核部门服务经费控制报告。

（6）审核客户服务意外事故报告。

（7）及时、准确、真实地提供工作总结报告。

（8）审查下属是否正确认识工作的意义，是否努力取得最佳业绩。

（9）审核下属工作成绩是否达到预期的目标及计划要求。

（10）耐心听取相关人员关于工作情况的报告，并给予相应的指示。

| 编制人员 | | 审核人员 | | 批准人员 | |
|---|---|---|---|---|---|
| 编制日期 | | 审核日期 | | 批准日期 | |

（11）市场部经理绩效测评。

| 制度名称 | ××公司市场部经理绩效测评标准 | 受控状态 | |
|---|---|---|---|
| | | 编号 | |
| 执行部门 | | 监督部门 | | 编修部门 | |

| 业务工作方面 |
|---|

（1）与生产及销售部门磋商，结合市场实际情况制定合理和前瞻性的新产品开发计划。

（2）制订年度市场推广计划和预算，监督产品的投放过程并及时进行评估和调整。

（3）领导组织部门内部成员，共同制定营销年度目标及整体市场营销工作计划。

续表

（4）与销售部配合设计及完善渠道政策。

（5）采用市场调查及预测等方式，了解消费者的需求状况及变化趋势。

（6）策划与推广客户服务计划和增值性活动，并组织相关部门协助客户服务部门执行好增值性的客户服务活动，并监控及评估工作的过程和结果。

（7）协助营销总监了解企业的竞争对手及其经营优势、特色等信息，根据竞争状况，组织制订出有竞争力的营销方案，稳固企业的市场地位。

（8）协助销售部门实施市场推进工作，监控及评估其过程和结果。

（9）透过市场供求信息分析消费者需求变化的规律，及时为新产品的开发提供可靠的市场分析报告。

（10）招聘、培训、培养市场推广人员，为公司的发展储备人才。

（11）协调部门内部及部门与其他部门之间的合作关系及信息沟通。

（12）对内部人员进行合理的调配，形成科学有层次的人员结构。

**管理监督方面**

（1）根据下属管理人员的需求及动机正确的引导他们的行为。

（2）用人所长，充分调动各类人员的积极性，形成集合力量。

（3）令行禁止，保证目标的实现。

（4）明确部门的工作计划及目标，协助下属制订个人目标，使个人目标与组织目标一致。

（5）采用多样化的方式激励下属努力工作并鼓励其协作完成任务。

（6）建立系统的市场调查、广告等信息网络，定期进行组织收集相关的市场信息。

（7）妥善处理工作中的失误及追加的临时工作任务，督促各项工作准确及时完成。

**指导协调方面**

（1）对下属各方面的工作能力及绩效进行客观的考核。

（2）正确及时地采用物质激励和精神鼓舞两种方式，充分的调动下属的工作积极性。

（3）以组织中一员的身份与上下级同事及其他相关人员建立协调、和谐的工作关系。

（4）积极训练教育下属，以提高他们的技能及素质。

（5）建立良好的内外部人际关系网，使工作进行顺利。

（6）及时指出并纠正下属工作中的失误。

（7）帮助下属了解公司的各方面政策规章。

续表

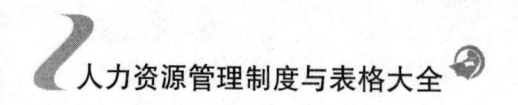

审查报告方面

（1）提出销售和产品导向的市场报告。

（2）编制和保存各类信息及报告材料。

（3）审查广告与媒体的费用控制报告。

（4）评估市场调查报告的科学性。

（5）审查市场导向的财务报告。

（6）及时、准确、真实地提供工作总结报告。

（7）耐心听取各相关人员关于工作情况的报告，并给予相应指示。

（8）审查策划报告的可行性。

| 编制人员 | | 审核人员 | | 批准人员 | |
|---|---|---|---|---|---|
| 编制日期 | | 审核日期 | | 批准日期 | |

（12）销售部经理绩效测评。

| 制度名称 | ××公司销售部经理绩效测评标准 | 受控状态 | |
| --- | --- | --- | --- |
| | | 编号 | |
| 执行部门 | | 监督部门 | | 编修部门 | |

业务工作方面

（1）领导及组织部门内部成员，共同制订年度销售计划并将目标任务下达给具体人员。

（2）负责市场推广促销计划和预算的制订，把握行销范围，进行市场销售调查。

（3）定期对收集到的产品市场情报进行统计分析，并及时做出反应。

（4）与广告商及经销代理商共同商讨广告设计、节目安排及其他相关的宣传活动。

（5）负责年度销售预测及销售费用预测的编制。

（6）根据市场调查结果，提出产品改进意见，迎合市场需求。

（7）严把资金运转及账款回收关卡，对销售业绩及时进行统计，并根据销售情况进行严密的分析。

（8）管理各经销部门的目标完成情况、计量情况，及时指导，严防配额不均及价格混乱。

（9）根据市场产品信息、市场动态信息，对产品的供应及时做出调整。

续表

（10）做好营销参谋，发掘潜在的客户及消费者。

（11）对内部人员进行合理的调配，形成科学有层次的人员结构。

（12）协助营销总监了解企业竞争对手产品的竞争优势、特色等信息，根据竞争状况，组织制订有竞争力的促销方案，稳定企业的市场地位。

（13）与市场部配合设计及完善渠道政策。

（14）及时向产品开发部门反馈相关产品的市场信息，以促进新产品的开发。

（15）制订员工教育培训计划，训练培养销售管理人员，为企业的发展储备人才。

（16）审定并组建营销分公司、直属经营部及办事处。

（17）根据客户需求，制定行之有效的促销方案，及时做好客户回访和售后服务工作。

### 管理监督方面

（1）根据下属管理人员的需求及动机，正确地引导他们的行为。

（2）用人之长，充分调动各类人员的积极性，形成集体合力。

（3）令行禁止，保证目标及计划的实现。

（4）根据企业管理制度，正确制订本部门销售细则，全面计划、合理安排部门工作，并监督各项工作的执行。

（5）妥善处理工作中的失误及追加的临时工作任务，督促各项工作准确及时地完成。

（6）主持制订完善的管理制度，并严格执行奖惩措施。

（7）利用多样化的方式激励下属努力工作，适时地鼓励其协作完成工作。

（8）建立健全的市场销售、调查、信息网络，对部门工作过程、效率及业绩进行支持、服务、监控、评估，并确保不断地改进和提升。

### 指导协调方面

（1）积极训练教育下属，以促进他们提高在商品知识、销售知识等方面的素质。

（2）正确及时地采用物质激励和精神鼓舞两种方式，充分的调动下属的工作积极性。

（3）对下属各方面的工作能力及绩效进行客观的考核，并提出改进意见。

（4）以组织一员的身份与上下级同事及其他相关人员建立协调、和谐的工作环境。

（5）帮助下属了解企业各方面的政策规章，帮助下属了解各目标市场所在地的法律、税收、证券、价格等方面的规范。

（6）评定部门内工作人员的资信及业绩表现，并对内部人员进行合理的调配，以使工作快速地完成。

续表

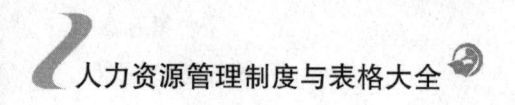

（7）及时指出并纠正下属工作中的失误。

（8）及时做好销售事务与企业内部的联络，建立维持良好的内外部人际关系网。

**审查报告方面**

（1）提出市场开发、利润提高、广告宣传、回收管理的方针性报告。

（2）提出各项市场推进计划报告。

（3）负责对各类信息和市场销售报告进行收集、整理、分析、编制及保存。

（4）审查销售和广告费用控制报告。

（5）及时向上级提供准确、真实的销售报告。

（6）审查市场销售的财务报告。

（7）审查有关客户的投诉、建议等信息的反馈报告。

（8）耐心听取下属相关工作情况的报告，并给予相应的指示。

（9）审查各营销分公司、直属经营部、直属办事处的市场推进和市场销售报告。

（10）审查销售计划、利润执行报告。

（11）审核部门工作成绩是否达到预期的目标及计划要求。

（12）审查培训计划的落实情况。

（13）审查控制手段报告的价值。

| 编制人员 | | 审核人员 | | 批准人员 | |
|---|---|---|---|---|---|
| 编制日期 | | 审核日期 | | 批准日期 | |

# 第三节　绩效考核管理流程

## 一、公司绩效指标设计流程

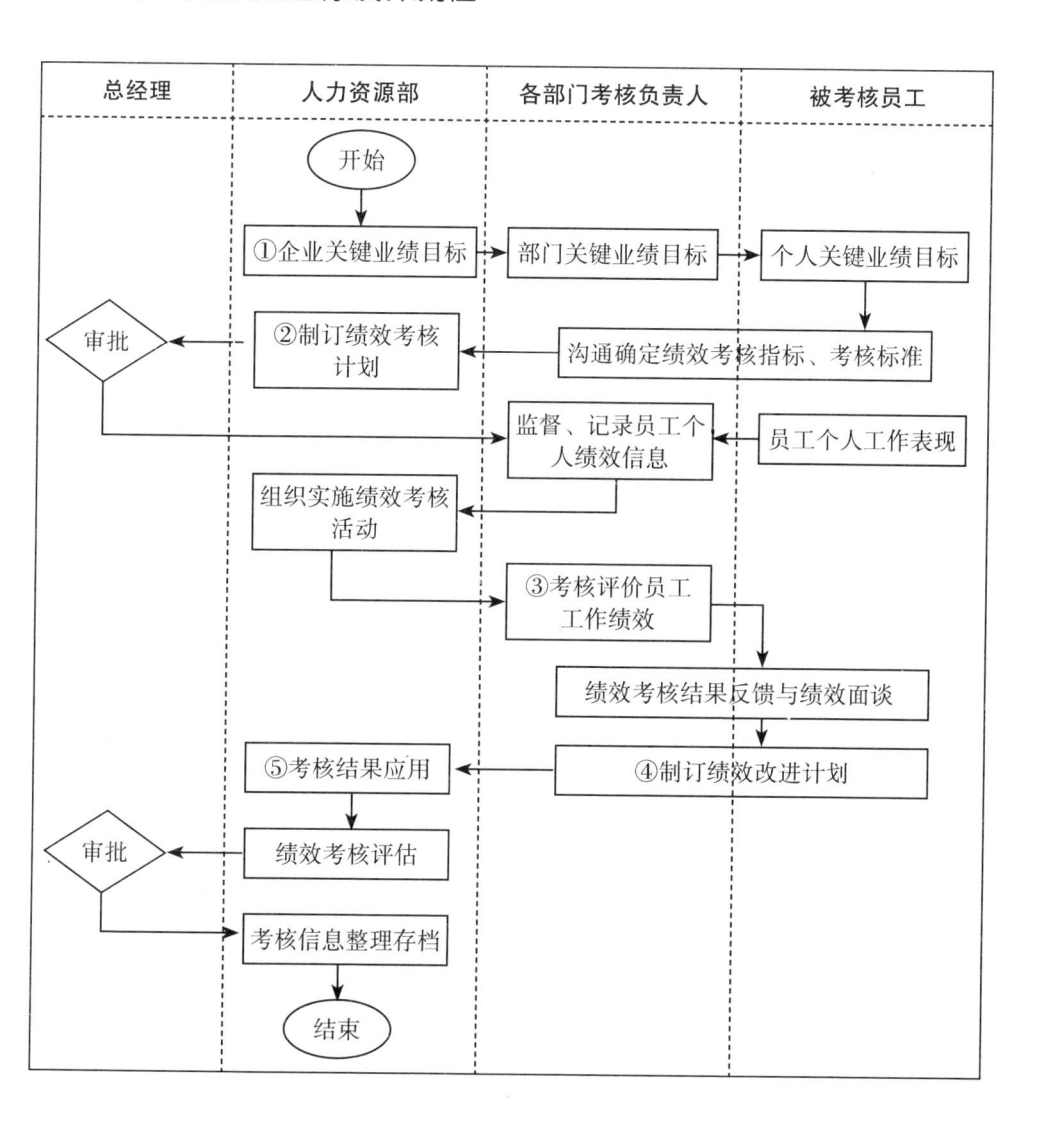

| 总经理 | 人力资源部 | 各部门考核负责人 | 被考核员工 |
|---|---|---|---|

流程：

开始 → ①企业关键业绩目标 → 部门关键业绩目标 → 个人关键业绩目标

→ 沟通确定绩效考核指标、考核标准

②制订绩效考核计划 → 审批（总经理）

监督、记录员工个人绩效信息 ← 员工个人工作表现

组织实施绩效考核活动

③考核评价员工工作绩效

绩效考核结果反馈与绩效面谈

④制订绩效改进计划

⑤考核结果应用 → 审批（总经理）

绩效考核评估

考核信息整理存档 → 结束

## 二、绩效考核管理流程

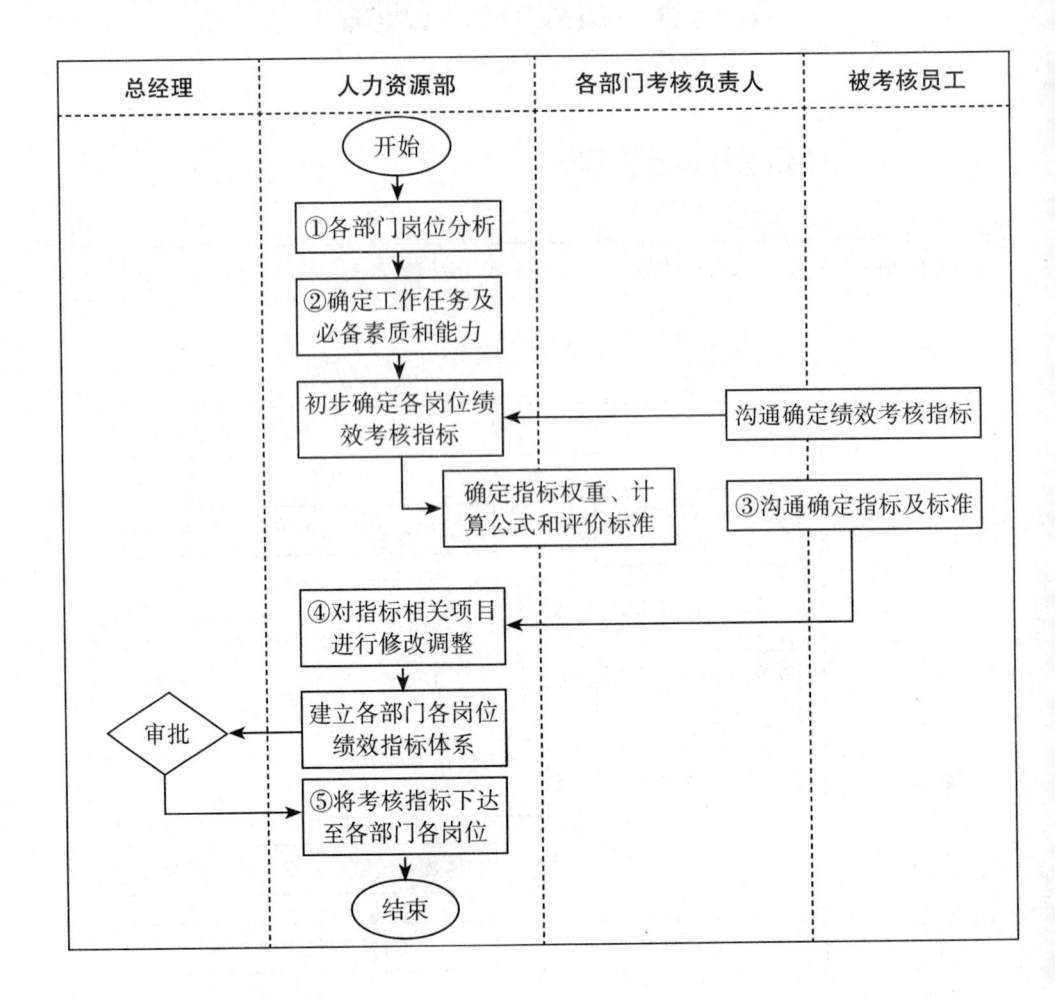

| 总经理 | 人力资源部 | 各部门考核负责人 | 被考核员工 |
|---|---|---|---|
| 审批 | 开始 → ①各部门岗位分析 → ②确定工作任务及必备素质和能力 → 初步确定各岗位绩效考核指标 → 确定指标权重、计算公式和评价标准 → ④对指标相关项目进行修改调整 → 建立各部门各岗位绩效指标体系 → ⑤将考核指标下达至各部门各岗位 → 结束 | 沟通确定绩效考核指标<br>③沟通确定指标及标准 | |

## 三、考核申诉处理流程

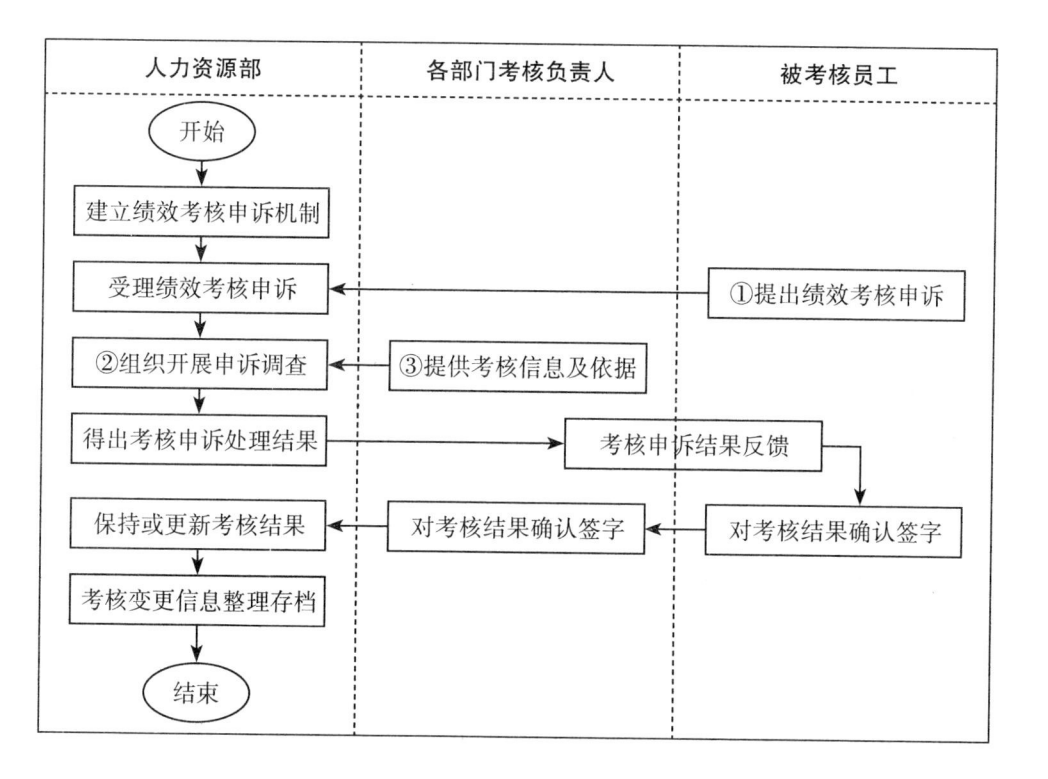

| 人力资源部 | 各部门考核负责人 | 被考核员工 |
|---|---|---|
| 开始 ↓ | | |
| 建立绩效考核申诉机制 ↓ | | |
| 受理绩效考核申诉 ← | | ①提出绩效考核申诉 |
| ②组织开展申诉调查 ← | ③提供考核信息及依据 | |
| 得出考核申诉处理结果 → | 考核申诉结果反馈 → | |
| 保持或更新考核结果 ← | 对考核结果确认签字 ← | 对考核结果确认签字 |
| 考核变更信息整理存档 ↓ | | |
| 结束 | | |

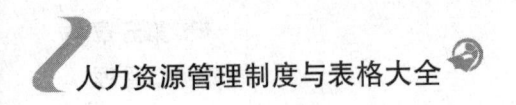

# 第四节　绩效考核管理表格

## 一、重要任务考评表

| 重要任务考评表 |||||
|---|---|---|---|---|
| 执行部门 | | 档案编号 | | |
| 审批人员 | | 批准日期 | | |
| 考评人员：直接主管 |||||
| 考评说明：<br>单次只考评一项工作。<br>应以整个考评期的业绩作为根据，避免只考核集中在近期的孤立事件。<br>应对同一事项中的所有被考评人集中进行考评，勿逐个考评。<br>考评的最高分为100分，普通分为50分，最低分为0分。<br>　注：需考核的重要任务超过1个时，先分别进行考核，然后视任务的重要程度加权平均。 |||||
| 重大（50） |||||
| 提前完成任务（100分） ||| 完成40%~60%（50%） ||
| 如期完成（100%） ||| 完成20%~40%（35%） ||
| 完成80%~100%（90%） ||| 完成5%~20%（20%） ||
| 完成60%~80%（75%） ||| 完成5%以下（0%） ||
| 较大（40） |||||
| 提前完成任务（60分） ||| 完成40%~60%（50%） ||
| 如期完成（100%） ||| 完成20%~40%（35%） ||
| 完成80%~100%（90%） ||| 完成5%~20%（20%） ||
| 完成60%~80%（75%） ||| 完成5%以下（0%） ||
| 普通（30） |||||
| 提前完成任务（50分） ||| 完成40%~60%（50%） ||
| 如期完成（100%） ||| 完成20%~40%（35%） ||
| 完成80%~100%（90%） ||| 完成5%~20%（20%） ||
| 完成60%~80%（75%） ||| 完成5%以下（0%） ||
| 较小（20） |||||
| 提前完成任务（40分） ||| 完成40%~60%（50%） ||
| 如期完成（100%） ||| 完成20%~40%（35%） ||

续表

| 较小（20） ||
|---|---|
| 完成 80%~100%（90%） | 完成 5%~20%（20%） |
| 完成 60%~80%（75%） | 完成 5% 以下（0%） |
| 极小（10） ||
| 提前完成任务（30 分） | 完成 40%~60%（50%） |
| 如期完成（100%） | 完成 20%~40%（35%） |
| 完成 80%~100%（90%） | 完成 5%~20%（20%） |
| 完成 60%~80%（75%） | 完成 5% 以下（0%） |

## 二、员工通用项目考核表

<table>
<tr><td colspan="8" align="center">员工通用项目考核表</td></tr>
<tr><td colspan="3">填制部门</td><td colspan="2"></td><td colspan="3">档案编号</td></tr>
<tr><td colspan="2">被考核员工编号：</td><td colspan="2">被考核员工姓名：</td><td>考核日期：</td><td>年</td><td>月</td><td>日</td></tr>
<tr><td rowspan="2">考核项目</td><td rowspan="2">考核要素</td><td rowspan="2" colspan="2">考核具体内容</td><td rowspan="2">标准分</td><td colspan="3">加/扣分</td></tr>
<tr><td>自我评价</td><td>考核小组</td><td>考核得分</td></tr>
<tr><td rowspan="5">职业操守<br>（25分）</td><td>忠于职守</td><td colspan="2">专注、恪守本职工作</td><td>5</td><td></td><td></td><td></td></tr>
<tr><td>团队精神</td><td colspan="2">协作、扶助精神</td><td>5</td><td></td><td></td><td></td></tr>
<tr><td>服务态度</td><td colspan="2">服务意识贯穿于一言一行</td><td>5</td><td></td><td></td><td></td></tr>
<tr><td>工作素质</td><td colspan="2">热爱集体、尊重上下级、配合支持工作</td><td>5</td><td></td><td></td><td></td></tr>
<tr><td>业务学习</td><td colspan="2">钻研业务、勤奋好学，追求进步</td><td>5</td><td></td><td></td><td></td></tr>
<tr><td rowspan="5">工作态度<br>（25分）</td><td>严守制度</td><td colspan="2">遵守公司规章制度</td><td>5</td><td></td><td></td><td></td></tr>
<tr><td>责任感</td><td colspan="2">持续、负责任地完成本职工作</td><td>5</td><td></td><td></td><td></td></tr>
<tr><td>积极性</td><td colspan="2">以积极的态度做好职责范围内的业务工作</td><td>5</td><td></td><td></td><td></td></tr>
<tr><td>协调性</td><td colspan="2">能与同事及领导协作完成工作</td><td>5</td><td></td><td></td><td></td></tr>
<tr><td>出勤状况</td><td colspan="2">按时出勤</td><td>5</td><td></td><td></td><td></td></tr>
<tr><td rowspan="5">工作成绩<br>（32分）</td><td>完成任务</td><td colspan="2">能够按计划保质保量完成工作任务</td><td>10</td><td></td><td></td><td></td></tr>
<tr><td>成本意识</td><td colspan="2">节约时间，节约成本，避免浪费</td><td>8</td><td></td><td></td><td></td></tr>
<tr><td>创新能力</td><td colspan="2">提出工作改进建议，有创新性贡献</td><td>5</td><td></td><td></td><td></td></tr>
<tr><td>特殊贡献</td><td colspan="2">曾为公司解决过重大问题</td><td>5</td><td></td><td></td><td></td></tr>
<tr><td>人才培养</td><td colspan="2">曾参加培训或对他人进行培训</td><td>4</td><td></td><td></td><td></td></tr>
</table>

续表

| 员工通用项目考核表 ||||||
|---|---|---|---|---|---|
| 其他管理（18分） | 设备管理 | 爱护公司设备，尽心保养设备 | 3 | | |
| | 能源管理 | 节约能源（水、电等） | 3 | | |
| | 物资管理 | 能够按计划领用物资 | 3 | | |
| | 财务管理 | 精打细算，遵守财务制度 | 3 | | |
| | 安全防火 | 安全防火意识强 | 3 | | |
| | 计划生育 | 严格执行计划生育政策 | 3 | | |

（1）通过以上各项评分，该员工综合得分为：_____分
（2）该员工的考核等级为：A（　） B（　） C（　） D（　）
A：90分以上　　B：80~90分　　C：70~80分　　D：80分以下
（3）考核者意见：_____

考核者签字：_____　　　　　　　日期：____年____月____日

以下部分需人力资源部及总经理填写

人力资源部评定意见：




| 最终考核结果 | 决定该员工：□转正：于____年____月____日，任____职<br>□晋升至____级，任____<br>□续签劳动合同自____年____月____日至____年____月____日<br>□降职为_____<br>□升薪（或降薪）为_____元<br>□解雇<br>□其他_____<br>人力资源部经理签字：_____　日期：____年____月____日 |
|---|---|

总经理审核意见：




总经理签字：_____　　　　　　　日期：____年____月____日

## 三、间接员工考绩表

| 间接员工考绩表 |||||||
|---|---|---|---|---|---|---|
| 填制部门 |||  | 档案编号 || |
| 员工姓名 || 职位 |  | 所属部门 | 入职日期 | |
| 考绩项目 || 考绩说明 ||| 最高分 | 考绩分数 |
| 工作表现 | 执行力 | 按时或提前完成指派的任务 ||| 10 | |
| | 工作品质 | 彻底完成交办的任务 ||| 10 | |
| | 可靠性 | 交办事项及报告的可靠性 ||| 10 | |
| | 解决问题能力 | 具有分析及处理问题的能力 ||| 10 | |
| | 专业知识 | 具备处理问题的专业技术及技能 ||| 10 | |
| 工作素质 | 合作性 | 能够与他人合作 ||| 10 | |
| | 自发性 | 有主动发掘问题的态度 ||| 10 | |
| | 领导力 | 具有为下属指导和安排工作的能力 ||| 10 | |
| | 忠实度 | 对职业忠实,严守商业秘密 ||| 10 | |
| | 纪律性 | 严格遵守公司规章制度 ||| 5 | |
| | 领悟力 | 对工作问题有较强的领悟能力 ||| 5 | |
| 总计 ||||| 100 | |
| 工作潜在能力说明: |||||||
| 主管批语(包含应接受培训及上述考核的辅助说明): |||||||
| 自____年___月至<br>____年___月 || 原工资标准: | 建议调整为: || 晋薪比例: ||
| 人力资源部意见: ||| 总经理审核意见:<br><br>总经理签名:          日期: ||||

## 四、员工阶段考绩表

| 员工阶段考绩表 ||||||||
|---|---|---|---|---|---|---|---|
| 填制部门 |  |  |  | 档案编号 |  |  |  |
| 员工姓名 |  | 职位 |  | 入职日期 |  | 年龄 |  | 性别 |  |
| 支薪记录 | 年 月 | 年 月 | 年 月 | 年 月 | 年 月 | 年 月 | 年 月 |
| 项目 | 评分 ||||| 初核 | 复核 | 最终核定 |
| ^ | 提前完成任务 | 如期完成任务 | 须催促方完成 | 逾期完成 | 催促仍不能完成 | ^ | ^ | ^ |
| 敏捷 | 30~25分 | 24~19分 | 18~13分 | 12~7分 | 6~0分 |  |  |  |
| 勤勉 | 30~25分 | 24~19分 | 18~13分 | 12~7分 | 6~0分 |  |  |  |
| 计划性 | 5分 | 4分 | 3分 | 2分 | 1~0分 |  |  |  |
| 合作性 | 5分 | 4分 | 3分 | 2分 | 1~0分 |  |  |  |
| 责任感 | 5分 | 4分 | 3分 | 2分 | 1~0分 |  |  |  |
| 领导力 | 5分 | 4分 | 3分 | 2分 | 1~0分 |  |  |  |
| A.评分总计（80%）: ||||||||
| 考勤评分 20% | 病假：扣0.5分/天 | 事假：扣1分/天 | 迟到：扣0.5分/天 | 早退：扣0.5分/天 | 旷工：扣3分/天（不满一日的扣1.5分） | 扣分总计 | B.实际分数（20分—扣分总计） |
| A+B 总分合计（100%）: ||||||||
| 记大功或大过一次 ±9分，记小功或小过一次 ±3分，嘉奖或训诫一次 ±1分 |||| 加分总计： ||||
| 最终考绩结果 | □晋升（ ）级　□晋升 等级　□保留　□予以免职 |||||||
| 主管审核意见 |  |||||||

## 五、员工品行评定表

| 员工品行评定表 ||||||
|---|---|---|---|---|---|
| 填制部门 | | | 档案编号 | | |
| 员工姓名 | | | 职位 | | |
| 项目 | 具体考察内容 || 负面评价 | 评语 | 指导 |
| 工作态度 | 上班时间沉溺于娱乐活动 || 4 3 2 1 0 | | |
| | 工作内容不变，业绩大幅度下滑 || 4 3 2 1 0 | | |
| | 无故缺席、早退、迟到 || 4 3 2 1 0 | | |
| | 经常从事兼职 || 4 3 2 1 0 | | |
| | 外出时无法取得联系 || 4 3 2 1 0 | | |
| 金钱物品处理 | 申请费用时，无收据款项多 || 4 3 2 1 0 | | |
| | 无出货单就出货 || 4 3 2 1 0 | | |
| | 无退货单就处理货 || 4 3 2 1 0 | | |
| | 销售折扣理由不充分 || 4 3 2 1 0 | | |
| | 伪造收据日期或金额 || 4 3 2 1 0 | | |
| 个人的言谈 | 有关私人的事变多 || 4 3 2 1 0 | | |
| | 经常将辞职挂在嘴边 || 4 3 2 1 0 | | |
| | 经常谈论其他同事隐私 || 4 3 2 1 0 | | |
| | 经常赌博 || 4 3 2 1 0 | | |
| | 有敲诈顾客之嫌 || 4 3 2 1 0 | | |
| 抱怨程度 | 经常抱怨上级或同事 || 4 3 2 1 0 | | |
| | 顾客对其业务活动有很多抱怨 || 4 3 2 1 0 | | |
| | 怀疑给顾客的回扣是否合理 || 4 3 2 1 0 | | |
| | 有挪用收回款项的现象 || 4 3 2 1 0 | | |
| | 有应收账款未收回的现象 || 4 3 2 1 0 | | |
| 负面评价分数总计 | | 评定人签字 | | 评定日期 | |
| 说明： 评定级别：30 分以下为 A 级，30~35 分为 B 级，35~45 分为 C 级，45~55 分为 D 级，55~65 分为 E 级，65 分以上为 F 级。 |||||||

## 六、员工月度考核统计表

| 员工月度考核统计表 |||||||||||||
|---|---|---|---|---|---|---|---|---|---|---|---|---|
| 填制部门 |||| | | 档案编号 ||||| ||
| 部门： ||| 初考期间： ||| 月到 月 ||| 考核日期： ||||
| 编号 | 员工姓名 | 性别 | 出生日期 | 职位等级 | 学历 | 业绩贡献 | 业务能力 | 工作态度 | 初核 || 复核 || 人事核定 | 考核评语 |
| | | | | | | | | | 总计 | 等级 | 总计 | 等级 | | |
| | | | | | | | | | | | | | | |
| | | | | | | | | | | | | | | |
| | | | | | | | | | | | | | | |
| | | | | | | | | | | | | | | |
| | | | | | | | | | | | | | | |
| 备注 | （1）请于每月3日前将本表送到公司人力资源部。<br>（2）初核人员请遵守考核规定，否则退回重考，尤其注意评定的百分比。出勤、奖惩不考核。 |||||||| 初核人 ||| 复核人 |||

## 七、定期考绩汇总表

| 定期考绩汇总表 |||||||||||||
|---|---|---|---|---|---|---|---|---|---|---|---|---|
| 填制部门 |||| | | 档案编号 |||||||
| 员工姓名 | 性别 | 年龄 | 职位 | 入职日期 | 所属部门 | 薪酬标准 | 上次考绩 | 复评 ||| 考绩后薪资 | 总经理审核 | 备注 |
| | | | | | | | | 分数 | 等级 | 拟定奖惩 | 金额增减 | | | |
| | | | | | | | | | | | | | | |
| | | | | | | | | | | | | | | |
| | | | | | | | | | | | | | | |
| | | | | | | | | | | | | | | |
| | | | | | | | | | | | | | | |

## 八、绩效考核面谈表

| 绩效考核面谈表 ||||
|---|---|---|---|
| 填制部门 | | 档案编号 | |
| 员工姓名 | | 职位 | | 所属部门 | |
| 考核日期 | 年　月　日 |||
| 问题 || 回答 ||
| 你对考核周期内哪些工作成果最为满意？ || ||
| 你认为考核周期内哪些工作需要完善？ || ||
| 你对本次考核有什么意见？ || ||
| 你对本部门工作合理化的建议有哪些？ || ||
| 你对本岗位工作的看法和建议有哪些？ || ||
| 你希望公司还能够提供哪些帮助？ || ||
| 你下一步工作和绩效的改进方向是什么？ || ||
| 面谈人签名 | | 日期 | |
| 备注 | |||

注：此表应于考核结束后一周内由上级主管安排面谈后填写，并报人力资源部存档。

## 九、年度考核成绩表

| 年度考核成绩表 |||||||||||||||
|---|---|---|---|---|---|---|---|---|---|---|---|---|---|---|
| 填制部门 | | | | | 档案编号 | | | | | | | | | |
| 考核日期 | | | | | | | | | | | | | | |
| 员工姓名 | | 职位 | | | | 薪酬标准 | | | | 入职日期 | | | | |
| 本年度考绩 | | 本年度考勤 | 迟到 | 早退 | 旷工 | 事假 | 病假 | 其他 | 年度功过（次） | 大功 | 小功 | 嘉奖 | 大过 | 小过 | 申诫 |
| 考绩项目 | 最高分数 || 初核 ||| 复核 |||||||||
| ^ | ^ || 目标分 | 项目分 || 目标分 | 项目分 |||||||||
| 专长及学识 25% | 岗位知识及技能 | 25 | | | | | ||||||||
| ^ | 工作经验及见解 | 25 | | | | | ||||||||
| ^ | 特殊贡献 | 25 | | | | | ||||||||
| ^ | 专长及一般常识 | 25 | | | | | ||||||||
| 平常考绩得分（75%） | 将本年度内全部考绩分数相加后平均： |||||||||||||
| 年度总成绩 | |||||||||||||

续表

| 考绩成果 | 本年度功过应增减分数 | |
| --- | --- | --- |
| | 本年度应扣分数 | |
| | 等级 | |
| | 实际分数 | |
| | 应予奖惩 | |
| 备注 | | |
| 部门主管意见 | | 直属上级领导意见 |

## 十、生产部门业务能力分析表

<table>
<tr><td colspan="4" align="center">生产部门业务能力分析表</td></tr>
<tr><td>填制部门</td><td></td><td>档案编号</td><td></td></tr>
<tr><td>评分人</td><td></td><td>评分时间</td><td></td></tr>
<tr><td colspan="2" align="center">考评项目</td><td colspan="2" align="center">评分内容（分）</td></tr>
<tr><td colspan="2">部门人数分配适当</td><td colspan="2" align="center">5 4 3 2 1</td></tr>
<tr><td colspan="2">严格遵守生产计划</td><td colspan="2" align="center">5 4 3 2 1</td></tr>
<tr><td colspan="2">能够做到适才适用</td><td colspan="2" align="center">5 4 3 2 1</td></tr>
<tr><td colspan="2">遵从既定生产方针</td><td colspan="2" align="center">5 4 3 2 1</td></tr>
<tr><td colspan="2">安全管理良好</td><td colspan="2" align="center">5 4 3 2 1</td></tr>
<tr><td colspan="2">资料管理良好</td><td colspan="2" align="center">5 4 3 2 1</td></tr>
<tr><td colspan="2">机械设备运转良好</td><td colspan="2" align="center">5 4 3 2 1</td></tr>
<tr><td colspan="2">整顿力度大</td><td colspan="2" align="center">5 4 3 2 1</td></tr>
<tr><td colspan="2">事故报告及时</td><td colspan="2" align="center">5 4 3 2 1</td></tr>
<tr><td colspan="2">品质管理完善</td><td colspan="2" align="center">5 4 3 2 1</td></tr>
<tr><td colspan="2">热衷于技术提升</td><td colspan="2" align="center">5 4 3 2 1</td></tr>
<tr><td colspan="2">严守交货期限</td><td colspan="2" align="center">5 4 3 2 1</td></tr>
<tr><td colspan="2">……</td><td colspan="2" align="center">5 4 3 2 1</td></tr>
<tr><td colspan="2" align="center">评分统计</td><td colspan="2" align="center">（　　）分（分数越多者越优秀）</td></tr>
</table>

## 十一、会计部门业务能力分析表

| 会计部门业务能力分析表 | | | |
|---|---|---|---|
| 填制部门 | | 档案编号 | |
| 评分人 | | 评分时间 | |
| 考评项目 | | 评分内容（分） | |
| 现金收支平衡 | | 5　4　3　2　1 | |
| 预付款核对准确 | | 5　4　3　2　1 | |
| 收款处理明确真实 | | 5　4　3　2　1 | |
| 各种计算正确真实 | | 5　4　3　2　1 | |
| 支票核对良好 | | 5　4　3　2　1 | |
| 现金管理良好 | | 5　4　3　2　1 | |
| 机械设备运转良好 | | 5　4　3　2　1 | |
| 与银行合作良好 | | 5　4　3　2　1 | |
| 税务处理完整无误 | | 5　4　3　2　1 | |
| 用心节省费用 | | 5　4　3　2　1 | |
| …… | | 5　4　3　2　1 | |
| 评分统计 | | （　　）分（分数越多者越优秀） | |

## 十二、中高层人员季度考核表

| 填制部门 | | | 档案编号 | | |
|---|---|---|---|---|---|
| 受评人姓名： | | 职位： | 所属部门： | | 总分： |
| 考核项目及内容 | | | 参考分数（分） | 自我评价 | 上级意见 |
| 工作任务及效率15% | 出色高效完成任务，具备创新意识 | | 15分 | | |
| | 能胜任工作，具有较高效率 | | 13~14分 | | |
| | 能按时完成工作 | | 11~12分 | | |
| | 勉强胜任工作 | | 7~10分 | | |
| | 工作效率低下，常出差错 | | 7分以下 | | |

续表

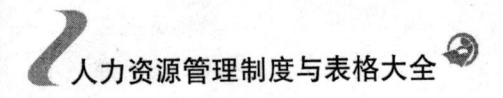

| | | | | |
|---|---|---|---|---|
| 领导能力 15% | 善于领导下属、鼓励员工超额完成工作任务 | 15 分 | | |
| | 灵活安排下属工作,顺利完成工作 | 13~14 分 | | |
| | 领导下属完成工作任务,无突出表现 | 11~12 分 | | |
| | 不得下属信任,无法保证部门工作顺利完成 | 7~10 分 | | |
| | 无领导力,常引起下属不服或抗议,无法按时完成任务 | 7 分以下 | | |
| 策划能力 15% | 工作力求完美,具备专业策划能力 | 15 分 | | |
| | 工作表现出色,具备优秀策划能力 | 13~14 分 | | |
| | 工作表现良好,有一定策划能力 | 11~12 分 | | |
| | 无主观能动性,仅完成指派任务 | 7~10 分 | | |
| | 策划能力极度缺乏,必依赖他人协助方能完成任务 | 7 分以下 | | |
| 沟通协调能力 10% | 主动与人合作,有极强的沟通协调能力 | 10 分 | | |
| | 能顺利完成工作,乐于与人沟通 | 8~9 分 | | |
| | 需合作完成工作,沟通能力尚可 | 7 分 | | |
| | 工作较能合作进行,不善沟通 | 5~6 分 | | |
| | 无法与人协调,常致工作无法正常进行 | 5 分以下 | | |
| 授权指导能力 10% | 善于分配权责,积极传授下属工作技能,能指导下属出色完成工作 | 10 分 | | |
| | 灵活分配工作权责,有效传授下属工作技能和知识,可顺利完成工作任务 | 8~9 分 | | |
| | 按时完成工作,能顺利分配工作与权责 | 7 分 | | |
| | 欠缺分配工作及指导下属的能力,工作任务进行困难 | 5~6 分 | | |
| | 不善分配和指导下属,下属常不服或抱怨 | 5 分以下 | | |
| 责任感 15% | 责任感非常强,常出色超额完成工作任务 | 15 分 | | |
| | 责任感较强,能自主完成工作任务,有时会超额完成工作任务 | 13~14 分 | | |
| | 有责任感,无需监督,能如期完成工作任务 | 11~12 分 | | |
| | 责任感不强,须监督方可如期完成工作任务 | 7~10 分 | | |
| | 无责任感,经督促仍无法按时完成工作任务 | 7 分以下 | | |

续表

| | | | | |
|---|---|---|---|---|
| 工作态度 10% | 正直、诚信、立场坚定，足为楷模 | 10分 | | |
| | 正直、诚实、言行规范、平易近人 | 8~9分 | | |
| | 言行合乎标准，无逾越行为，也无特殊表现 | 7分 | | |
| | 固执己见，不善与人相处 | 5~6分 | | |
| | 常于工作期间处理私事或擅离职守 | 5分以下 | | |
| 成本意识 10% | 成本意识强，能积极节省，以避免浪费 | 10分 | | |
| | 能节约，具备较强成本意识 | 8~9分 | | |
| | 尚能节约，有成本意识 | 7分 | | |
| | 成本意识缺乏，偶有浪费现象 | 5~6分 | | |
| | 无成本意识，常浪费 | 5分以下 | | |
| 受评人优点特长描述 | | | | |
| 是否纳入接班人计划 | | | | |
| 所需的教育培训 | | | | |
| 考核总得分 | | 考核人签名 | | |

注：关于"工作任务"，必须另附工作计划及工作总结，以供参考及审核。

## 十三、中高层人员年度工作考核表

| 填制部门 | | 档案编号 | | |
|---|---|---|---|---|
| ××年度××公司××部门中高层人员年度工作工作考核表 姓名_____ 职位名称_____ 入现职日期_____ ||||||
| 述职报告摘要（由本人填写） ||||||
| （可另附纸） 签章：_____ 日期：____年____月____日 ||||||
| 民主评议 ||||||
| 参加评议人数 | 任职情况综合分析汇总 |||||
| | 优秀 | 称职 | 及格 | 不称职 |
| 本部门员工 _____人 | | | | |

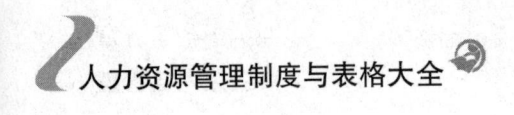

续表

| 其他人员 | ＿＿＿人 | | | | |
|---|---|---|---|---|---|
| 总结 | ＿＿＿人 | | | | |

<table>
<tr><td colspan="6">考核领导小组考评</td></tr>
<tr><td rowspan="2">考核项目</td><td rowspan="2">考核内容</td><td colspan="4">评分等级</td></tr>
<tr><td>优秀</td><td>良好</td><td>一般</td><td>较差</td></tr>
<tr><td rowspan="3">工作成绩</td><td>公司指派任务的完成</td><td></td><td></td><td></td><td></td></tr>
<tr><td>职责范围内的工作完成</td><td></td><td></td><td></td><td></td></tr>
<tr><td>年度工作计划及目标的完成</td><td></td><td></td><td></td><td></td></tr>
<tr><td rowspan="8">能力素质</td><td>理论水平</td><td></td><td></td><td></td><td></td></tr>
<tr><td>协调能力</td><td></td><td></td><td></td><td></td></tr>
<tr><td>探究能力（组织调查探究，并能提出应对策略）</td><td></td><td></td><td></td><td></td></tr>
<tr><td>业务水平</td><td></td><td></td><td></td><td></td></tr>
<tr><td>用人方面</td><td></td><td></td><td></td><td></td></tr>
<tr><td>文字表达</td><td></td><td></td><td></td><td></td></tr>
<tr><td>语言表达</td><td></td><td></td><td></td><td></td></tr>
<tr><td>创新意识</td><td></td><td></td><td></td><td></td></tr>
<tr><td></td><td>法纪观念</td><td></td><td></td><td></td><td></td></tr>
<tr><td colspan="6">考评意见：<br><br><br>考核小组组长签字：<br>日期：　　年　　月　　日</td></tr>
<tr><td colspan="6">被考核者意见：<br><br><br><br>签字：<br>日期：　　年　　月　　日</td></tr>
<tr><td colspan="6">董事会意见：<br><br><br>董事长签字：<br>日期：　　年　　月　　日</td></tr>
</table>

## 十四、中层管理人员综合素质考核表

| 填制部门 | | | 档案编号 | |
|---|---|---|---|---|
| 考核日期 | | | | |
| 被考核人 | | 职位 | | 所属部门 |
| 考核项目 | 具体内容 | | 考核分数 | |
| 领导力 | 合理授权，以身作则，值得下属依赖 | | 5□ 4□ 3□ 2□ 1□ | |
| 计划性 | 以发展的眼光，编制拟定可执行的计划 | | 5□ 4□ 3□ 2□ 1□ | |
| 果断性 | 不犹豫，能当机立断 | | 5□ 4□ 3□ 2□ 1□ | |
| 先见之明 | 能对未来展开预测，并拟定相应的策略 | | 5□ 4□ 3□ 2□ 1□ | |
| 执行力 | 目标明确，执行果断有力 | | 5□ 4□ 3□ 2□ 1□ | |
| 沟通能力 | 能充分表达自己的想法，公司内外沟通通畅 | | 5□ 4□ 3□ 2□ 1□ | |
| 人际关系 | 能得到下属及同事的喜爱及尊敬 | | 5□ 4□ 3□ 2□ 1□ | |
| 学习力 | 努力学习探究新知识及新领域 | | 5□ 4□ 3□ 2□ 1□ | |
| 国际视野 | 眼界开阔，有国际视野 | | 5□ 4□ 3□ 2□ 1□ | |
| 创新能力 | 能对工作方法进行创新，并取得良好效果 | | 5□ 4□ 3□ 2□ 1□ | |
| 责任心 | 具备强烈的责任心，值得信赖 | | 5□ 4□ 3□ 2□ 1□ | |
| 利益感 | 能够敏锐地察觉利益得失 | | 5□ 4□ 3□ 2□ 1□ | |
| 协调能力 | 能与其他部门建立必要的工作联系 | | 5□ 4□ 3□ 2□ 1□ | |
| 创新观念 | 能对工作方法进行创新，并取得良好效果 | | 5□ 4□ 3□ 2□ 1□ | |
| 综合评价 | | | | |

评分标准：66~70分为"能力超强"；61~65分为"能力强"；56~60分为"能力较弱"；51~55为"能力普通"；低于50分（含）为"能力差"。

## 十五、下级对上级综合能力考核表

| 填制部门 | | 档案编号 | |
|---|---|---|---|
| 被考核人姓名 | | 考核人姓名 | |
| 被考核人职位 | | 考核人职位 | |
| 被考核时间范围 | 自　　年　　月　　日到　　年　　月　　日 |||
| 考核日期 | 　　年　　月　　日 |||

考核流程

下属独立完成此表填写，不得向任何人透露。

填写完毕，请注明本人及被考核人姓名及职位，送人力资源部。

人力资源部将考核意见及分数汇总后，提交总经理作为内部审核参考依据，不反馈给被考核人。

特殊情况下必须对被考核人反馈的，应事先征求考核人意愿。请于下列选项中标明你真实的个人意愿：

□以记名形式反馈给被考核者

□以不记名形式反馈给被考核者

□不得反馈给被考核者

人力资源部对考核者的意愿及结果高度保密。

综合能力：201~250分为"极优"；151~200分为"良好"；101~150分为"称职"；96~100分为"需改进"；50~99分为"不称职"。

员工应根据被考核者的表现对以下考核内容逐一评分。（最高分5分，最低分1分）

极优：5分；良好：4分；称职：3分；需改进：2分；不称职：1分。

对以上5个级别的评定均需给出评语，对低于3分的评定应提供相应的改进意见。

| 专业技能知识 | 评分 |
|---|---|
| 对本行业及产品的熟悉了解程度 | |
| 对工作要求、技能及程序的掌握程度 | |
| 对与其工作领域相关的政策、实际情况及发展方向熟悉了解的程度 | |
| 对下属工作及职责的了解程度 | |
| 评语： | |

| 主动性及创新能力 | 评分 |
|---|---|
| 能为达成工作目标而积极地做创造性尝试 | |
| 能主动工作，无需反复催促 | |
| 能最大限度地利用有限资源 | |
| 能主动开展工作，并努力超越计划及目标 | |

续表

| | |
|---|---|
| 勇于挑战传统模式,并乐于进行创造性尝试 | |
| 能够不断完善自身修养 | |
| 善于发现资源 | |
| 评语: | |

| 判断力及时间观念 | 评分 |
|---|---|
| 能准确判断并考虑到选择后对应产生的结果 | |
| 能根据工作进度果断做出相应决策 | |
| 能应对重大问题并有解决问题的能力 | |
| 能察觉到潜在问题 | |
| 能控制风险并按时完成工作任务 | |
| 评语: | |

| 关注客户的程度 | 评分 |
|---|---|
| 能持续关注客户的期望值及需求 | |
| 掌握客户的第一手资料,并能很好地运用到产品及服务中去 | |
| 能以客户为中心进行有效沟通并落实为行动 | |
| 能积极响应客户需求,并提出切实可行的改进办法 | |
| 能得到客户的信任及尊敬 | |
| 评语: | |

| 教育培养及督导下属的能力 | 评分 |
|---|---|
| 与员工沟通良好并鼓励下属进行信息资源分享 | |
| 建立并保持高效工作团体 | |
| 经常向下属提供建设性反馈及指导意见 | |
| 愿意协助下属制订具有挑战性的计划及目标 | |
| 与下属建立畅通的双向沟通渠道 | |
| 全面、及时地完成工作评估 | |
| 评语: | |

| 责任感 | 评分 |
|---|---|
| 可信赖 | |
| 热情投入工作 | |

续表

| | |
|---|---|
| 准时出席会议 | |
| 节约并有效控制开支 | |
| 对其他人起到模范作用 | |
| 评语： | |

| 工作质量 | 评分 |
|---|---|
| 能如期高效完成工作 | |
| 重视工作的细节及准确度 | |
| 以应有的专业水平，按时完成工作 | |
| 评语： | |

| 计划性 | 评分 |
|---|---|
| 能制订合理有效的工作计划 | |
| 能准确地划定工作及项目的期限、范围、难度 | |
| 能预测问题并制订应对方案 | |
| 评语： | |

| 团队合作精神 | 评分 |
|---|---|
| 能与部门人员共同有效地完成工作目标及计划 | |
| 能与上下级分享信息，愿意协助同事解决工作中问题 | |
| 能给予下属充分授权 | |
| 能与他人分享成功的喜悦 | |
| 评语： | |

| |
|---|
| 请考核人对被考核人综合能力进行简要描述： |
| 考核人签名： |

## 十六、绩效考核成绩汇总表

<table>
<tr><td colspan="5" align="center">××公司考核成绩汇总表</td></tr>
<tr><td colspan="5" align="right">考核月度：</td></tr>
<tr><td>考核级别</td><td>姓名</td><td>部门</td><td>成绩</td><td>备注</td></tr>
<tr><td>A<br>（90分以上）</td><td></td><td></td><td></td><td></td></tr>
<tr><td>B<br>（80~89分）</td><td></td><td></td><td></td><td></td></tr>
<tr><td>C<br>（70~79分）</td><td></td><td></td><td></td><td></td></tr>
<tr><td>D<br>（70分以下）</td><td></td><td></td><td></td><td></td></tr>
</table>

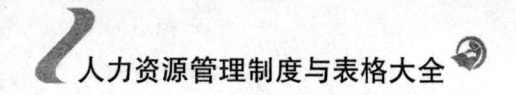

## 十七、绩效考核改进记录表

| 被考核人 | | 部门 | | 职位 | |
|---|---|---|---|---|---|
| 考评人 | | 部门 | | 职位 | |
| 绩效考核未达标或需要改进之处 | | | | | |
| 产生上述现象的原因 | | | | | |
| 经协商达成的改进建议 | | | | | |
| 改进结果 | | | | | |
| 员工本人： | 考评人： | | 部门经理： | | 人力资源部： |

# 第六章

薪酬福利管理

# 第六章 薪酬福利管理

## 第一节 薪酬福利管理人员岗位职责及任职条件

### 一、薪酬福利主管岗位职责及任职条件

#### 1. 薪酬福利主管岗位职责

薪酬福利主管的直接上级是人力资源经理，直接下级是薪酬福利专员。其岗位职责有以下几点。

职责（1）不定期走访各层级员工与同行业的人力资源部门，及时获取有效的信息，为工资决策提供可靠依据。

职责（2）根据劳动部门要求，制定各层次员工的福利金额、保险金额，制定月度、季度、年度工资，并做好奖金福利总额的预算。

职责（3）及时联系财务部门，确保员工工资及时足额发放；定期向总经理汇报每月工资情况，反馈员工对工资的满意程度，并及时解决工资中存在的问题。

职责（4）根据企业年利润、企业员工总数、岗位要求及行业要求，制定员工的基本工资水平。

职责（5）负责部门预算计划的编制，向下属正确说明工作的目标及重要性，做好监督执行工作。

职责（6）遇到重大问题时，及时通过会议的方式将信息传达给相关人员，总结集体智慧，做出正确的决策。

职责（7）负责各有关人员信息的汇总、分析并予以适当处理；时刻关注工作中潜在的问题，最大限度预防问题发生。

职责（8）与相关部门及时进行沟通，保证公司整体工作协调一致。

#### 2. 薪酬福利主管任职条件

薪酬福利主管协助人力资源经理工作，须符合下列任职条件。

条件（1）了解管理学及心理学方面的知识。

条件（2）5年以上人力资源管理工作经验。

条件（3）2年以上从事薪酬或考核工作的经历。

条件（4）具有良好的计划及组织协调的能力。

条件（5）人力资源管理或相关专业本科及以上的学历。

条件（6）了解有关劳动报酬的相关政策及法规。

条件（7）熟练掌握劳动法及财务方面的知识。

## 二、薪酬福利专员岗位职责及任职条件

### 1. 薪酬福利专员岗位职责

薪酬福利专员的直接上级是薪酬福利主管，没有下级。其岗位职责有以下几点。

职责（1）负责公司内部薪酬福利调查与分析，参与职位分析和评估。

职责（2）组织、跟踪、调研薪酬福利的外部政策和市场变化行情，及时调整和改进公司的薪酬体系及管理制度。

职责（3）根据公司发展需要，配合公司内部各体系进行相应的薪酬绩效方案的制订、跟踪及完善等。

职责（4）负责公司薪酬福利总额（人事费用）的总体调控，组织编制人工成本预算，定期分析执行情况，提出改进意见。

职责（5）负责协助部门经理完善人力资源管理制度，提供改进方案。

### 2. 薪酬福利专员任职条件

薪酬福利专员须符合下列任职条件。

条件（1）人力资源管理或相关专业，本科及以上学历。

条件（2）具有2年以上同岗位工作经验。

条件（3）熟悉国家劳动政策、法规，熟悉社会保险缴纳工作。

条件（4）能够科学地制定企业的工资报酬系统。

条件（5）具备人力资源管理专业知识、计算机基础知识、基础财务知识。

条件（6）熟练使用办公软件和设备。

## 第二节　薪酬福利管理制度

### 一、薪酬激励管理制度

| 制度名称 | XX公司薪酬激励管理制度 | 受控状态 | |
| --- | --- | --- | --- |
| | | 编号 | |
| 执行部门 | | 监督部门 | | 编修部门 | |

#### 第1章　总则

第1条　为规范公司的薪酬管理，以充分有效地发挥薪酬体系的激励作用，鼓励员工长期为企业服务，共同致力于企业的不断成长和可持续发展，同时共享企业发展带来的成果，特制定本制度。

第2条　制定原则

本制度的制定依据四个原则，即激励原则、公平原则、竞争原则以及保密原则。

1. 激励原则，公司根据员工的贡献决定员工的薪酬。
2. 公平原则，使公司内部不同职务序列、不同部门、不同职位员工之间的薪酬相对公平合理。
3. 竞争原则，公司保持薪酬水平具有相对市场竞争力。
4. 保密原则，各岗位人员的薪资一律保密。

第3条　公司或办事处全体员工均须严格遵守本制度。

第4条　人力资源部是公司薪酬工作的归口管理部门，其主要职责如下。

1. 制定、修订、解释和执行薪酬制度及激励制度。
2. 负责薪资、奖励的计算、审核、发放和解释。
3. 全权负责员工薪酬水平调查、员工薪酬标准的建议和核定。

#### 第2章　薪酬构成

第5条　公司薪酬设计按人力资源的不同类别实行分类管理，着重体现岗位（或职位）价值和个人贡献。

第6条　公司正式员工薪酬构成。

续表

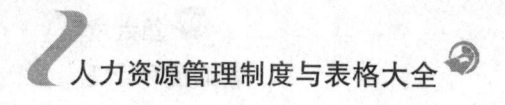

1. 公司高层薪酬构成＝基本年薪＋年终效益奖＋股权激励＋福利

2. 员工薪酬构成＝岗位工资＋绩效工资＋工龄工资＋各种福利＋津贴或补贴＋奖金

## 第3章 工资系列

第7条 公司根据不同职务性质,将工资划分为行政管理、技术、生产、营销、后勤五类工资系列。

第8条 员工工资系列适用范围详见下表。

**工资系列适用范围表**

| 工资系列 | 适用范围 |
| --- | --- |
| 行政管理系列 | 1. 公司高层领导<br>2. 各职能部门经理<br>3. 行政部(勤务人员除外)、人力资源部、财务部、审计部所有职员 |
| 生产系列 | 生产部门、质量管理部门、采购部门所有员工(各部门经理除外) |
| 技术系列 | 产品研发部、技术工程部所有员工(各部门经理除外) |
| 营销系列 | 市场部、销售部所有职员 |
| 后勤系列 | 一般勤务人员,如司机、保安、保洁员等 |

第9条 高层管理人员工资标准的确定。

1. 基本年薪

(1)基本年薪应占高层管理人员全部薪酬的30%～40%,由个人资历和职位决定,是高层管理人员一个稳定的收入来源。

(2)基本年薪薪酬水平由薪酬委员会来确定,确定的依据是上一年度的企业总体经营业绩以及对外部市场薪酬调查数据的分析。

2. 年终效益奖

年终效益奖一般以货币的形式于年底支付,该部分应占高层管理人员全部薪酬的15%～25%,是对高层管理人员经营业绩的一种短期激励。

3. 股权激励

股权激励是一种非常重要的激励手段。股权激励主要有股票期权、虚拟股票、限制性股票等方式。

第10条 一般员工工资标准的评定

1. 岗位工资

岗位工资主要根据岗位在企业中的重要程度来确定工资标准。公司聘用的新员工,将根据其岗位、学历、工作经验、实际能力及业务水平来制定其工资级数,员工将享受与级

续表

数相对应的工资。公司实行岗位等级工资制，根据各岗位所承担工作的特性及对员工能力要求的不同，将岗位划分为不同的级别。

（1）影响职务等级工资高低的因素：

①工作的目标、任务及责任。

②工作的环境。

③劳动强度。

④工作的复杂性。

（2）公司职务等级划分标准。将公司岗位职务工资划分为15个等级，下表列举了部分职位等级。

### 公司职务等级划分表

| 职等 | 决策类 | 管理类 | 技术类 | 生产类 | 营销类 | 勤务类 |
|---|---|---|---|---|---|---|
| 十五 | 总经理 副总经理 | | | | | |
| 十四 | | | | | | |
| 十三 | | | | | | |
| 十二 | | | | | | |
| 十一 | | | | | | |
| 十 | | 总经理 副总经理 各职能部门 经理 | | | | |
| 九 | | | | | | |
| 八 | | | 高级工程师 工程师 | | | |
| 七 | | | | | | |
| 六 | | | | | | |
| 五 | | | | 车间主任 | | |
| 四 | | | | | | |
| 三 | | | | | 高级业务员 | |
| 二 | | | | | | 保安、司机等 |
| 一 | | | | | | |

2. 试用期工资

非公司员工，工资按100%发放；公司员工试用期内基本工资按100%发放，另享受不超过工资50%的浮动奖金。试用期满，根据员工试用期的工作业绩及评估结果对其工资进行调整。

3. 绩效工资

（1）绩效工资根据公司经营效益和员工个人工作绩效计发。公司将员工绩效考核结果分为五个等级，其标准见下表。

续表

| 绩效考核等级划分 |||||
|---|---|---|---|---|
| 等级 | S | A | B | C | D |
| 说明 | 优秀 | 良 | 好 | 合格 | 差 |

（2）绩效工资分为月度绩效工资、年度绩效奖金两种。

①月度绩效工资：员工的月度绩效工资同岗位工资一起按月度发放，月度绩效工资的发放额度依据员工绩效考核结果确定。

②年度绩效奖金：公司根据年度经营情况和员工一年的绩效考核成绩，决定员工的年度奖金的发放额度。

4. 工龄工资

是对员工长期为企业服务所给予的一种补偿。其计算方法为从员工正式进入公司之日起计算，工龄每满一年可得工龄工资____元/月；工龄工资实行累进计算，满____年不再增加。其发放方式为按月发放。

5. 奖金

奖金是企业向做出重大贡献或优异成绩的集体或个人发放的奖励。公司根据当月的赢利情况、员工的工作表现及业绩的月综合评估结果给予员工浮动奖金（方案另定）。

## 第4章 员工福利

第11条 福利是企业为解决员工后顾之忧在基本工资和绩效工资外，提供的一定保障。

第12条 公司按照国家和地方相关法律规定为员工缴纳各项社会保险。

第13条 公司按照《劳动法》和其他相关法律规定为职员提供相关假期。法定假日共11天，具体如下：

1. 元旦一天。
2. 春节三天。
3. 清明节一天。
4. 劳动节一天。
5. 端午节一天。
6. 国庆节三天。
7. 中秋节一天。

第14条 员工在公司工作满一年可享受五个工作日的带薪休假，以后工作每增加一年，可增加一个工作日的带薪休假，但最多不得超过15天。

续表

第15条 员工享有婚假、丧假、产假、哺乳假等有薪假。

第16条 津贴或补贴。

1. 住房补贴

公司为员工提供宿舍，因公司原因而未能享用公司宿舍的员工，公司为其提供每月____元的住房补贴。

2. 加班津贴

（1）凡于工作时间以外的出勤为加班。主要指休息日、法定休假日加班，以及八小时工作日外以延长作业时间。

（2）加班时间须经主管认可，加班时间不足半小时的不予计算。加班津贴计算标准如下。

**加班津贴支付标准**

| 加班时间 | 加班津贴 |
| --- | --- |
| 工作日加班 | 每小时加班工资＝正常工作时间每小时工资 ×150% |
| 休息日加班 | 每小时加班工资＝正常工作时间每小时工资 ×200% |
| 法定假日加班 | 每小时加班工资＝正常工作时间每小时工资 ×300% |

3. 学历津贴与职务津贴

津贴项目是为鼓励员工不断学习，提高工作技能而设立，其标准如下：

**学历津贴、职务津贴支付标准**

| 津贴类型 | | 支付标准 |
| --- | --- | --- |
| 学历津贴 | 本科 | 元 |
| | 硕士 | 元 |
| | 博士及以上 | 元 |
| 职务津贴 | 初级 | 元 |
| | 中级 | 元 |
| | 高级 | 元 |

4. 午餐补助

公司为每位正式员工提供____元／天的午餐补助。

### 第5章 薪酬计算与发放

第17条 工资计算

公司人力资源部负责薪资计算，经总经理批准后方可发放。

1. 日工资＝基本工资 ÷21.75（天）；标准小时工资＝日工资 ÷8（小时）。

2. 公司的考勤周期为上月的1日至上月31日，每月的8号，公司支付员工上个月1

续表

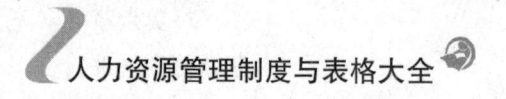

日至 31 日的工资。

3. 员工入职的第一个月或离职的当月，其工资按实际工作日计算，即：当月工资＝基本工资 ÷ 当月实际工作日天数 × 员工当月实际出勤天数。

第 18 条　工资的发放：

1. 公司员工工资，每月发放一次。

2. 对完成一次性劳动或其他临时性劳动的人员，按照劳务协议的规定，在其完成劳动任务后发放工资或劳务费。

3. 公司委托银行办理工资发放事宜。

第 19 条　薪资核定工作如下：

1. 由人力资源部制定各职务等级、各职位员工的薪资核定指导标准，以规范核薪管理工作。

2. 对新入职员工进行核薪或其他在职员工需按规定调整薪资的，以薪资核定指导标准为主要依据，如违反指导标准或核薪弹性较大的，应报总经理核准。

3. 人力资源部负责人对新入职员工、年度调薪、特别调薪、易岗易薪、异地异薪的员工开具并发出"核薪通知单"，作为薪资核定、异动的依据。

第 20 条　从工资中扣除的项目：

1. 按规定缴纳的个人所得税。

2. 按规定按比例缴纳的社会保险费。

3. 按规定按比例缴纳的住房公积金。

4. 其他应由个人支付的费用。

5. 根据劳动合同或其附加合同及协议应扣除的部分。

6. 法律法规规定的其他可从劳动者工资中扣除的费用。

第 21 条　以下项目在员工税前工资中扣除：

1. 员工个人缴纳的社会保险费。

2. 员工个人缴纳的住房公积金。

3. 其他根据相关法规规定准许在员工税前工资中扣除的项目。

## 第 6 章　薪酬调整

第 22 条　薪酬调整分为整体调整和个别调整两种。

第 23 条　整体调整指公司根据国家政策和物价水平等宏观因素的变化，行业及地区竞争状况，企业发展战略变化以及公司整体效益情况而进行的调整。调整的内容包括薪酬

续表

水平调整和薪酬结构调整，调整幅度由人力资源部根据公司经营状况，拟定调整方案报总经理审批后执行。

第 24 条　年度考核结果综合优异（考核得分 85 分及以上）的员工可享受年度调薪。

第 25 条　对工作中成绩特别优异，对公司有特殊贡献的员工，部门负责人可推荐并列举具体事实和评价资料，交人力资源部复核后，呈主管副总、总经理核准，可做特别调薪处理。

第 26 条　符合以下情况之一的，可做特别调薪提报。

1. 个人有突出贡献。

2. 为公司挽回重大经济损失。

3. 受到公司年度表彰或特别表彰。特别调薪范围仅限于同职务等级内工资级别的调整，职位异动按易岗工资调整办法处理。

第 27 条　特别调薪以每季度受理一次为限，于每季度最后一个月办理有关调薪申请事宜，其加薪幅度以不超过部门人力成本费用或工资总额控制范围为原则。

### 第 7 章　特殊工资处理

第 28 条　员工休公共假、年假、婚丧假、调休和看护假，可领全部工资，包括浮动奖金。

第 29 条　产假工资。员工休产假期间，支付其 100% 的工资及 100% 的浮动奖金。

第 30 条　病假工资。员工患病或非因公负伤停止工作期间的工资待遇如下：

1. 年度内病假累计不超过 30 天者，不扣除基本工资，病假期间享受 50% 的浮动奖金。

2. 年度内病假累计超过 30 天但不超过 6 个月者，超过 30 天部分按天扣除浮动奖金，基本工资按以下标准支付：

| 累计工作年限 | 在本公司工作年限 | 基本工资待遇 |
| --- | --- | --- |
| 未满 10 年 | 未满 5 年 | 基本工资的 70% |
| | 满 5 年 | 基本工资的 80% |
| 满 10 年 | 满 5 年，不满 10 年 | 基本工资的 90% |
| | 满 10 年 | 基本工资的 100% |

3. 员工患病或非因公负伤停止工作连续超过 6 个月的，只发放救济费，标准如下（非医疗期内停止工作连续超过 6 个月以上的长病假，其病假期间其他福利待遇另行确定）：

续表

| 累计工作年限 | 在本公司工作年限 | 基本工资待遇 |
|---|---|---|
| 未满 10 年 | 未满 5 年 | 基本工资的 50% |
|  | 满 5 年 | 基本工资的 60% |
| 满 10 年 | 未满 5 年 | 基本工资的 60% |
|  | 满 5 年，不满 10 年 | 基本工资的 70% |

4.员工患病或非因公负伤治疗期间，在规定的医疗期内，公司给予的病假工资或救济费不得低于所在地政府颁布的最低工资标准的 80%。

5.病假工资扣除的计算方法是：

基本工资 ÷ 21.75 ÷ 8 × 病假小时数 × 按规定应发放病假工资的比例。

第 31 条 事假工资

1.事假根据实际休假的天数扣除。

2.事假工资扣除的计算方法：全额工资 ÷ 21.75 ÷ 8 × 事假小时数。

第 32 条 离职工资计算

1.正常情况下，离职当天一次性结清当月工资。如因个人原因没有及时办理离职手续者，将临时冻结其工资等相关费用。待按公司规定办妥相关手续后，于当月工资发放时予以结清。

2.离职员工工资按如下办法支付：

应付工资＝基本工资 ÷ 当月实有工作日 × 该员工的实际工作日。

## 第 8 章 附则

第 33 条 本制度由人力资源部制定，其解释权和修订权归人力资源部所有。

第 34 条 本制度自发布之日起正式实施。

| 编制日期 |  | 审核日期 |  | 批准日期 |  |
|---|---|---|---|---|---|
| 修改标记 |  | 修改处数 |  | 修改日期 |  |

## 二、员工福利管理制度

| 制度名称 | XX公司员工福利管理制度 | 受控状态 | |
|---|---|---|---|
| | | 编号 | |
| 执行部门 | | 监督部门 | | 编修部门 | |

### 第1章 总则

**第1条 目的**

为给员工营造良好的工作氛围，吸引并留住人才，提高员工的归属感，以促进公司的发展，依据公司相关制度及企业实际情况，特制定本制度。

**第2条 适用范围**

本制度适用于公司全体员工。

**第3条 福利管理原则**

1. 透明性原则：公司所有有关福利的制度、形式及执行均应是公开的。

2. 补偿性原则：福利是对员工为公司提供劳动的一种补偿，也是薪资收入的一种补充形式。

3. 差异性原则：员工所享受的福利根据个人绩效不同、服务年限不同而有所区别。

**第4条 职责划分**

1. 人力资源部负责制定并完善公司福利制度，同时负责对福利制度的实施情况进行检查、监督和指导。

2. 各部门及相关人员对公司福利制度提出意见和建议，并对有关福利提出申请；同时各部门还负责按本标准执行员工福利计划。

3. 财务部根据本制度规定及财务管理制度负责福利费用的核报工作。

### 第2章 员工福利的类别及发放标准

**第5条 社会保险**

公司按照《劳动法》及其他相关法律规定为员工缴纳各项社会保险。

**第6条 企业补充养老保险**

1. 企业补充养老保险资金来源主要渠道。

（1）福利金或奖励基金。

（2）公益金。

续表

（3）参保员工缴纳的部分费用。

2.公司与参保员工缴费比例。

企业每月缴费比例为参加补充养老保险职工工资总额的_____%，员工每月缴费为其月工资总额的_____%。

第7条 员工年度体检

1.在公司工作满一年的员工，均可参加公司组织的每年一次的体检。

2.经人力资源部统计、申请，并经总经理批准后，公司于每年_____月，由人力资源部统一安排员工体检。

3.员工年度体检费用为_____元/人，超额部分由员工个人负担。

第8条 工作餐补助

工作餐补助发放标准为每人每日_____元，每月随工资一同发放。

第9条 节假日补助

每逢春节和国庆节，公司为员工发放节日贺礼，正式员工每人_____元。

第10条 员工通信津贴发放

1.根据岗位需要符合领取资格的公司正式员工为通信津贴发放对象。

2.通信津贴采取限额报销方式，报销标准如下：

**通信津贴报销标准**

| 职位 | 报销额度 |
| --- | --- |
| 总经理、副总经理 | 实报实销 |
| 部门经理 | _____元/月 |
| 部门主管 | _____元/月 |
| 业务人员 | _____元/月 |
| 普通员工 | _____元/月 |
| 工勤人员 | _____元/月 |

第11条 教育培训

为不断提升员工的工作技能，促进员工自身发展，公司为员工定期或不定期地提供相关培训，培训方式主要有在职培训、短期脱产培训、公费进修、出国考察等。

第12条 设施福利

设施福利是为丰富员工业余生活，培养员工积极向上的道德情操而设立的福利项目，其内容包括开展文体活动等。

第13条 劳动保护

1.因工作需要劳动保护的岗位，公司必须发放在岗人员劳动保护用品。

续表

2. 员工在岗时必须穿戴劳保用品，不得私自挪作他用。员工辞职或退休离开公司时，须到人力资源部交还劳保用品。

## 第 3 章 员工休假管理及待遇标准

第 14 条 国家法定假日

国家法定假日共 11 天，包括元旦（一天）、春节（三天）、清明节（一天）、劳动节（一天）、端午节（一天）、国庆节（三天）、中秋节（一天）。

第 15 条 带薪年假

员工为公司服务满一年可享受五天的带薪年假；每增一年相应增一天，最多为 15 天。

第 16 条 其他假日

员工婚嫁、产假、事假、病假期间，其休假待遇标准如下：

### 员工婚假、产假、事假、病假期间待遇标准

| 假日 | 相关说明 | 薪资支付标准 |
| --- | --- | --- |
| 婚假 | 符合婚姻法规定的员工结婚时，享受三天婚假。若是晚婚，除享受国家规定的婚假外，增加七天晚婚假 | 全额发放员工的基本工资 |
| 产假 | 女职工的产假为 98 天，产前假 15 天，产后假为 83 天。难产者增加产假 15 天。多胞胎生育者，每多生育一个婴儿增加产假 15 天 | 按相关法律规定和公司政策执行 |
| 事假 | 须本人亲自处理时，员工方可请事假并填写请假单 | 扣除请假日的全额工资 |
| 病假 | 员工请病假，需填写请假单，同时须出具规定医疗机构开具的病休证明 | 支付员工本人所在岗位标准工资的_____% |

## 第 4 章 附则

第 17 条 人力资源部于每年年底必须将福利资金支出情况编制成相关报表，交付相关部门审核。

第 18 条 福利金的收支账务程序比照一般会计制度办理，支出金额超过_____元以上者需提交总经理审核。

第 19 条 本制度所规定条款与国家新颁布的法律法规相抵触时，按国家相关法律、法规执行。

第 20 条 本制度由人力资源部制定，每年修订一次，经总经理审核通过后方可实施。

第 21 条 本制度最终解释权归公司人力资源部所有。

续表

| 编制人员 | | 审核人员 | | 批准人员 | |
|---|---|---|---|---|---|
| 编制日期 | | 审核日期 | | 批准日期 | |

## 三、员工奖金管理制度

| 制度名称 | XX公司员工奖金管理制度 | 受控状态 | |
|---|---|---|---|
| | | 编号 | |
| 执行部门 | | 监督部门 | | 编修部门 | |

### 第1章 总则

**第1条 目的**

为了规范公司员工奖金发放，使员工的奖金与个人贡献相挂钩，激发员工的工作积极性、能动性和创造性，提高工作效率及生产效率，依据公司薪酬激励管理制度及相关规定，特制定本制度。

**第2条 奖金分配原则**

遵循"按劳分配，多劳多得"的原则，充分体现员工的劳动价值。

**第3条 适用范围**

本制度适用于公司全体员工。

### 第2章 全勤奖和绩效奖金

**第4条 全勤奖**

1. 为奖励员工出勤，减少员工请假，特设立此奖金项目。

2. 本奖金每季度发放一次，其发放日期为下季度首月的20日。

3. 凡当季内未请假（包括年休假）、迟到及早退的员工，按以下标准给予全勤奖金：

（1）月薪员工：按当季最后一个月的月薪÷30天×6天

（2）日薪员工：按当季最后一日的日薪×6天

3. 发放奖金前，人力资源部需将名单送总经理核准后公布。

4. 新进人员如到职日恰逢当季1号者，奖金自该月起计算，否则于次季第1日起计算。

5. 当季工作未满3个月的离职者，不予计算全勤奖金。

**第5条 绩效奖金**

续表

1. 绩效奖金分为季度绩效奖金和年度绩效奖金两种。
2. 绩效奖金的发放总额由公司经营绩效决定，其具体奖励标准可以根据奖励指标完成程度来制定。
3. 生产部门和销售部门的部分奖励指标如下所示。

### 生产部门和销售部门的部分奖励指标

| 部门 | 生产部门 | 销售部门 |
| --- | --- | --- |
| 奖励指标 | 生产产量 | 销售额 |
|  | 良品率 | 销售目标达成率 |
|  | 产品投入产出比 | 货款回收完成率 |
|  | 省料率 | 客户保有率 |
|  | 成本节约 |  |

### 第3章 项目奖金和其他奖金

**第6条 项目奖金**

项目奖金是针对研发人员而设立的奖项，一般以项目的完成为一个周期，项目奖金评定指标和奖励标准见下表。

### 项目奖金的评定标准

| 评定指标 | 奖励标准 |
| --- | --- |
| 项目完成时间 | 项目产值的____％ |
| 成本节约 | 项目产值的____％ |
| 项目完成的质量 | 项目产值的____％ |
| 项目的专业水准 | 项目产值的____％ |

**第7条 其他奖项**

其他奖项包括三种，即优秀部门奖、优秀员工奖、创新奖，下表给出了各自的奖励条件和奖励标准。

续表

| 优秀部门奖、优秀员工奖、创新奖的奖励条件和标准 |||
|---|---|---|
| 奖项类别 | 奖励条件 | 奖励标准 |
| 优秀部门奖 | 1. 业绩突出<br>2. 公司评选得票最高者 | 奖励_____元 |
| 优秀员工奖 | 1. 连续三次及以上绩效考核被评为优秀者<br>2. 获得所在部门员工的认同 | 奖励_____元 |
| 创新奖 | 1. 努力研发新技术、新工艺，且用于实践中大大提高了生产效率<br>2. 开拓新业务且切实可行，为公司带来较高的效益 | 由总经理核定 |

### 第4章 附则

第8条 本制度原则上每年修订_____次，员工停薪留职期间不适用本制度。

第9条 本制度由人力资源部制定，经总经理核准后实施，修改时亦同。

| 编制人员 | | 审核人员 | | 批准人员 | |
|---|---|---|---|---|---|
| 编制日期 | | 审核日期 | | 批准日期 | |

## 四、员工提薪及晋升管理办法

| 制度名称 | XX公司员工提薪及晋升管理办法 | 受控状态 | |
|---|---|---|---|
| | | 编号 | |
| 执行部门 | | 监督部门 | | 编修部门 | |

### 第1章 总则

第1条 为规范员工提薪及晋升工作，提高员工的工作积极性，充分发挥薪酬的激励作用，依据公司薪酬管理制度，结合公司的实际情况，特制定本办法。

第2条 本办法适用于公司所有员工提薪相关工作事项的管理。

第3条 各部门的相关职责。

1. 人力资源部负责公司提薪的调查、审定等工作，是公司提薪工作的归口管理部门。

2. 各部门负责人有为部门人员提出提薪申请的权力，并需配合人力资源部进行提薪调查工作。

3. 财务部负责根据提薪申请审批结果办理提薪手续。

4. 人力资源部要将提薪的结果分别通知到每个被提薪员工。

续表

### 第 2 章 提薪范围

第 4 条 提薪调查期间，缺勤天数平均每月超过五天者，公司一般不予提薪。

第 5 条 因就业规则允许的事由或与工作态度无关，尤其是非人为因素而未出勤的天数，不算在缺勤天数内。

第 6 条 员工迟到或早退超过四次，视为缺勤一天，计入缺勤天数内。

第 7 条 在提薪日前，员工受到两次以上批评，或者受到降薪、停职处分者，一般不予提薪。

第 8 条 调薪当月正式办理离职手续者不予提薪。

### 第 3 章 提薪预算

第 9 条 提薪预算总额是由各不同等级岗位的提薪预算额相加所得出。

第 10 条 公司可提取提薪预算额的 3% 作为提薪额外预算。

第 11 条 提薪调查日以后，在提薪人数发生增减时，提薪预算额也应相应地增加或减少。

第 12 条 当提薪预算发生余额时，可不转入下期而作废。

第 13 条 公司可根据经营收益状况停止提薪或变更其中的某一部分。

### 第 4 章 定期提薪

第 14 条 年终考核调薪。

1. 考核期限

每年的 1 月 1 日至 12 月 31 日。

2. 考核对象

在公司任职满六个月（含）以上的所有员工。

3. 考核调薪审批

（1）人力资源部发放"员工考核评价表"，根据被考核者的工作能力与工作表现，各相关部门主管或负责人客观地进行评价，并根据公司制定的年终绩效考核调薪标准提交"员工调薪申请表"，送交人力资源部。

（2）人力资源部汇总调薪申请表，呈送总经理核准。

第 15 条 每年 3 月，公司对员工的总体薪酬水平进行调整，调整幅度在____% ~ ____%，根据市场变化水平、盈利状况等因素综合确定具体比例。

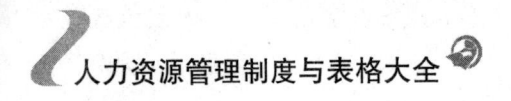

## 第 5 章　临时提薪

第 16 条　员工试用期满并考核合格后，工资按转正后的待遇执行，并在员工转正的当月予以调整。

第 17 条　岗位异动

1. 晋升调薪

（1）在公司工作期满＿＿＿＿个月以上，对本职工作精通，表现优秀者，经考核符合相关标准（如员工任职期间有嘉奖记录），内部晋升时优先考虑。

（2）晋升人员的确定

晋升人员的确定有三种方式：部门推荐、员工自荐、考核晋升。

（3）薪资调整

员工岗位或职务变动后，从次月起享受调整后的工资福利待遇。

2. 平调提薪

在调动次月予以调薪，按新岗位薪资标准执行，如新岗位工资标准低于原工资标准则不予调整。

第 18 条　凡符合下列情况之一者，公司予以临时提薪。

1. 取得了新的学历，其现行工资不足该学历的初期任职工资。

2. 根据劳动协议规定，长期休假者复职后，与其同等岗位者相比，其工资被认为存在特别明显的差别。

3. 岗位晋升，与新岗位同级者的薪酬失去均衡。

4. 符合劳动协议规定的无资格提薪者，其后决定无必要惩戒又复职时，或者受警告处分后复职，特别在被认为有酌情从轻处罚余地时。

第 19 条　临时提薪需经主管副总审批，属于预算外的提薪金额，须经公司总经理审批。

第 20 条　具有临时提薪的审定与符合提薪标准等，人力资源部需根据实际情况进行处理。

第 21 条　本办法自发布之起正式实施。

第 22 条　本办法由人力资源部制定，其解释权和修订权归人力资源部所有。

## 第 6 章　新员工晋升管理

第 23 条　为符合公司选拔人才的需要，使公司员工有晋升的机会，特制定员工选拔

续表

规定如下。

1. 人员选拔本着唯才是用的原则，力求所有员工机会均等，激发员工的进取心。同时为求选拔公正，避免发生偏差，特成立评审小组。

（1）评审小组委员的人选由总经理圈选。

（3）评审小组在候选人评分及评语后以最高分前三名者为递补人选，送总经理核定。

（4）评审小组的候选人如与出席委员属于同一部门，该委员应临时退席。

2. 各部主管或重要职位人员增补缺额经核准后，人力资源部依据申请单所列条件，在公司现有人员中初审符合者，拟制候选人名册送评审小组评审。

3. 各部门如有推荐者，可将名单送至人力资源部，经初审符合者，列入候选人名册。

4. 评审小组会议由评审小组主任委员视实际情况召开。

5. 新任主管均以主管级最低薪起叙，如原薪已超过主管级最高时，超过部分并入职务加给。

第24条 各部门推荐员工晋升主管，事后发现晋升人员不适合主管职位时，应立即撤换。

第25条 各部门出现空缺或需要增添人员时，应以公司内部选择为原则，如无适合人员时则实行公开招聘。内部招聘人员必须具备下列条件。

1. 须在公司工作两年以上。

2. 具备报考职位的专长能力。

3. 具备高中以上(含)文化程度。

第26条 员工报考主管时，应按公告招聘规定呈交简历等资料，经人力资源部审查资格不合格时，可拒绝其参加报考。

第27条 未经参加选拔或公开考试的员工一律不得升任主管。

第28条 升任主管的员工支领职务加给。

第29条 主管及领有职务加给的人员，如调任无职务加给的职位时，原职务加给应立刻停止。

| 编制人员 | | 审核人员 | | 批准人员 | |
|---|---|---|---|---|---|
| 编制日期 | | 审核日期 | | 批准日期 | |

## 五、新员工核薪及晋升管理细则

| 制度名称 | XX 公司新员工核薪及晋升管理细则 | 受控状态 | |
|---|---|---|---|
| | | 编号 | |
| 执行部门 | | 监督部门 | | 编修部门 | |

### 第1章 总则

第1条 为使本公司新员工的薪资及晋升管理规范化，使新员工能够享受公平合理的待遇，以保证公司人才选、用、育、留等管理制度的顺畅推行，依据公司相关制度，结合公司实际情况，特制定本细则。

第2条 本细则适用于公司所有新进人员的核薪及晋升的管理。

第3条 各部门的职责划分。

1. 总经理及主管领导

负责核定主管级别（含）以上人员的薪资及晋升。

2. 人力资源部

（1）人力资源部作为核薪的主管部门，全面负责新进人员的核薪工作。

（2）人力资源部负责初审推荐或者自荐的晋升人员情况。

3. 各部门

各部门应做好本部门新员工的培育和引导工作，帮助新员工尽快晋升。

4. 财务部

财务部需严格按照人力资源部移交的财务核薪单发放薪酬。

### 第2章 新员工核薪管理

第4条 薪资核定标准。

1. 试用期

新进人员在试用期间的薪资给付主要参考公司相关规定、个人面试评估考核结果、专业的契合度等因素，由公司与新员工共同商定，其薪酬支付标准不得低于劳动合同约定工资的80%。

2. 延长试用期

因各种原因需延长试用期者，薪资给付仍按试用期标准执行，待试用期结束后方可进行薪酬核定。

续表

第5条 特殊核薪认定。

新进员工正式入职后，如有下列情况可考虑适当提高其薪资级别，但需经部门经理、总经理核准后方可执行。

1. 新员工学历和能力较同岗位一般工作人员更为优异时，可酌情增加其薪资级别，但增加级别数不得超过两级。

2. 工作经验丰富的新员工，可考虑增加其薪资级别，其具体规定如下。

（1）现任职务与过去职务相同者，过去经验每满三年，可增加一个薪资等级，但最高增加量不超过三级。

（2）现任职务与过去所任职务相似者，过去经验每满四年，可增加一个薪资等级，但最高增加量不超过两级。

（3）现任职务与过去所任职务不相关或相关程度较低者，不予增加薪资级别。

3. 试用期表现特别突出的新进员工，经主管领导审批通过后方可增加一个薪资等级。

4. 在不妨碍正常工作的前提下，新进员工利用业余时间继续深造而获得相关文凭或证书者（需持有证明文件），公司视其担任职务的需要，给予同等级别薪资调整。

第6条 核薪流程。

1. 人力资源部依据核薪标准核定薪资级别。

2. 人力资源部将核定薪资结果呈交主管领导审批。

3. 财务部按照人力资源部移交的核薪单计发薪资。

### 第3章 附则

第7条 本细则由人力资源部制定，其解释权和修订权归人力资源部所有。

| 编制人员 | | 审核人员 | | 批准人员 | |
|---|---|---|---|---|---|
| 编制日期 | | 审核日期 | | 批准日期 | |

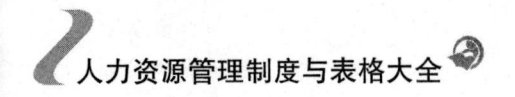

## 六、兼职人员工资管理办法

| 制度名称 | XX公司兼职人员工资管理办法 | 受控状态 | |
|---|---|---|---|
| | | 编号 | |
| 执行部门 | | 监督部门 | | 编修部门 | |

### 第1章 总则

**第1条 目的**

为规范对兼职人员工资的管理，使兼职人员的薪资核算及发放有据可依，合理调动兼职人员工作积极性，现依据本公司相关制度及要求，特制定本办法。

**第2条 适用范围**

本办法适用于公司所有兼职人员薪资的计算及发放管理。

**第3条 职责划分**

人力资源部负责兼职人员考勤统计及薪资核算。

### 第2章 兼职人员工资构成

**第4条 工资构成**

兼职人员工资由基本工资、交通津贴、规定时间外加班津贴三项构成。

**第5条 基本工资**

1. 公司与员工共同达成基本工资的协议后，应签订劳动合同加以明确。

2. 基本工资决定原则：考察员工所担任的职务、技术、经验、年龄等事项后，由人力资源部根据个人表现情况分别制定。

3. 基本工资给付原则：不低于当地政府公布的最低工资标准。

4. 员工缺勤：因私事请假或迟到、早退、私自外出而未能执行勤务所造成的缺勤，应从工资中直接扣除相等的缺勤基本工资额。

**第6条 规定工作时间外的加班津贴**

1．兼职人员的工作时数因业务上需要并由其主管要求加班而延长时，应依下列计算方式，以小时为计算单位发放工作时间之外的加班津贴。

基本工资（小时工资部分）×1.5＝加班津贴。

2．晚上10点到翌日清晨5点间执行勤务的兼职人员，应加给上项所得的1/4，作为深夜勤务津贴。

续表

第7条 交通津贴

员工从住宅到公司上班，单程距离超过五千米者，依据公司所制定的交通津贴给付细则并视员工出勤状况给付津贴。

### 第3章 工资计算及发放

第8条 尾数的处理

工资计算时，有未达到元的尾数产生时，一律计算到元，其尾数按四舍五入的方法计算。

第9条 工资扣除及工资给付方式

1. 下列规定的扣除额应从工资中直接扣除。

（1）个人工资所得税；

（2）社会保险费（个人应负担部分）；

（3）根据公司与工会的书面协议规定，应代为扣除的代收金额；

（4）其他法令规定事项。

2. 公司对上列各项扣除后，员工所得应以现金形式直接交与本人。

第10条 工资计算期间及工资支付日

以当月的29日为工资支付日，工资计算期间从前一个月的21日开始到当月的20日为止。

第11条 离职或解雇时的工资

兼职人员申请离职或被解雇时的工资，应在离职日的7日内，计算并给付该员工已工作时间应得的工资（申请离职日恰为工资支付日，则于当日计算并给付）。

第12条 奖金

兼职员工服务满一年且表现优异者，经部门主管呈报人力资源部核定为绩效优良员工，则可给予奖励。

第13条 奖金计算及给付

奖金计算的标准，以基本工资为计算单位，并于每年7月根据员工的特别表现发放兼职人员奖金。

### 第4章 附则

第14条 本办法自发布之日起正式实施。

第15条 本办法由人力资源部制定，其解释权和修订权归人力资源部所有。

续表

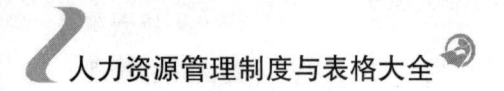

| 编制日期 | | 审核日期 | | 批准日期 | |
|---|---|---|---|---|---|
| 修改标记 | | 修改处数 | | 修改日期 | |

## 七、计件人员薪金计算办法

| 制度名称 | XX公司计件人员薪金计算办法 | 受控状态 | |
|---|---|---|---|
| | | 编号 | |
| 执行部门 | | 监督部门 | | 编修部门 | |

### 第1章 总则

**第1条 目的**

为更好地体现按劳分配原则，提高员工工作效率和质量，挖掘生产潜力，平衡工资结构，依据公司相关制定，特制定本办法。

**第2条 适用范围**

本公司全体计件员工均适用本办法。

**第3条 原则**

公司将采取"按劳计酬，多劳多得，注重数量和质量相结合"的原则。

**第4条 职责划分**

1. 生产车间

车间主任汇总统计各车间当日产品产量。

2. 质检部

质检部对产品和定额进行确认和分析。

3. 财务部

财务部负责工资的及时发放。

4. 人力资源部

人力资源部负责根据标准工时以及考勤记录计算出员工的计件工资、加班费、奖金、罚款、扣款等，并对计件工资进行核查与调整。

5. 其他部门

其他部门负责对生产异常的原因进行跟踪与核算。

续表

## 第 2 章　计件工资核算

**第 5 条　计件工资组成**

本公司计件工资分为两个部分：固定工资和浮动工资。其中固定工资占工资总额的_____%~_____%，浮动工资占工资总额的_____%~_____%，具体分配比例视员工完成计件产品的数量而定。

**第 6 条　固定工资**

固定工资核定是根据员工工作技能（50%）、学历状况（10%）、工作年限（20%）、工作环境（20%）等进行的综合评定，具体评定标准如下：

### 固定工资评定标准

| 核定内容 | 所占比例 | 评定级别 | 工资标准（元） |
| --- | --- | --- | --- |
| 工作技能 | 50% | 初级技工 | 500 |
|  |  | 中级技工 | 600 |
|  |  | 高级技工 | 700 |
| 工作环境 | 20% | 优良 | 100 |
|  |  | 一般 | 200 |
|  |  | 恶劣 | 300 |
| 工作年限 | 20% | 2 年以下 | 100 |
|  |  | 2~5 年 | 200 |
|  |  | 5 年以上 | 300 |
| 学历状况 | 10% | 中专以上 | 200 |
|  |  | 中专以下 | 100 |

**第 7 条　浮动工资**

1. 确定定额产量

公司利用统计分析法，以公司生产部门的平均产量为定额产量。

2. 计件单价

计件单价是根据各订单所要求产品类型的差异，以及员工轮班时间的不同而分别确定，其标准如下。

续表

| 班次<br>型号 | 早班 | 中班 | 晚班 |
|---|---|---|---|
| 计件单位标准 |||| 
| A 型 | _____元 / 件 | _____元 / 件 | _____元 / 件 |
| B 型 | _____元 / 件 | _____元 / 件 | _____元 / 件 |
| C 型 | _____元 / 件 | _____元 / 件 | _____元 / 件 |
| D 型 | _____元 / 件 | _____元 / 件 | _____元 / 件 |

3. 计算方式

（1）当实际产量≤定额产量时，浮动工资 = 计件单价 × 实际产量。

（2）当实际产量＞定额产量时，浮动工资 = 计件单价 × 定额产量 + 计件单价 ×（实际产量 − 定额产量）× 生产效率。

## 第 3 章　计件工资发放

第 8 条　生产记录

生产部负责统计员工生产记录表，于每月_____日前核定员工上月计件产品，经部门主管审批后交由人力资源部进行薪资核算。

第 9 条　工资的制定依据

人力资源部依据生产记录表编制工资报表，报财务部核准后，于每月____日发放工资。

第 10 条　变更

计件工资如有变更，则由部门以内部联络单提出申请，由生产部或财务进行核定后，报上级领导或指定代理人核准。

第 11 条　不合格率的控制

员工生产计件产品不合格率应控制在____%以内，不合格率每增加____%，固定工资扣发_____元。

第 12 条　在扣款中，如员工每天工资扣到不足____元者，保留至____元，以保证其基本生活费用。

第 13 条　在扣款中有重复项目时，以较重的点扣计，不重复扣款。

第 14 条　各统计人员应严格执行本办法，并对各单位的执行情况进行监督。

## 第 4 章　附则

第 15 条　本办法经副总经理核准，自公布之日起实施。

第 16 条　本办法自发布之日起正式实施。未经管理部门同意，任何单位及个人不得

续表

| 擅自更改。 | | | | | |
|---|---|---|---|---|---|
| 编制日期 | | 审核日期 | | 批准日期 | |
| 修改标记 | | 修改处数 | | 修改日期 | |

# 第三节　薪酬福利管理流程

## 一、工资发放流程及工作标准

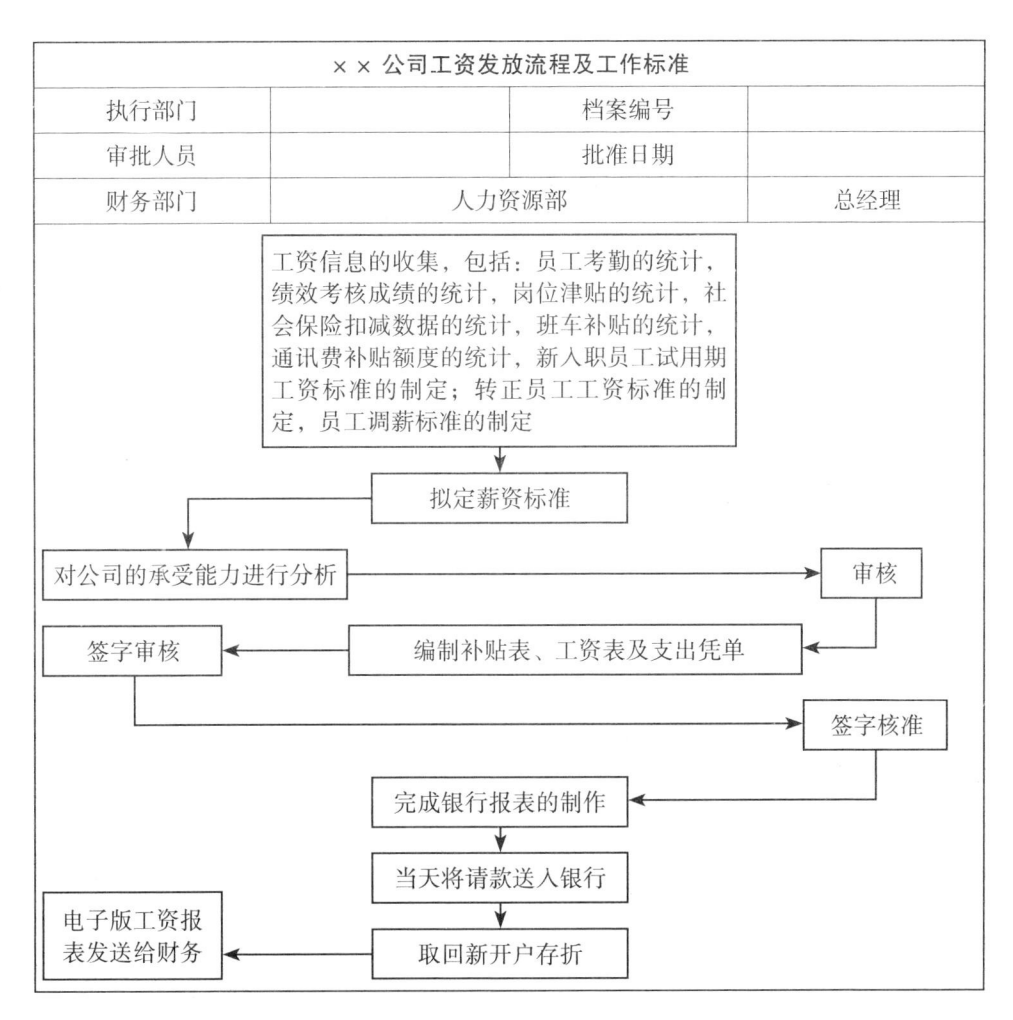

| ××公司工资发放流程及工作标准 |||||
|---|---|---|---|---|
| 执行部门 | | | 档案编号 | |
| 审批人员 | | | 批准日期 | |
| 财务部门 | 人力资源部 || 总经理 ||

```
           ┌─────────────────────────────────────┐
           │ 工资信息的收集，包括：员工考勤的统计， │
           │ 绩效考核成绩的统计，岗位津贴的统计，社 │
           │ 会保险扣减数据的统计，班车补贴的统计， │
           │ 通讯费补贴额度的统计，新入职员工试用期 │
           │ 工资标准的制定；转正员工工资标准的制   │
           │ 定，员工调薪标准的制定               │
           └─────────────────────────────────────┘
                            ↓
                      ┌──────────┐
                      │ 拟定薪资标准 │
                      └──────────┘
                            ↓
  ┌──────────────────────┐                ┌──────┐
  │ 对公司的承受能力进行分析 │ ─────────────→ │ 审核 │
  └──────────────────────┘                └──────┘
             ↓
       ┌──────────┐        ┌─────────────────────────┐
       │ 签字审核 │ ←───── │ 编制补贴表、工资表及支出凭单 │
       └──────────┘        └─────────────────────────┘
             │                          ↓
             │                     ┌──────────┐
             │                     │ 签字核准 │
             │                     └──────────┘
             │                          ↓
             │                   ┌──────────────┐
             │                   │ 完成银行报表的制作 │
             │                   └──────────────┘
             │                          ↓
             │                   ┌──────────────┐
             │                   │ 当天将请款送入银行 │
             │                   └──────────────┘
       ┌──────────────┐                ↓
       │ 电子版工资报   │          ┌──────────────┐
       │ 表发送给财务   │ ←─────── │ 取回新开户存折 │
       └──────────────┘          └──────────────┘
```

续表

| 工作流程 | 工作标准 |
|---|---|
| 工资信息收集 | 每月1日~3日（遇节假日顺延）<br>（1）统计上月员工的出勤及加班数据。<br>（2）统计并通告各部门的绩效考核成绩。<br>（3）统计社会保险的扣减数据。<br>（4）统计享受班车补贴的人员名单。<br>（5）统计通讯费的补贴额度。<br>（6）制定新入职员工的试用期工资标准。<br>（7）制定转正员工的工资标准。<br>（8）制定员工的薪资标准。 |
| 制作工作报表 | 人力资源部须在1~2个工作日内完成补贴表、工资表，并填写好支出凭单。 |

## 二、薪酬福利管理流程

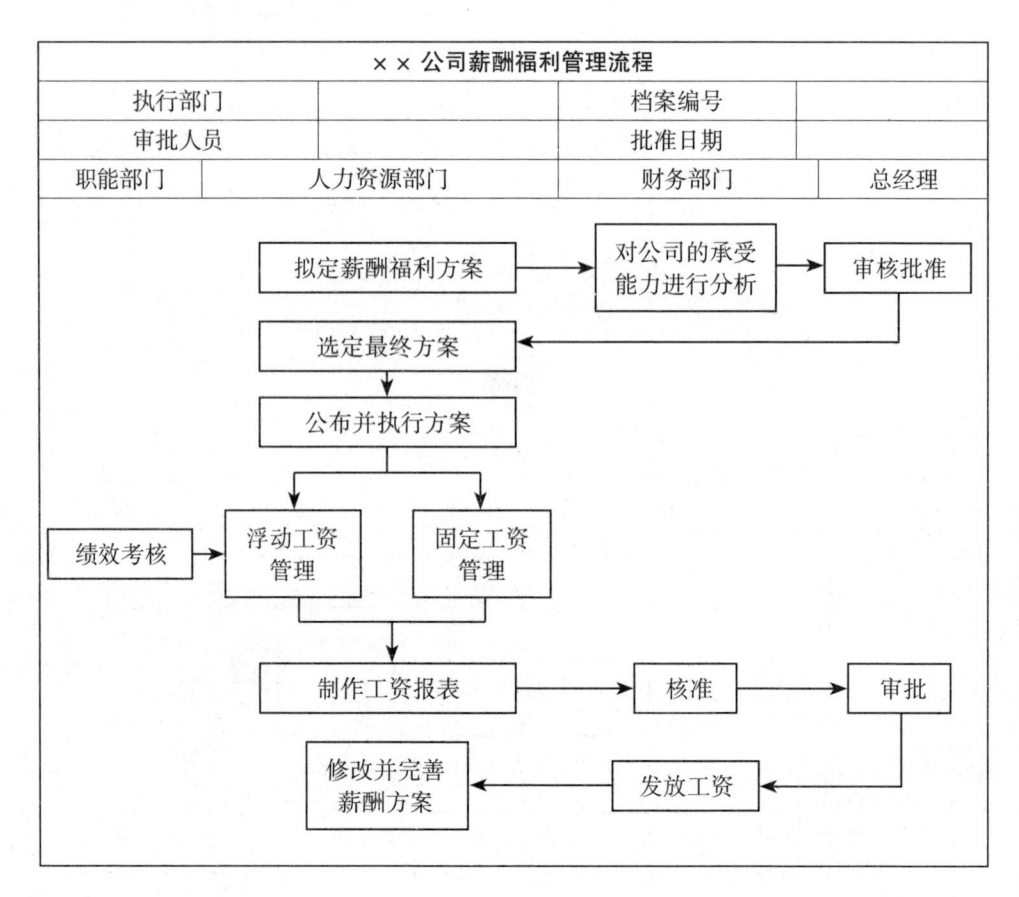

××公司薪酬福利管理流程

| 执行部门 | | 档案编号 | |
|---|---|---|---|
| 审批人员 | | 批准日期 | |
| 职能部门 | 人力资源部门 | 财务部门 | 总经理 |

流程图：
拟定薪酬福利方案 → 对公司的承受能力进行分析 → 审核批准 → 选定最终方案 → 公布并执行方案 → 浮动工资管理（绩效考核）/ 固定工资管理 → 制作工资报表 → 核准 → 审批 → 发放工资 → 修改并完善薪酬方案

## 三、绩效工资核发流程

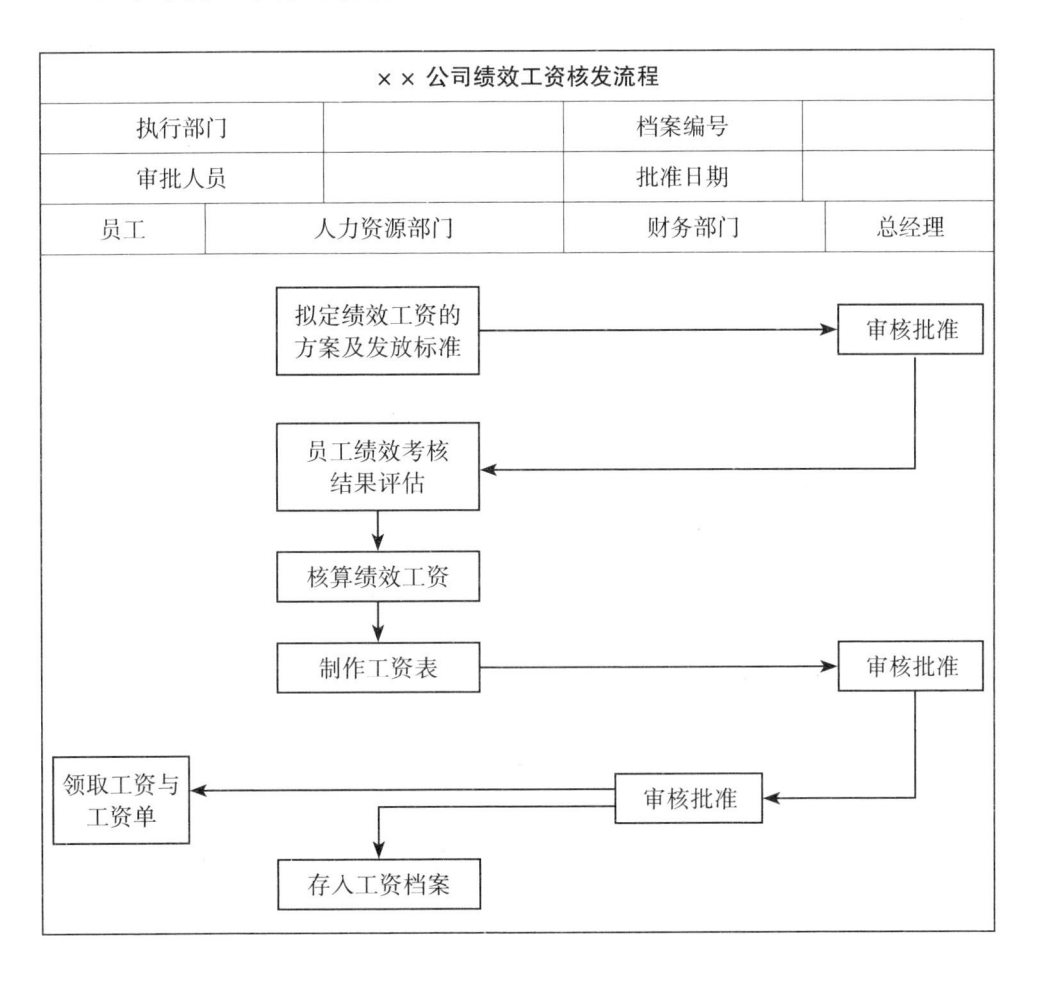

| ××公司绩效工资核发流程 |||||
|---|---|---|---|---|
| 执行部门 |  | 档案编号 |  ||
| 审批人员 |  | 批准日期 |  ||
| 员工 | 人力资源部门 || 财务部门 | 总经理 |

```
          拟定绩效工资的
          方案及发放标准 ────────────→ 审核批准
                ↓
          员工绩效考核  ←─────┐
          结果评估              │
                ↓               │
          核算绩效工资          │
                ↓               │
          制作工资表 ──────────→ 审核批准
                                
领取工资与 ←────────── 审核批准 ←─┘
工资单              │
                    ↓
              存入工资档案
```

## 四、年终奖金发放流程

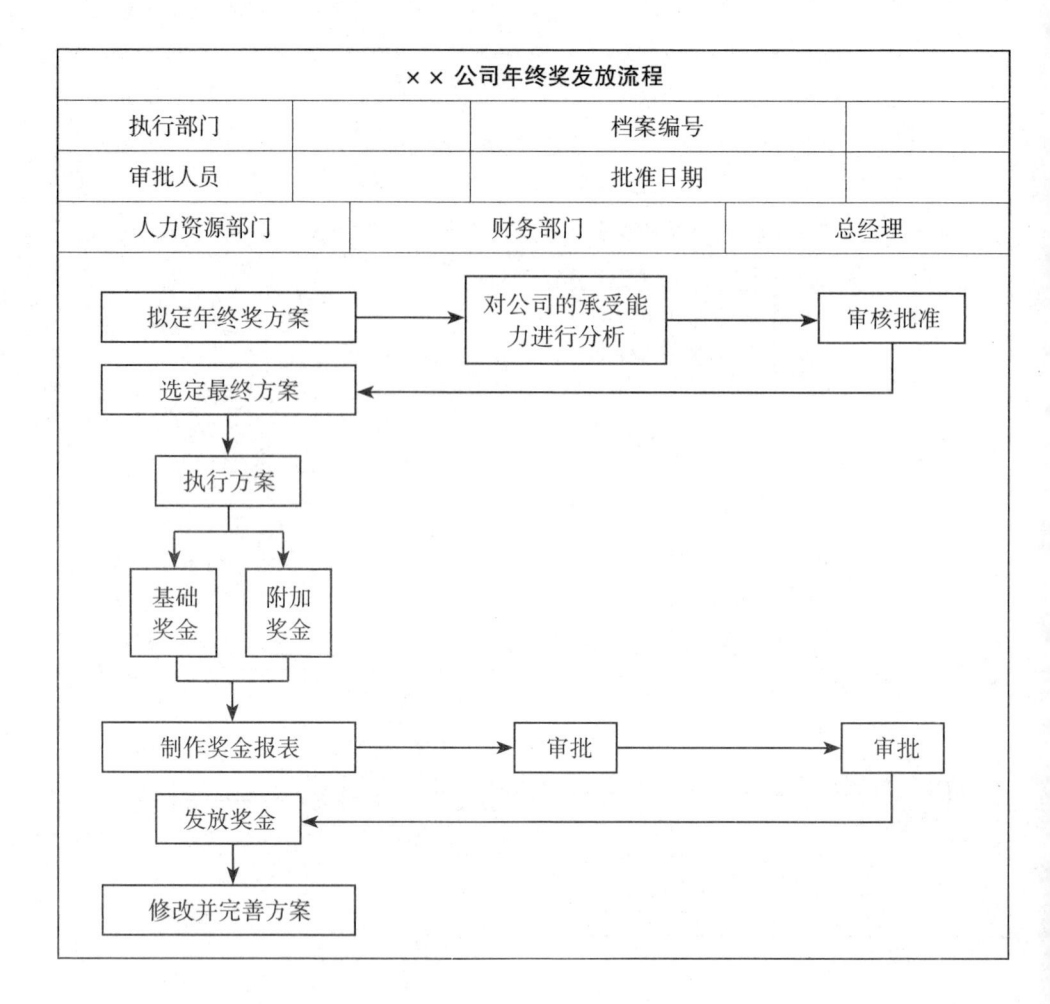

| ××公司年终奖发放流程 |||||
|---|---|---|---|---|
| 执行部门 | | 档案编号 | | |
| 审批人员 | | 批准日期 | | |
| 人力资源部门 || 财务部门 || 总经理 |

```
人力资源部门:
 拟定年终奖方案 → 对公司的承受能力进行分析 → 审核批准(总经理)
        ↓                                              │
 选定最终方案 ←──────────────────────────────────────┘
        ↓
   执行方案
   ↓      ↓
 基础奖金  附加奖金
        ↓
 制作奖金报表 → 审批(财务部门) → 审批(总经理)
        ↓                              │
 发放奖金 ←──────────────────────────┘
        ↓
 修改并完善方案
```

## 第四节　薪酬福利管理表格

### 一、新员工工资核准表

| 员工姓名 | 工资总额 | 基本工资 | 岗位工资 | 绩效奖金 | 交通补助 | 通讯补助 | 餐补 | 其他补贴 |
|---|---|---|---|---|---|---|---|---|
|  |  |  |  |  |  |  |  |  |

我已知晓上述本人的工资构成。

　　　　　　　　　　　　　　　　　　　员工签名：　　　　　　日期：

注：为避免不必要的纠纷，员工工资核准一定要员工本人签字确认；任何员工薪资发生异动，都要重新填写人事异动表等相关表格作为新员工工资核准表的补充。

### 二、普通员工工资计算表

| 序号 | 员工编号 | 员工姓名 | 基本工资 | 工龄工资 | 岗位工资 | 绩效工资 | 加班工资 | 其他补助 | 应发工资合计 | 养老保险个人缴费 | 医疗保险个人缴费 | 失业保险个人缴费 | 住房公积金个人缴费 | 个人所得税 | 实发工资 | 备注 |
|---|---|---|---|---|---|---|---|---|---|---|---|---|---|---|---|---|
| 1 |  |  |  |  |  |  |  |  |  |  |  |  |  |  |  |  |
| 2 |  |  |  |  |  |  |  |  |  |  |  |  |  |  |  |  |
| 3 |  |  |  |  |  |  |  |  |  |  |  |  |  |  |  |  |
| 4 |  |  |  |  |  |  |  |  |  |  |  |  |  |  |  |  |
| 5 |  |  |  |  |  |  |  |  |  |  |  |  |  |  |  |  |
| 6 |  |  |  |  |  |  |  |  |  |  |  |  |  |  |  |  |
| 7 |  |  |  |  |  |  |  |  |  |  |  |  |  |  |  |  |
| 8 |  |  |  |  |  |  |  |  |  |  |  |  |  |  |  |  |

续表

| | | | | | | | | | |
|---|---|---|---|---|---|---|---|---|---|
| 9 | | | | | | | | | |
| 10 | | | | | | | | | |
| 11 | | | | | | | | | |
| 12 | | | | | | | | | |
| 13 | | | | | | | | | |
| 14 | | | | | | | | | |
| 15 | | | | | | | | | |
| 16 | | | | | | | | | |
| 17 | | | | | | | | | |
| 18 | | | | | | | | | |
| 19 | | | | | | | | | |

总经理：　　　　　部门经理：　　　　　会计：　　　　　制表：

## 三、薪酬调整申请表

| 姓名 | | 部门 | | 岗位 | |
|---|---|---|---|---|---|
| 入职日期 | | | 申请日期 | | |
| 调薪申请理由 ||||||
| 阐述本人调薪申请原因，简述本岗位工作取得的成绩等。 ||||||
| 申请人签字 | |||||
| 部门经理 | |||||
| 人力资源部 | □同意　　□驳回 |||||
| 总经理 | |||||

注：员工可根据自身工作情况，结合企业薪酬管理制度，提出书面调薪申请。

## 四、薪酬调整确认单

| 部门 | | 员工姓名 | | 薪酬调整生效日期 | | |
|---|---|---|---|---|---|---|
| 原薪酬结构 ||||||||
| 基本工资 | 岗位工资 | 绩效工资 | 补助 | 津贴 | 其他 | 工资总额 |
| | | | | | | |
| 调整后薪酬结构 ||||||||
| 基本工资 | 岗位工资 | 绩效工资 | 补助 | 津贴 | 其他 | 工资总额 |
| | | | | | | |
| 本人签字确认 | 人力资源部经办人 || 人力资源部经理 || 总经理审核 ||
| | | | | | | |

## 五、工资异动月度汇总表

| 序号 | 姓名 | 入职 | 转正 | 离职 | 异动 | 生效日期 | 调整前 ||| 调整后 ||| 补发款项 | 奖金 | 扣款项目 |||| 备注 |
|---|---|---|---|---|---|---|---|---|---|---|---|---|---|---|---|---|---|---|---|
| | | | | | | | 工资标准 | 日工资 | 实出勤天数 | 工资标准 | 日工资 | 实出勤天数 | | | 病假 | 事假 | 缺勤 | 其他 | 小计 | |
| 1 | | | | | | | | | | | | | | | | | | | | |
| 2 | | | | | | | | | | | | | | | | | | | | |
| 3 | | | | | | | | | | | | | | | | | | | | |
| 4 | | | | | | | | | | | | | | | | | | | | |
| 5 | | | | | | | | | | | | | | | | | | | | |
| 6 | | | | | | | | | | | | | | | | | | | | |
| 7 | | | | | | | | | | | | | | | | | | | | |
| 8 | | | | | | | | | | | | | | | | | | | | |
| 9 | | | | | | | | | | | | | | | | | | | | |
| 10 | | | | | | | | | | | | | | | | | | | | |
| 小计 | | | | | | | | | | | | | | | | | | | | |

制表人： 　　　　　　　　　　人力资源部经理：

注：工资异动月度汇总表的扣款小计、补发款项、奖金小计应与工资明细表相一致；此表作用在于对工资明细表的检验，减少工作失误。

## 六、工资审批表

出勤月度：　　年　月　日——　　年　月　日

| 部门 | 人数 | 工资总额 | 加班费 | 补发款项 | 奖金 | 总收入 | 应扣项目 ||||| 应发工资 | 代扣代缴 ||||||| 实发工资 |
|---|---|---|---|---|---|---|---|---|---|---|---|---|---|---|---|---|---|---|---|---|
| | | | | | | | 病假扣款 | 事假扣款 | 缺勤扣款 | 其他扣款 | 小计 | | 养老 | 失业 | 住房 | 医疗 | 所得税 | 其他保险 | 小计 | |
| | | | | | | | | | | | | | | | | | | | | |
| | | | | | | | | | | | | | | | | | | | | |
| | | | | | | | | | | | | | | | | | | | | |
| | | | | | | | | | | | | | | | | | | | | |
| | | | | | | | | | | | | | | | | | | | | |
| | | | | | | | | | | | | | | | | | | | | |
| | | | | | | | | | | | | | | | | | | | | |
| | | | | | | | | | | | | | | | | | | | | |
| 合计 | | | | | | | | | | | | | | | | | | | | |

制表人：　　人力资源部经理：　　财务部经理：　　公司总经理：

## 七、工资明细表

| 部门 | 人数 | 工资总额 | 加班费 | 补发款项 | 奖金 | 总收入 | 应扣项目 ||||| 应发工资 | 代扣代缴 |||||| 实发工资 |
||||||||病假扣款|事假扣款|缺勤扣款|其他扣款|小计||养老|失业|住房|医疗|所得税|其他保险|小计||
|---|---|---|---|---|---|---|---|---|---|---|---|---|---|---|---|---|---|---|---|---|
| 人事部 | | | | | | | | | | | | | | | | | | | | |
| 人事部 | | | | | | | | | | | | | | | | | | | | |
| 部门小计：2 | | | | | | | | | | | | | | | | | | | | |
| 财务部 | | | | | | | | | | | | | | | | | | | | |
| 部门小计：1 | | | | | | | | | | | | | | | | | | | | |
| 技术部 | | | | | | | | | | | | | | | | | | | | |
| 技术部 | | | | | | | | | | | | | | | | | | | | |
| 技术部 | | | | | | | | | | | | | | | | | | | | |
| 部门小计：3 | | | | | | | | | | | | | | | | | | | | |
| 合计：6 | | | | | | | | | | | | | | | | | | | | |

注：工资表制作时应注意逻辑关系，如：应发工资＝总收入－扣款小计；实发工资＝应发工资－代扣代缴；合计＝各部门小计之和。

## 八、月工资分析表

| 月份 | ____年____月 |||
|---|---|---|---|
| 发放人数 | | 工作日 | |
| 工资总额 | ||||
| 加班费 | ||||
| 津贴 | ||||
| 补助 | ||||
| 保险 | ||||
| 公积金 | ||||
| 对比分析 |||||
| 与上月相比 | 增加 |||
| | 减少 |||
| 原因分析 | ||||
| 薪酬主管 | 人力资源部经理 | 财务部经理 | 总经理 |
| | | | |

## 九、预支工资申请单

| 员工姓名 | | 部门 | | 岗位 | |
|---|---|---|---|---|---|
| 预支工资月份 | 年　　月 | 预支金额 | | | 元 |
| 预支工资原因 | | | | | |
| 担保人姓名 | | 担保人职务 | | | |
| 人力资源部 | | 财务部 | | 总经理 | |
| | | | | | |

注：企业员工在特殊情况下可申请提前预支工资，但须有担保人担保并经过逐层审批。

## 十、工资条签收表

| 序号 | 部门 | 姓名 | 1月 | 2月 | 3月 | 4月 | 5月 | 6月 | 7月 | 8月 | 9月 | 10月 | 11月 | 12月 |
|---|---|---|---|---|---|---|---|---|---|---|---|---|---|---|
| 1 | | | | | | | | | | | | | | |
| 2 | | | | | | | | | | | | | | |
| 3 | | | | | | | | | | | | | | |
| 4 | | | | | | | | | | | | | | |
| … | | | | | | | | | | | | | | |
| | | | | | | | | | | | | | | |
| | | | | | | | | | | | | | | |
| | | | | | | | | | | | | | | |
| | | | | | | | | | | | | | | |

## 十一、现金工资发放申请

| 申请人姓名 | | 所在部门 | |
|---|---|---|---|
| 申请发放现金工资理由 | | | |
| 申请发放月份 | 年　　月 | | |
| 薪酬福利经办人 | 人力资源部经理 | | 财务部经理 |
| | | | |

## 十二、现金工资签收记录

| 序号 | 姓名 | 部门 | 工资月份 | 工资总额 | 本人签字 | 出纳 |
|---|---|---|---|---|---|---|
| 1 | | | | | | |
| 2 | | | | | | |
| 3 | | | | | | |
| 4 | | | | | | |
| 5 | | | | | | |
| 6 | | | | | | |
| 7 | | | | | | |
| 8 | | | | | | |

## 十三、生产人员工资提成计算表

| 填制部门 | | | 档案编号 | | |
|---|---|---|---|---|---|
| 部门名称： | | | 计算日期： | 年　月　日 | |
| 员工姓名 | 计划月生产额 | 实际月生产额 | 提成比率 | 提成总额 | |
| | | | | | |
| | | | | | |
| | | | | | |
| | | | | | |

总经理：　　　　　　部门经理：　　　　　　制表：

## 十四、销售人员工资提成计算表

| 填制部门 | | | 档案编号 | |
|---|---|---|---|---|
| 部门名称： | | 计算日期： | 年　月　日 | |
| 员工姓名 | 计划月销售额 | 完成销售额 | 提成比率 | 提成总额 |
| | | | | |
| | | | | |
| | | | | |
| | | | | |
| | | | | |

总经理：　　　　　　　　部门经理：　　　　　　　　制表：

## 十五、员工统一薪金等级表

| 等级 | 职位 | 起薪 | 级差 | 工资级别 ||||||||||  等差 | 年薪平均值 |
|---|---|---|---|---|---|---|---|---|---|---|---|---|---|---|---|
| | | | | 1 | 2 | 3 | 4 | 5 | 6 | 7 | 8 | 9 | 10 | | |
| 1 | 雇员/实习员 | | | | | | | | | | | | | | |
| 2 | 助理/秘书 | | | | | | | | | | | | | | |
| 3 | 主管 | | | | | | | | | | | | | | |
| 4 | 技师/工程师 | | | | | | | | | | | | | | |
| 5 | 部门主管 | | | | | | | | | | | | | | |
| 6 | 部门经理 | | | | | | | | | | | | | | |
| 7 | 总经理 | | | | | | | | | | | | | | |

## 十六、计件工资计算表

| 填制部门 | | | | | | 档案编号 | | | | |
|---|---|---|---|---|---|---|---|---|---|---|
| 产品名称<br>工程名称 | 人数 | 时间 | 件数 | 件薪 | 日产量 | 人数 | 时间 | 件数 | 件薪 | 日产量 |
| | | | | | | | | | | |
| | | | | | | | | | | |
| | | | | | | | | | | |
| | | | | | | | | | | |
| | | | | | | | | | | |
| | | | | | | | | | | |
| | | | | | | | | | | |

总经理：　　　　　　　部门经理：　　　　　　　制表：

## 十七、件薪核定通知单

| 填制部门 | | | | | | 档案编号 | | | |
|---|---|---|---|---|---|---|---|---|---|
| 通知部门 | □生管科□制一科□制二科□制三科 | | | | | 日期 | | 编号 | |
| 品名规格 | | | | 适用制造批号 | | | | | |
| 作业名称 | 件薪发给标准 | | | 新产品补贴 | 小订单补贴 | 作业名称 | 件薪发给标准 | | 新产品补贴 | 小订单补贴 |
| | 件 | 打 | 箱 | | | | 件 | 打 | 箱 | | |
| | | | | | | | | | | | |
| | | | | | | | | | | | |
| | | | | | | | | | | | |
| | | | | | | | | | | | |
| | | | | | | | | | | | |
| | | | | | | | | | | | |

总经理：　　　　　　　部门经理：　　　　　　　制表：

## 十八、员工奖金核定表

| 填制部门 | | | | 档案编号 | | | |
|---|---|---|---|---|---|---|---|
| 一般性奖金的核定 ||||||||
| 本月营业额 | | | 本月纯利润 | | | 利润率 | |
| 可获奖金 | | | 调整比率 | | | 应发奖金 | |
| 奖金核定 | | 员工姓名 | | 所属部门 | | 职位 | 备注 |
| 生产人员奖金核定 ||||||||

| 姓名 | 产品名称产量 | 奖励项目 ||| 奖金总计 |
|---|---|---|---|---|---|
| | | 生产效率 | 耗材率 | 良品率 | |
| | 产品A | | | | |
| | 产品B | | | | |
| | 产品C | | | | |
| | 产品D | | | | |
| | 产品E | | | | |
| | 产品F | | | | |

| 营销人员奖金核定 ||||||
|---|---|---|---|---|---|
| 姓名 | 奖励项目 ||||| 
| | 本月销售额 | 销售计划完成率 | 销售费用率 | 货款回收率 | 客户开发完成率 | 奖金总计 |
| | | | | | | |
| | | | | | | |
| | | | | | | |

总经理：      部门经理：      制表：

# 第七章

## 人员异动管理

# 第一节　人员异动管理岗位职责及任职条件

## 一、人员异动主管岗位职责及任职条件

**1. 人员异动主管岗位职责**

人员异动主管的直接上级是人力资源部经理,直接下级是人员异动专员。其岗位职责有以下几点。

职责(1)负责及时向下属说明工作的目标及重要性。

职责(2)及时与相关部门建立必要的工作联系,使工作协调一致。

职责(3)协助经理完成人力资源部的日常工作,合理安排部门工作。

职责(4)及时完成经总经理核准的有关员工评核、调拨事宜的办理。

职责(5)对公司内部人员进行合理调整,形成科学有层次的人员结构。

职责(6)准确及时地掌握企业各方面的情报,汇总、分析及处理各部门相关人员的信息。

**2. 人员异动主管任职条件**

人员异动主管应符合下列任职条件。

条件(1)人力资源管理专业本科及以上的学历,具有3年以上人力资源管理工作经验。

条件(2)知晓情报分析、判断知识。

条件(3)熟悉了解人力资源管理方面相关专业知识,了解法律、管理、心理、政治、公共关系及社会学等学科知识,掌握计算机基础知识。

条件(4)明确了解人力资源部的职责、计划、工作重点及要点。

条件(5)熟悉了解国家相关的法律法规、政策,了解财务管理、劳动管理。

条件(6)了解企业的社会意义、使命、企业传统及企业各部门的主要业务。

## 二、人员异动专员岗位职责及任职条件

### 1. 人员异动专员岗位职责

人员异动专员的直接上级是人员异动主管，没有下级。其岗位职责有以下几点。

职责（1）负责解答有关人力资源方面的质疑，或向该问题的主管提交该质疑。

职责（2）记录人员异动的数据并完成相关报告。

职责（3）及时接收、复印、保存、转呈人力资源方面的相关文件，妥善办理员工入职、离职、晋升、迁调及奖惩的相关手续。

职责（4）完成部门经理交办的其他人力资源日常事务工作。

### 2. 人员异动专员任职条件

人员异动专员应符合下列任职条件。

条件（1）有2年以上人力资源管理相关工作经验，尤其是员工招聘、培训及晋升的经验。

条件（2）能够独立拟定企业人力资源计划及预测报告，具有良好的分析判断能力。

条件（3）具有管理学专业专科及以上学历，熟悉了解人力资源管理的原理及基本知识。

条件（4）熟悉了解企业的人力资源规章制度，明确掌握各种劳动法律法规、薪资制度等。

# 第二节 人员异动管理制度

## 一、内部人员调动管理办法

| 制度名称 | XX公司内部人员调动管理办法 | 受控状态 | |
|---|---|---|---|
| | | 编号 | |
| 执行部门 | | 监督部门 | | 编修部门 | |

第1章 总则

第1条 为选拔优秀的人才，激发员工的工作积极性，达到"人尽其才，人尽其职"的目的，特制定本办法。

第2条 本办法适用于员工在公司内部的流动管理，更好地规范公司内部的人员调动。

第2章 调动

第3条 公司内部的调动分为以下四种情况：

1. 职级职务一同升迁。

2. 职级不变、职务上升。

3. 职级上升、职务不变。

4. 职级职务均不变。

第4条 员工因下列原因在公司内部调岗时，应办理内部调动手续：

1. 员工因不适应原岗位工作，被调整工作岗位时。

2. 因工作或生产需要，调整归属部门时。

3. 员工参加公司内部其他岗位竞聘且被录用时。

4. 员工升职或降职时。

第5条 内部招聘的调动：

1. 公司在制订人员招聘计划时，应首先在公司内部进行招聘，凡符合条件者均可报名应聘新的工作岗位。

2. 公司内部员工在与外部员工共同竞争新岗位时，同等条件下，优先录用本公司员工。

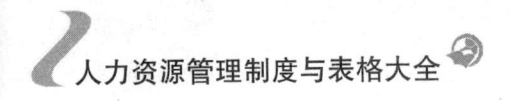

3. 内部员工经过规定程序被录用后，由人力资源部负责出具员工内部调整通知书，为其办理相关的任职手续。

第6条 工作岗位的调整：

1. 部门内部调动：部门员工因工作、生产需要，或因身体、技能等因素无法适应现工作岗位时，部门内部可对其自行调整。员工经考核合格后方可调动岗位，部门主管领导填写员工内部调整通知书，报请总经理审批通过后，交人力资源部存档。

2. 部门之间调动：部门员工因工作、生产需要，或因归属部门变化，需跨部门调整员工的工作岗位时，应由相关部门提出建议，拟调入部门填写员工内部人事异动审批表，经员工本人、调出部门主管领导、总经理审核批准后，人力资源部负责制定调整方案，并组织实施。员工考核合格后，拟调入部门填写员工内部调整通知书，由调出部门主管领导核准并报请总经理审批通过后，交人力资源部存档。

3. 员工因身体、技能等因素不能适应现岗位工作时，应由员工本人向所属部门提出岗位调整申请，首先由部门在内部进行调整，调整结果应注明调整原因并报人力资源部存档；如本部门不能解决的，可填写人员内部调动申请表，由所属部门经理在申请表上签署意见后报人力资源部，由人力资源部在部门间协调安排。

4. 员工跨部门调整工作岗位时，人力资源部需出具员工内部调整通知书，并交相关部门或责任人办理。

5. 员工因不适应或不胜任原岗位工作，经调整岗位后仍不能适应或胜任者，公司可按照《劳动合同法》的相关规定与其解除劳动合同，并由人力资源部为其办理相关手续。

第7条 员工升职或降职。

员工升职或降职时，由人力资源部根据公司人事任免决定或总经理签署的人事任免书，办理相关调动手续。

第8条 员工晋升的条件。

每季度人事考核成绩均为优秀，且符合以下条件的，可考虑其晋升：

1. 具有较高的岗位技能。

2. 具备较强的适应能力及潜力。

3. 在职工作表现突出。

4. 已完成职位所需要的相关培训课程。

第9条 公司内部的晋升时间分为定期和不定期两种：

1. 定期：固定在每年的 × 月 × 日，根据相关绩效考核办法及组织经营情况，统一

续表

实施。

2. 不定期：员工在平时绩效考核中表现特别优异或对公司有特殊贡献者，随时可得到晋升，但每年破格提升的名额应控制在10%左右。

第10条　员工晋升后的待遇：

1. 工龄工资持续递增，具体标准依据公司相关规定执行。

2. 基本工资以新岗位工资执行。

3. 其他：福利待遇等以新岗位标准执行。

第11条　员工晋升的操作规程。

部门如有呈报员工晋升的，需准备以下资料：

1. 员工内部调整通知书。

2. 部门主管的鉴定意见。

3. 晋升员工的绩效考核表。

4. 具有说服力的事例及其他相关材料。

第12条　到岗：

1. 员工接到员工任免通知书后，须于规定的期限内办妥移交手续，并填写好工作交接明细单交人力资源部存档，如期到指定部门报到。

2. 人力资源部应对公司内部人员调动工作的过程进行监督，调出及调入部门应配合完成交接工作。

第3章　附则

第13条　人力资源部根据员工内部调动通知书中的内容填写员工任免通知书，一式两份，一份交本人，一份存档。

第14条　人力资源部负责本管理办法的最终解释。

第15条　本管理办法自公布之日起实施。

| 编制人员 | | 审核人员 | | 批准人员 | |
|---|---|---|---|---|---|
| 编制日期 | | 审核日期 | | 批准日期 | |

## 二、外派人员管理制度

| 制度名称 | XX公司外派人员管理制度 | 受控状态 | |
|---|---|---|---|
| | | 编号 | |
| 执行部门 | | 监督部门 | | 编修部门 | |

第1条 为适应公司发展需要，充分调动外派人员工作积极性，规范外派人员的相关福利待遇，特制定本制度。

第2条 本办法适用于公司派往外地的所有人员。

第3条 外派人员需同时具备以下条件：

1. 在公司工作满一年。

2. 具有本科以上学历。

3. 是公司总部及各成员单位优秀的管理人员。

4. 是业务骨干、专业技术人员或其他各类管理人员。

5. 在公司范围内可由人力资源部统一调动者。

第4条 外派人员的主要任务

1. 负责新单位的开业筹建或经营。

2. 负责组建培养当地优秀的员工队伍。

3. 负责新项目的有效开发，以实现公司利润最大化。

第5条 外派人员素养

1. 贯彻理念：贯彻落实公司的经营理念，将公司利益放在首位，在当地创造性地开展工作。

2. 作风正派：体现出公司的奉献精神及优良品质。

3. 服从领导：服从上级领导，严格执行公司的各项规章制度。

4. 团结协作：体现公司的团队精神。

第6条 公司人力资源部外派职责

1. 负责指导、监督、检查外派人员相关福利待遇的落实情况。

2. 负责外派人员范围的确认工作。

3. 制定外派人员相关福利管理办法。

第7条 外派人员工作管理

1. 因外派人员隶属于外派前的所在部门，视情形可归于总经理办公室或其他部门，其

续表

人事异动由人力资源部负责安排办理。

2. 公司外派工作需经公司主管副总、总经理审批，交人力资源部存档后方可实施。

3. 外派期间，外派人员与总部员工一视同仁。为企业做出突出贡献者，予以晋升；工作失误造成不良影响者，一律按公司相关规定严格处理。

第8条　公司将保留外派人员的原职位及底薪，而员工的年终考绩、薪资调整、晋升、奖金、退休抚恤、福利等除遵循公司人事管理制度及其他相关规定办理外，还应参照以下内容：

1. 每年的11月，公司派出部门会同外地公司中级别最高的管理人员，经研究核准后对外派人员进行年终考绩，并对薪资进行调整。

2. 外派人员奖金、退休金或抚恤金等的核算，应按派出部门的标准由派出部门会同人力资源部、财务部为其办理。

第9条　考虑外派人员夫妻两地分居、无法照顾家庭而特别发给外派人员生活补贴，生活补贴随工作性质的不同而有所差异，具体内容如下：

1. 筹备建设期标准。在筹备建设期间，所在公司每半个月能够提供通勤条件的，生活补贴按20元/工作日计发；无法提供通勤条件的，按30元/工作日计发。

2. 生产经营期标准。在生产经营期间，所在公司每半个月能够提供通勤条件的，生活补贴按10元/工作日计发；不能提供通勤条件的，按20元/工作日计发。

第10条　外派人员住房补贴标准：总经理助理以上：＿＿＿＿＿元/月；其他人员：＿＿＿＿＿元/月。

北京、上海、广州等城市在此基础上增加＿＿＿＿＿元/月，县级地区下浮＿＿＿＿＿元/月。

第11条　外派人员无法利用公休日与配偶或父母团聚者，可按以下规定享受探亲假：

1. 每年享受20天的探亲假。原则上外省每3个月休假一次，每次休假5天；本省每两个月休假一次，每次休假2天。

2. 在探望配偶的同时，可一并探望父母者，不再单独享受探望父母的待遇。

3. 探亲假期指员工与配偶或父母团聚的时间，包括公休日、法定节假日，不含往返路程天数。

4. 具体休假的时间将根据工作需要由外派人员个人提出申请，经单位主管经理及总经理核准后交人力资源部存档。

5. 因工作原因不能探亲的外派人员，其配偶或父母（每次最多两人）前往探望的，探亲往返路费由外派人员所在公司报销，须相应扣减外派人员的探亲次数及天数。

续表

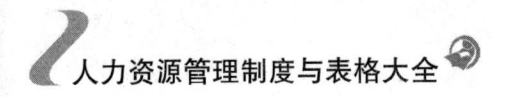

6.因工作原因无法探亲的外派人员,其配偶或父母也不能前往探亲的,或外派人员自愿放弃探亲的,每次可按外派人员探亲往返路费标准的80%给予补助,同时扣减外派人员的探亲次数及天数。

7.在休假期间不享受生活补贴的外派人员,其工资待遇按公司规定执行。

8.外派人员休探亲假须满足的条件:以书面形式提交申请;提供家属未休探亲假的证明材料;经所在单位主管领导批准,在人力资源部办理请假手续。

9.外派人员休探亲假期满后,应按时返回,无故逾期未归者,均以旷工论处。

10.公司不得将外派人员存休与探亲假一并使用。要充分利用公休日、法定假日,合理安排外派人员的探亲假,以保证外派人员的正常休假。

11.除探亲假外,外派人员的其他休假待遇均按公司规定执行。

第12条 附则

1.外派人员休假的往返交通费按公司《工作人员差旅费开支标准的暂行规定》执行。

2.各子公司不得以任何借口向外派人员发放除本办法之外的任何补贴。

3.外派人员的管理纳入子公司经营基础管理考核部分,违反本办法的,在基础管理检查时扣减相应分值并在公司范围内予以通报。

4.外派人员的探亲假,也可在回总部办公(开会)时申请。

5.人力资源部负责本办法的最终解释。

6.本办法自公布之日起实施,其他办法与本办法相抵触的,均按本办法执行。

| 编制人员 | | 审核人员 | | 批准人员 | |
|---|---|---|---|---|---|
| 编制日期 | | 审核日期 | | 批准日期 | |

## 三、员工离职辞退管理办法

| 制度名称 | XX 公司员工离职辞退管理办法 | 受控状态 | |
|---|---|---|---|
| | | 编号 | |
| 执行部门 | | 监督部门 | | 编修部门 | |

### 第 1 章 总则

第 1 条 目的

根据《中华人民共和国劳动合同法》的相关规定，结合公司实际情况，为规范公司员工离职及辞退的管理，确保日常工作和生产任务的连续性，维护公司及员工的合法权益不受侵害，特制定本管理办法。

第 2 条 适用范围

本办法适用于除兼职、临时聘用员工外，与公司建立劳动关系的所有员工。若有特例，须由总经理签字认可。

第 3 条 内容界定

本办法中"离职"包括合同离职、员工辞职、自动离职，企业辞退、解聘，企业开除等多种情形。"辞退"指公司单方与员工解除劳动合同的情形。

第 4 条 相关部门职责

1. 人力资源部负责员工的离职辞退管理工作。

2. 公司内各层级各部门及其管理者均无权解除或终止员工劳动合同，仅有向人力资源部申请解除或终止员工劳动合同的建议权，解除或终止员工劳动合同应严格遵守本办法中的相关规定。

3. 离职人员所在部门协助人力资源部完成各项交接手续。

4. 财务部负责离职员工款项的核算与支付。

### 第 2 章 离职界定

第 5 条 合同离职

员工终止履行受聘合同或协议而离职。

第 6 条 员工辞职

指员工因个人原因申请辞去工作，包括企业同意，且视为辞职员工违约；企业同意，但视员工为部分履行合同（视实际情况由双方商定）两种情形。

续表

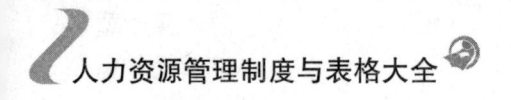

**第 7 条　自动离职**

指员工因个人原因离开公司，包括不辞而别；申请辞去工作，但未经企业同意就离职两种情形。

**第 8 条　企业辞退、解聘**

1. 员工因各种原因不能胜任其工作岗位，企业予以辞退。

2. 因不可抗力等原因，公司可与员工解除劳动关系。

3. 违反国家、企业相关法规、制度，情节较轻者，予以解聘。

**第 9 条　企业开除**

违反国家、企业相关法规、制度且情节严重者，公司予以开除。

**第 10 条　不得解除和终止劳动合同的情形**

员工有以下情形之一者，用人单位不得实施非过错性解除及经济性裁员。

1. 于本公司患职业病或因公负伤并被鉴定为丧失或丧失部分劳动能力者。

2. 从事接触职业病危害作业的员工未进行离岗前职业健康检查，或疑似职业病尚在诊断或医学观察期者。

3. 女员工在孕期、产期、哺乳期者。

4. 患病或非因公负伤，尚在规定医疗期内者。

5. 法律及行政法规规定的其他情形。

6. 在本公司连续工作满十五年，且距法定退休年龄不足五年者。

**第 11 条**　劳动合同期满，有第 9 条规定情形之一者，劳动合同应当延至相应的情形消失时终止。若涉及工伤员工，应按照国家有关工伤保险的规定执行。

## 第 3 章　办理离职手续

**第 12 条　离职申报**

1. 员工不论是以何种方式离职，都应填写"员工离职申报表"，报送直接上级及办公室。

2. 普通员工离职的书面申报，应提前_____日报送，管理员、技术人员应提前_____日报送，中高级岗位人员应提前_____日报送。

**第 13 条　交接手续**

1. 工作移交。指离职员工将本人经办的各项工作、保管的各类工作性资料等移交至指定的交接人员，并要求接收人在"离职移交清单"上签字确认。

续表

2. 物品移交。指员工就职期间所有领用物品的移交，并应由交接双方签字确认。

3. 以上各项交接均应由移交人、接收人、监交人签字确认，并经人力资源部审核、备案后方可认为交接完成。

第 14 条　结算

1. 结算条件：当交接事项全部完成，并经直接上级、行政部、总经理三级签字认可后，方可对离职员工进行相关结算。

2. 结算部门：离职员工的工资、违约金等款项的结算由财务、人力资源部共同进行。

3. 结算项目包括如下几方面：

（1）违约金：培训违约金、"保密、竞业协议"违约金。

（2）赔偿金：包括物品损失赔偿金等。

（3）工资。

第 15 条　解除和终止劳动合同时，公司需依据法律法规支付经济补偿金的，在员工完成工作交接时，公司支付其经济补偿金。但有以下解除或终止情形之一的，公司无须支付经济补偿金：

1. 员工在试用期间提前 3 天或在履行正式合同期间提前一个月解除劳动合同的。

2. 合同期满，公司在不降低现有劳动待遇的基础上征求续签时员工表示不续签的。

3. 员工因过错解除劳动合同的。

4. 员工依法享受养老保险待遇、死亡或被人民法院宣告死亡或失踪的。

5. 法律及行政法规规定的其他情形。

第 16 条　关系转移

1. 转移条件：

（1）交接工作全部完成（以签字为准）；

（2）违约金、赔偿金等结算完成。

2. 转移内容：

（1）档案关系；

（2）社保关系。

第 17 条　争议处理

因解除或终止劳动合同产生争议的，应先由公司劳动争议调解委员会调解，调解无效的，可依据《中华人民共和国劳动争议调解仲裁法》的规定申请劳动仲裁，并在不服仲裁裁决的前提下向有管辖权的基层人民法院提起民事诉讼。

续表

**第 4 章 附则**

第 18 条 本制度自批准之日起发布执行，其解释权、修改权归人力资源部。

| 编制人员 | | 审核人员 | | 批准人员 | |
|---|---|---|---|---|---|
| 编制日期 | | 审核日期 | | 批准日期 | |

## 第三节 人员异动管理流程

### 一、内部人员调动流程及工作标准

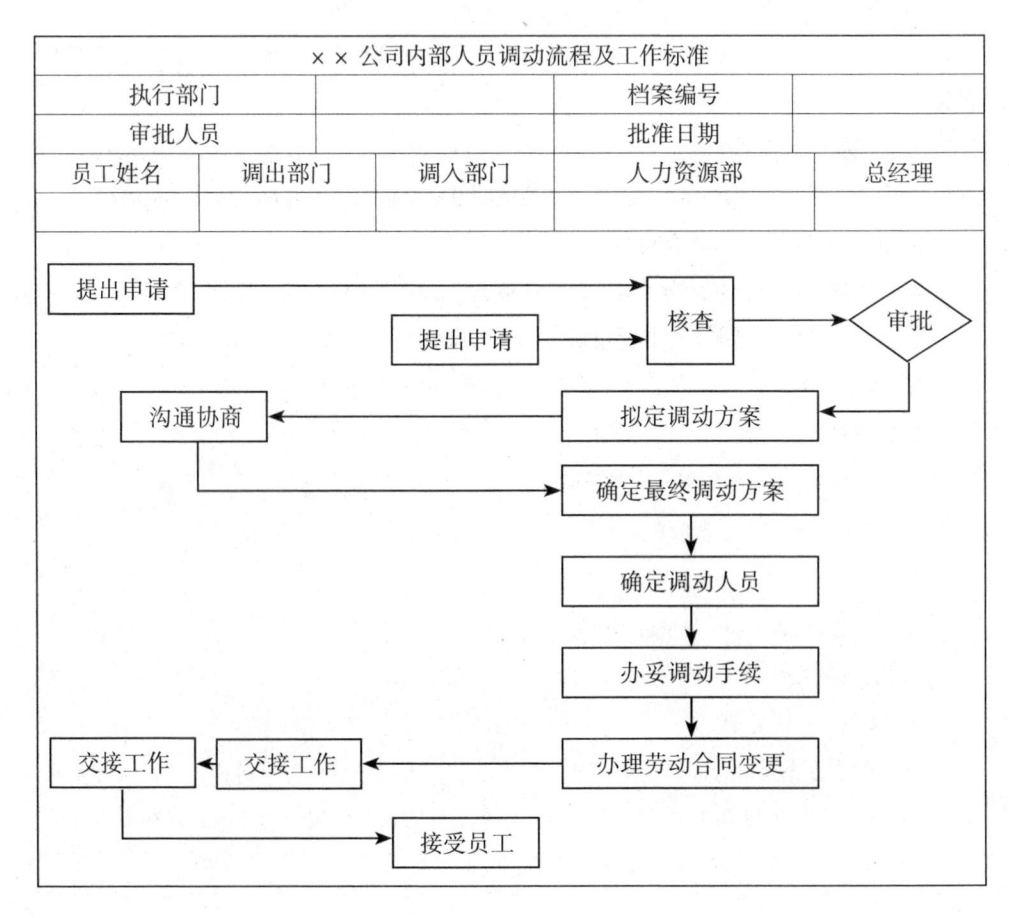

| ××公司内部人员调动流程及工作标准 ||||||
|---|---|---|---|---|---|
| 执行部门 | | | 档案编号 | | |
| 审批人员 | | | 批准日期 | | |
| 员工姓名 | 调出部门 | 调入部门 | 人力资源部 | | 总经理 |
| | | | | | |

```
提出申请 ──────────────┐
                      ↓
         提出申请 ──→ 核查 ──→ 审批
                                ↓
沟通协商 ←──────── 拟定调动方案 ←┘
    │
    └──────→ 确定最终调动方案
                    ↓
             确定调动人员
                    ↓
             办妥调动手续
                    ↓
交接工作 ← 交接工作 ← 办理劳动合同变更
    │        ↑
    │        │
    └──→ 接受员工
```

续表

| 工作流程 | 工作标准 |
|---|---|
| 提出岗位异动申请 | （1）由员工本人提出。员工本人以书面形式向部门负责人提出申请。<br>（2）由部门主管领导提出。部门主管负责人根据工作、生产等需要，提交员工岗位异动申请前，应先与员工进行面谈，了解员工意愿。 |
| 内部岗位异动审批 | （1）员工调出部门负责人填写（如员工个人申请则由员工填写）员工内部人事异动审批表。<br>（2）员工拟调入部门的部门经理或上级经理签署意见。<br>（3）员工调出部门的部门经理或上级经理签署意见。<br>（4）人力资源部经理签署意见。<br>（5）公司总经理签署意见。 |
| 实施岗位异动 | （1）岗位异动审批完成后，人力资源部负责发放员工任免通知书。<br>（2）员工接到通知后，办理工作交接。 |

## 二、外派人员管理流程

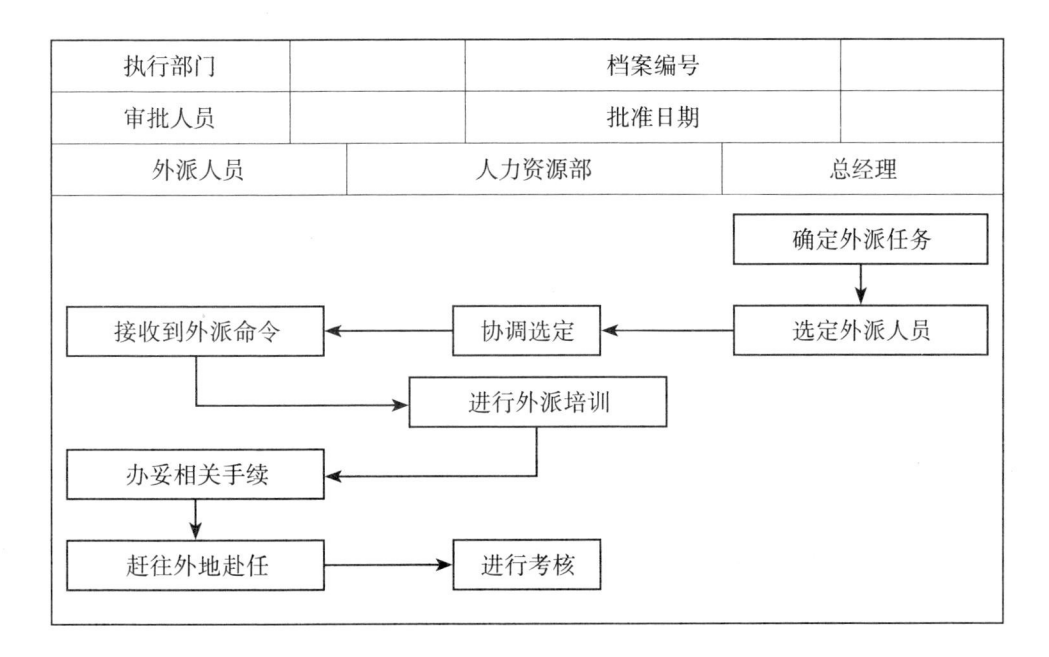

| 执行部门 | | 档案编号 | |
|---|---|---|---|
| 审批人员 | | 批准日期 | |
| 外派人员 | 人力资源部 | | 总经理 |

```
                                            ┌──────────────┐
                                            │ 确定外派任务 │
                                            └──────┬───────┘
┌──────────────┐      ┌──────────┐      ┌──────────┴───┐
│接收到外派命令│◄─────│ 协调选定 │◄─────│ 选定外派人员 │
└──────┬───────┘      └──────────┘      └──────────────┘
       │              ┌──────────────┐
       └─────────────►│ 进行外派培训 │
                      └──────┬───────┘
┌──────────────┐             │
│ 办妥相关手续 │◄────────────┘
└──────┬───────┘
       │
┌──────▼───────┐      ┌──────────┐
│ 赶往外地赴任 │─────►│ 进行考核 │
└──────────────┘      └──────────┘
```

## 三、员工离职管理流程

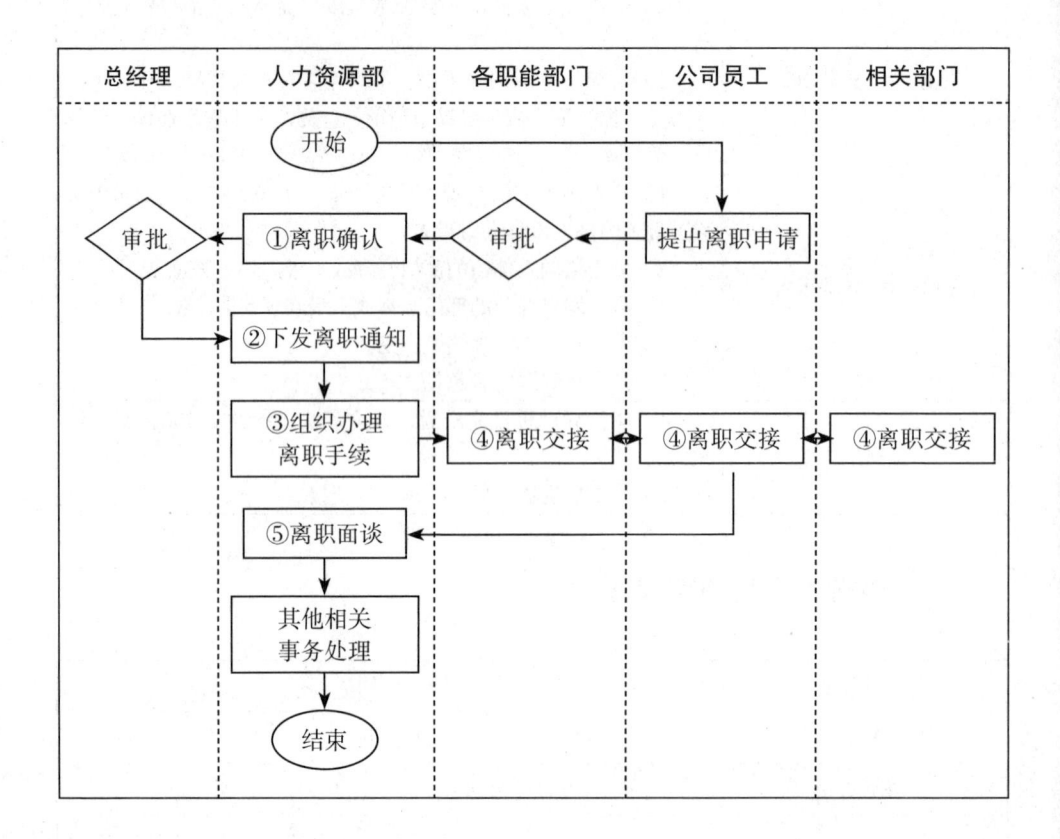

| 总经理 | 人力资源部 | 各职能部门 | 公司员工 | 相关部门 |
|---|---|---|---|---|
| 审批 | ①离职确认 ← 审批 ← | | 开始 → 提出离职申请 | |
| | ②下发离职通知 | | | |
| | ③组织办理离职手续 → | ④离职交接 ↔ | ④离职交接 ↔ | ④离职交接 |
| | ⑤离职面谈 | | | |
| | 其他相关事务处理 | | | |
| | 结束 | | | |

## 第四节　人员异动管理表格

### 一、人事异动表

| 姓名 | | 部门 | | 职位 | |
|---|---|---|---|---|---|
| 入职时间 | | | 上次变动时间 | | |
| 人事变动原因 | □晋升 | | | □降职 | |
| | □转正 | | | □工资调整 | |
| | □内部调动 | | | □其他 | |
| 原任职 | 部门 | | 拟调整 | 部门 | |
| | 职位 | | | 职位 | |
| | 月工资金额 | | | 月工资金额 | |
| 报送日期 | | | 生效日期 | | |
| 审批 | 原部门经理： | | 调入部门经理： | | |
| | 人力资源部经理： | | 总经理： | | |

注：人事异动表是劳动合同变更的依据，适用于员工任何情况下的人事关系异动。

### 二、人事异动月报

| 异动类型 | 1月 | 2月 | 3月 | 4月 | 5月 | 6月 | 7月 | 8月 | 9月 | 10月 | 11月 | 12月 | 小计 |
|---|---|---|---|---|---|---|---|---|---|---|---|---|---|
| 录取人数 | | | | | | | | | | | | | |
| 转正人数 | | | | | | | | | | | | | |
| 离职人数 | | | | | | | | | | | | | |
| 职位晋升 | | | | | | | | | | | | | |
| 职位降级 | | | | | | | | | | | | | |
| 职称晋升 | | | | | | | | | | | | | |
| 学历晋升 | | | | | | | | | | | | | |
| 岗位调整 | | | | | | | | | | | | | |

续表

| 解除合同 | | | | | | | | | |
|---|---|---|---|---|---|---|---|---|---|
| 奖惩人次 | | | | | | | | | |
| …… | | | | | | | | | |

## 三、年度人事异动汇总表

| 类型 | 人员类别 ||| 职称 ||| 其他 |
|---|---|---|---|---|---|---|---|
| | 高级管理人员 | 中层管理人员 | 基础员工 | 高级职称 | 中级职称 | 初级职称 | |
| 录取人数 | | | | | | | |
| 转正人数 | | | | | | | |
| 离职人数 | | | | | | | |
| 职位晋升 | | | | | | | |
| 职位降级 | | | | | | | |
| 职称晋升 | | | | | | | |
| 学历晋升 | | | | | | | |
| 岗位调整 | | | | | | | |
| 解除合同 | | | | | | | |
| 奖惩人次 | | | | | | | |
| …… | | | | | | | |

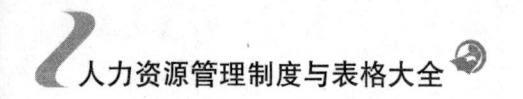

注：此表对企业下一年度人力资源规划分析提供数据支持。

## 四、员工调岗申请表

| 姓名 | | 部门 | | 职位 | |
|---|---|---|---|---|---|
| 入职时间 | | | 从事本岗位时间 | | |
| 期望部门 | | | 期望岗位 | | |
| 申请理由 |||||| 
| 原部门经理 ||||||
| 调整后部门经理 ||||||

续表

| 人力资源部 | |
|---|---|
| 主管副总经理 | |
| 总经理审批 | |

注：员工因不符合岗位要求或其他原因需要进行调岗，需由员工本人提出书面申请，由人力资源部保存员工调岗的资料。

## 五、员工岗位调动通知单

| 姓名 | | 岗位 | | 入职时间 | |
|---|---|---|---|---|---|
| 原部门 | | 原职位 | | 调出时间 | |
| 调入部门 | | 现职位 | | 调入日期 | |
| 经办人 | 原部门经理 | 调入部门经理 | 人力资源部 | 总经理审批 ||
| | | | | | |

| 姓名 | | 岗位 | | 入职时间 | |
|---|---|---|---|---|---|
| 原部门 | | 原职位 | | 调出时间 | |
| 调入部门 | | 现职位 | | 调入日期 | |
| 经办人 | 原部门经理 | 调入部门经理 | 人力资源部 | 总经理审批 ||
| | | | | | |

| 姓名 | | 岗位 | | 入职时间 | |
|---|---|---|---|---|---|
| 原部门 | | 原职位 | | 调出时间 | |
| 调入部门 | | 现职位 | | 调入日期 | |
| 经办人 | 原部门经理 | 调入部门经理 | 人力资源部 | 总经理审批 ||
| | | | | | |

注：此表一式三联，在联间位置加盖人力资源部骑缝章，分别由调出部门、调入部门、人力资源部留存。

## 六、员工任免通知书

| 填制部门 | | | 档案编号 | | | |
|---|---|---|---|---|---|---|
| 员工姓名 | 原职位信息 ||| 新职位信息 |||
| | 所属部门 | 职位名称 | 月支本薪额 | 所属部门 | 职位名称 | 月支本薪额 |
| | | | | | | |
| 自　　　　年　　　月　　　　日起生效 |||||||
| 备注： | | | 审核：<br>总经理：<br>日期：　　　年　　月　　日 ||||

## 七、内部调岗工作交接表

| 交接方： | | 接收方： | |
|---|---|---|---|
| 员工姓名： | | 员工姓名： | |
| 部门/职位： | | 部门/职位： | |
| | | | |
| 工作部门 | 1. 工作内容（概述） | 接收人签字： ||
| | 2. 相关文件 | |||
| | 3. 退还公物 | 部门经理确认： ||
| | 4. 其他 | |||
| 电子资料 | 1. | 人力资源经理确认： ||
| | 2. | |||
| | 3. | |||
| 纸质档案 | 1. | 财务经理确认： ||
| | 2. | |||
| | 3. | |||
| 其他交接 | 1. | 相关方监交人： ||
| | 2. | |||

注：工作交接表需有交接双方签字、监交人审核，否则视为无效。

## 八、外派人员选拔表

| 填制部门 | | | 档案编号 | | |
|---|---|---|---|---|---|
| 选拔面试日期： | | | | | |
| 拟派人员姓名 | | 性别 | | 年龄 | | 入职日期 | |
| 毕业院校名称 | | | 专业/系 | | 学历 | |
| 现居地址 | | | | | | |
| 拟任职位名称 | | 拟任职地点 | | | | |

| 评价项目 | 评定等级 ||||| 
|---|---|---|---|---|---|
| | 极优 | 优秀 | 良好 | 普通 | 较差 |
| 领导能力 | | | | | |
| 仪容仪表 | | | | | |
| 分析判断能力 | | | | | |
| 情绪控制能力 | | | | | |
| 独立能力 | | | | | |
| 专业知识技能 | | | | | |
| 工作经验与拟任职位的关联程度 | | | | | |
| 突发事件应对能力 | | | | | |

| 拟派人员及家庭状况（由拟派人员本人填写） ||
|---|---|
| 去外地任职的意见 | |
| 家庭成员的赞成度 | |
| 生理、心理等情况 | |
| 配偶的意见 | |
| 拟派人对在外地生活及工作所涉及的问题、机会和风险的认识 | |
| 配偶在公司所在地是否有工作，是否有转变职业的能力 | |
| 拟派人是否有较强的适应能力及在外地独立工作的能力 | |
| 拟派人的家庭健康情况 | |
| 拟派人的子女情况 | |

| 综合评价 | 人力资源部 | 评价 | |
|---|---|---|---|
| | | 决策 | □予以派用　□不予考虑 |
| | 总经理 | 评价 | |
| | | 最终决策 | □予以派用　□不予考虑 |

## 九、外派人员登记表

<table>
<tr><td colspan="2">填制部门</td><td colspan="3"></td><td colspan="2">档案编号</td><td colspan="2"></td></tr>
<tr><td rowspan="7">个人情况</td><td>员工姓名</td><td></td><td>性别</td><td></td><td>年龄</td><td></td><td>民族</td><td rowspan="2">照片</td></tr>
<tr><td>学历</td><td></td><td>职位</td><td></td><td>政治面貌</td><td></td><td>婚姻情况</td></tr>
<tr><td>电子邮箱</td><td colspan="3"></td><td>身份证号码</td><td colspan="3"></td></tr>
<tr><td>联系电话/手机</td><td colspan="3"></td><td>通信地址</td><td></td><td>邮政编码</td><td></td></tr>
<tr><td>家庭详细住址</td><td colspan="7"></td></tr>
<tr><td>紧急联系人姓名</td><td colspan="2"></td><td>电话/手机</td><td colspan="2"></td><td>地址</td><td></td></tr>
<tr><td rowspan="4">配偶情况</td><td>姓名</td><td></td><td>性别</td><td></td><td>年龄</td><td colspan="2"></td><td rowspan="2">照片</td></tr>
<tr><td>学历</td><td></td><td>职位</td><td></td><td>政治面貌</td><td colspan="2"></td></tr>
<tr><td>工作单位名称</td><td colspan="7"></td></tr>
<tr><td>联系电话/手机</td><td colspan="4"></td><td>身份证号码</td><td colspan="2"></td></tr>
<tr><td rowspan="4">学习培训</td><td>起止时间</td><td>专业或内容</td><td colspan="2">学校或主办单位</td><td colspan="2">证书获得情况</td><td>证明人</td><td>联系方式</td></tr>
<tr><td></td><td></td><td colspan="2"></td><td colspan="2"></td><td></td><td></td></tr>
<tr><td></td><td></td><td colspan="2"></td><td colspan="2"></td><td></td><td></td></tr>
<tr><td></td><td></td><td colspan="2"></td><td colspan="2"></td><td></td><td></td></tr>
<tr><td colspan="2">外语语种</td><td colspan="2">外语水平</td><td colspan="2">计算机水平</td><td colspan="3">有无驾照</td></tr>
<tr><td rowspan="4">工作经验</td><td>起止时间</td><td>单位名称</td><td>所属部门</td><td>职位</td><td>工作成绩</td><td>证明人</td><td colspan="2">联系方式</td></tr>
<tr><td></td><td></td><td></td><td></td><td></td><td></td><td colspan="2"></td></tr>
<tr><td></td><td></td><td></td><td></td><td></td><td></td><td colspan="2"></td></tr>
<tr><td></td><td></td><td></td><td></td><td></td><td></td><td colspan="2"></td></tr>
<tr><td rowspan="4">外派经验</td><td>起止时间</td><td>外派地点</td><td>所属部门</td><td colspan="2">外派工作任务</td><td colspan="2">外派工作成绩</td><td>职位</td></tr>
<tr><td></td><td></td><td></td><td colspan="2"></td><td colspan="2"></td><td></td></tr>
<tr><td></td><td></td><td></td><td colspan="2"></td><td colspan="2"></td><td></td></tr>
<tr><td></td><td></td><td></td><td colspan="2"></td><td colspan="2"></td><td></td></tr>
<tr><td colspan="2">备注</td><td colspan="7"></td></tr>
</table>

## 十、员工辞职申请表

| 姓名 | | 所在部门 | | 职位 | |
|---|---|---|---|---|---|
| 入职日期 | | 合同到期时间 | | 申请日期 | |
| 员工填写（辞职申请、辞职原因等） ||||||
| 员工本人签字：　　　　　　　日期： ||||||
| 部门经理填写 ||||||
| 1. 接到申请日期：_____年_____月_____日<br>2. 最后工作日期：_____年_____月_____日 ||||||
| 部门经理：　　　　　　日期： ||||||
| 人力资源部经理审批 || 主管副总审批 || 总经理审批 ||
| || || ||

## 十一、员工辞职面谈表

| 辞职员工 | | 部门 | | 岗位 | |
|---|---|---|---|---|---|
| 谈话人 | | 部门 | | 岗位 | |
| 辞职原因 ||||||
| 对公司看法和意见 ||||||
| 对本职工作的看法和建议 ||||||
| 对所在部门的看法和建议 ||||||
| 如有机会是否愿意回公司 ||||||
| 其他谈话内容 ||||||
| 谈话人签字 ||||||
| 相关领导批示 ||||||

## 十二、员工离职交接表

| 离职员工 |  | 部门 |  | 岗位 |  |
|---|---|---|---|---|---|
| 入职日期 |  | 离职申请日期 |  | 离职日期 |  |
| 离职类别 | □辞职 | □辞退 | □退休 | □病退 | □停薪留职 |
| 交接类别 | 明细 | 离职员工 | 接收人 | 相关部门负责人 | 其他说明 |
| 工作交接 | 1. |  |  |  |  |
|  | 2. |  |  |  |  |
|  | 3. |  |  |  |  |
|  | …… |  |  |  |  |
| 财务交接 | 1. 未报销款项 |  |  |  |  |
|  | 2. 清还物品、借用款 |  |  |  |  |
|  | …… |  |  |  |  |
| 物品交接 | 1. 工服 |  |  |  |  |
|  | 2. 餐卡 |  |  |  |  |
|  | 3. 钥匙 |  |  |  |  |
|  | …… |  |  |  |  |
| 人事手续 | 1. 离职面谈 |  |  |  |  |
|  | 2. 解除劳动合同 |  |  |  |  |
|  | 3. 离职证明 |  |  |  |  |
|  | 4. 五险一金关系 |  |  |  |  |
|  | 5. 档案关系 |  |  |  |  |
|  | …… |  |  |  |  |
| 离职员工 | 部门经理 | 人力资源部经理 | 财务部经理 | 总经理审批 ||
|  |  |  |  |  ||

注：为保证离职工作的连续性，此表所涉及的交接工作，需在监交人的监督下方可进行。

## 十三、员工辞退告知单

| 填制部门 | | | 档案编号 | | |
|---|---|---|---|---|---|
| 填写日期 | | | | | |
| 员工姓名 | | 职位 | | 所属部门 | |
| 到职日期 | 年 月 日 | 离职日期 | 年 月 日 | 薪酬标准 | |
| 辞退原因 | | | | | |
| 部门经理审核意见 | 签字： | | | | |
| 人力资源部审核意见 | 签字： | | | | |
| 总经理审批 | 签字： | | | | |

## 十四、员工离职结算表

| 离职员工 | | 部门 | |
|---|---|---|---|
| 入职日期 | | 离职日期 | |
| 止薪日期 | | | |
| 出勤天数 | | | |
| 病假扣款 | | | |
| 事假扣款 | | | |
| 失业保险扣款 | | | |
| 养老保险扣款 | | | |
| 医疗保险扣款 | | | |
| 住房公积金扣款 | | | |
| 其他扣款 | | | |
| 补助/奖金 | | | |
| 加班费 | | | |
| 经济补偿金 | | | |
| 其他 | | | |
| 实发离职工资 | | | |
| 离职员工签字 | 经办人签字 | 人力资源部经理 | 总经理审批 |
| | | | |

注：员工办理完所有离职手续后方可申领离职工资，企业可在《员工手册》中对此作明确规定。

## 十五、员工离职调查问卷

| 离职员工 | | 部门 | |
|---|---|---|---|
| 入职日期 | | 离职日期 | |
| 调查问题 | 选项 |||
| 离职原因 | 家中有事 |||
| | 换工作 |||
| | 深造 |||
| | 其他： |||
| 换工作的主要原因 | |||
| 萌生离职想法多长时间 | □少于3个月 |||
| | □3至6个月 |||
| | □1年以上 |||
| 怎样才能改变离职的决定 | □调职 |||
| | □加薪 |||
| | □其他： |||
| 对公司的看法及建议 | |||

# 第八章

劳动关系管理

# 第八章 劳动关系管理

## 第一节 劳动关系管理人员岗位职责及任职条件

### 一、劳动关系主管岗位职责及任职条件

#### 1.劳动关系主管岗位职责

劳动关系主管的直接上级是人力资源经理，直接下级是劳动关系专员。其岗位职责有以下几点。

职责（1）负责处理及解决劳动关系专员无法处理的劳动纠纷。

职责（2）帮助公司建立和谐的劳资关系，负责管理劳动合同及劳动关系。

职责（3）负责根据企业的实际情况对劳动关系风险进行分析，并制定控制风险的策略。

职责（4）协助部门经理完善并执行劳动关系的相关制度。

职责（5）负责有关员工关系突发事件的处理工作。

职责（6）负责协助本部门其他同事完成人力资源方面工作。

职责（7）负责协助上级建设企业文化。

职责（8）负责为公司各部门的人力资源事务工作提供指导。

职责（9）完成上级领导指派的临时任务。

#### 2.劳动关系主管任职条件

劳动关系主管要符合以下任职条件。

条件（1）具有法律或管理类专业本科学历，五年以上人力资源管理的相关工作经验。

条件（2）对国家有关劳动人事的政策、法律法规及劳动合同的执行要素熟悉了解。

条件（3）具备优秀的公关能力及突发事件的解决能力。

条件（4）对现代企业人力资源管理有良好的认识。

条件（5）掌握管理学和心理学方面的知识，工作计划性强，有亲和力。

条件（6）熟悉各类社会保险的管理规定。

条件（7）具有良好的口头及书面表达能力。

## 二、劳动关系专员岗位职责及任职条件

### 1. 劳动关系专员岗位职责

劳动关系专员的直接上级是劳动关系主管，没有下级。其岗位职责有以下几点。

职责（1）负责接转公司档案及办理社会保险手续。

职责（2）负责员工关系与劳动仲裁的处理及劳动纠纷的解决。

职责（3）完成上级指派的其他工作。

职责（4）负责对员工信息的反馈进行跟踪，与员工建立良好的沟通，了解员工动向。

职责（5）协助主管完成劳动关系制度的草拟及现行的劳动法律法规的收集和研究工作。

职责（6）负责建设企业文化，丰富员工业余生活，提高员工生产积极性。

职责（7）负责办理员工入职、转正及异动等手续。

### 2. 劳动关系专员任职条件

劳动关系专员要符合以下任职条件。

条件（1）具有良好的口头及书面表达能力。

条件（2）具有三年以上人力资源管理相关工作经验。

条件（3）熟悉国家有关劳动关系方面的法律法规。

条件（4）有责任心，善于思考。

条件（5）工作计划性及条理性强。

条件（6）具有法律或管理类专业专科学历。

## 第二节 劳动关系管理制度

### 一、劳动合同管理制度

| 制度名称 | XX公司劳动合同管理制度 | 受控状态 | |
|---|---|---|---|
| | | 编号 | |
| 执行部门 | | 监督部门 | | 编修部门 | |

#### 第1章 总则

第1条 为了明确公司与员工的权利与义务,维护双方利益,根据《中华人民共和国劳动法》与《中华人民共和国劳动合同法》及其他相关规定,并结合公司的实际情况,特制定本制度。

第2条 公司和全体员工在平等自愿、协商一致、不违反国家的有关法律和行政法规的原则下建立劳动关系。公司与劳动者确立劳动关系必须签订书面的劳动合同,签订方式为,由公司的法定代表人或者其书面委托的代理人,代表公司与员工签订劳动合同。劳动合同依法订立具有法律效力,公司和员工双方必须认真履行劳动合同规定的权利和义务。

第3条 本制度的制定目的是为了规范公司劳动合同的签订、履行、续订、变更、解除及终止等工作,保障员工与公司双方的合法权益不受侵犯,维护稳定和谐的劳动关系。

第4条 本制度适用于与公司签订劳动合同的全体正式员工。

#### 第2章 职责分配

第5条 总经理负责公司部门经理及以上重要岗位、核心岗位人员劳动合同的签订和续订审批工作。

第6条 劳动合同的归口管理部门是人力资源部,其负责劳动合同的管理、签订、续订、变更、解除及终止等一系列管理工作,主要内容包括以下几点:

1. 依据本制度办理劳动合同的订立、续订、变更、解除、终止等手续。
2. 负责劳动争议处理及其他劳动合同相关事宜的处理。
3. 负责竞业限制、保密协议的撰写与修改。
4. 负责劳动合同台账建立、更新管理。

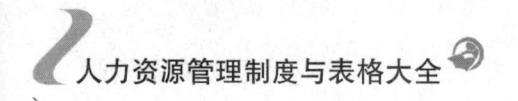

5. 加强劳动合同管理的基础工作，实行动态管理，促进劳动合同管理的规范化、标准化。

第 7 条　公司其他业务部门需配合人力资源部对员工合同的签订、续订工作及时给予态度表决，同时对劳动合同执行过程中出现的问题及时给予反馈或申诉。

## 第 3 章　劳动合同的订立

第 8 条　劳动合同由《劳动合同书》及其附件组成。劳动合同附件与《劳动合同书》具有同等法律效力，劳动合同附件包括员工在公司服务期间所签订的各类专项协议及公司的相关规章制度。

第 9 条　各类专项协议书包括以下几种：

1. 培训协议。

2. 保密协议。

3. 竞业限制协议：限于需要进行竞业限制的岗位及工种。

4. 服务期协议。

5. 双方协商一致认为需签订的其他协议。

第 10 条　劳动合同应以书面形式订立，其内容包括以下几部分：

1. 基本内容：劳动合同双方名称、身份证号或经营地址、法定代表人、劳动合同期限、工作内容、工作时间、工作地点、休息休假、加班规定、劳动保护和劳动条件、社会保险、劳动报酬、劳动纪律、劳动合同终止的条件、违反劳动合同的责任等。

2. 附加内容：法律规定的应该纳入或可以纳入劳动合同的相关内容，如公司的各种规章制度，劳动合同双方当事人协商约定的其他内容，如保密协议和竞业限制、培训服务协议等。

第 11 条　员工在报到当天，需与人力资源部签订劳动合同。劳动合同一式两份，公司和员工各执一份。

第 12 条　在签订劳动合同的过程中，双方可以相互了解包括但不限于以下内容。

1. 员工了解公司的规章制度、劳动条件、劳动保护、劳动报酬等与提供劳动有关的情况。

2. 公司了解应聘员工的健康状况、学历、专业知识、工作技能及员工与上一家单位的劳动合同解除信息等与应聘工作有关的情况，双方应如实说明。

3. 员工入职后任何一方不同意签订劳动合同的，另一方均有权拒绝继续合作。

第 13 条　本公司劳动合同期限为一至五年，具体年限根据不同岗位和任职资格协商确定。

第 14 条　劳动合同试用期

续表

除特殊情况可免于或缩短试用期外，所有聘用人员均实行试用期，试用期最长不超过6个月。试用期的约定应以人力资源部发出的录用通知书为准。

1. 合同期为三年或以上的普通职位的员工，试用期最长为三个月。

2. 合同期为三年以上的较高管理职位的员工，试用期为六个月。

### 第4章 劳动合同的签订、变更、解除与终止、续签

第15条 劳动合同的签订

凡与公司建立劳动关系的员工，均应签订劳动合同。双方在公平自愿、协商一致的基础上签订书面劳动合同。劳动合同一式两份，公司与员工各执一份。

新员工须提供前任单位的离职证明原件及个人资料，在员工入职起的一个月内必须签订劳动合同。

第16条 劳动合同的变更

1. 公司与员工在协商一致的情况下，可以变更劳动合同中约定的内容，变更劳动合同，应当采用书面形式。

2. 劳动合同中公司相关信息发生变动的应及时进行合同变更，不得影响劳动合同履行。

3. 公司如发生合并、分立等情况，不影响劳动合同的执行，将由其权利和义务的继承者继续履行合同。

第17条 劳动合同的解除与终止

1. 劳动合同的解除：经公司与员工协商一致，可以解除劳动合同。

2. 员工提出解除劳动合同：员工应提前三十天以书面形式通知公司，在试用期内应提前三天。

3. 员工被提前解除劳动合同：按相关规定应支付经济补偿金的，公司按国家及地方有关规定进行经济补偿。

4. 当公司确实存在如下违规和未履行约定条件时，员工可随时解除劳动合同。

（1）规章制度订立违反法律法规，侵犯劳动者权利。

（2）未及时足额支付劳动报酬。

（3）未依法为员工缴纳社会保险。

（4）未按照合同约定提供劳动保护和劳动条件。

（5）其他法律法规规定的员工可以解除劳动合同的情形。

5. 公司可以以员工过失（严重违规违纪、严重失职等情况）、员工非过失原因及国家相关法律规定的可以解除劳动合同的情形，与员工解除劳动合同。

续表

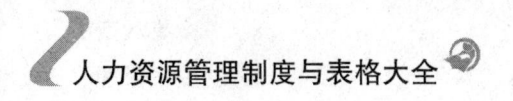

6. 员工存在如下情形之一时，公司无需支付经济补偿金即可解除劳动合同。

（1）试用期间被证明不符合录用条件。

（2）员工严重违反公司规章制度。

（3）员工严重失职，营私舞弊，给公司造成重大损失。

（4）员工与其他公司存在劳动关系，对完成公司业务有影响，经提醒不改者。

（5）员工被依法追究刑事责任。

（6）无故旷工连续三天（含）或年度内累计旷工超过四天的（含）。

（7）法律法规规定的其他情况。

7. 劳动合同期满、劳动合同主体资格丧失或在客观上已无法履行合同的情况下，劳动合同可以终止。

8. 劳动合同执行过程中出现如下情况的，劳动合同自行终止。

（1）劳动合同期满，双方明确表示不再续签的。

（2）员工死亡或被法律宣告死亡或失踪的。

（3）公司被依法宣告破产。

（4）公司被吊销执照，责令关闭、撤销或提前解散的。

（5）法律法规规定的其他情形。

9. 对于合同到期后公司不再聘任的员工，人力资源部应在合同到期日及时与其结清工资、办理离职交接手续。

第 18 条　劳动合同的续签

1. 公司因经营需要需续订劳动合同的，应提前三十日以书面形式通知劳动者，经双方协商同意后，办理续订手续。

2. 劳动合同届满经双方协商一致，可以续签劳动合同。

（1）劳动合同双方有意向续签的应在合同到期前一个月，以书面形式向对方明确续签意向，另一方接到通知后应在一周内给予明确的书面回复。

（2）双方均未做出明确表示的视为劳动合同自动续签一年。

## 第 5 章　违约责任

第 19 条　劳动合同签订后，公司和员工双方应严格履行劳动合同规定的条款，任何一方违约给对方造成损失的，应按照国家相关规定和双方的约定依法承担违约及赔偿责任。

第 20 条　违反培训服务期和保守商业秘密规定的员工，应当承担违约责任。公司将以违约金的方式追究违约责任。

续表

第21条 违反培训服务期约定的,违约金计算根据培训协议相关约定进行核算。

第22条 违反保密约定的,违约金按事先约定金额承担,但约定违约金低于实际损失的,按实际损失赔偿。

第23条 劳动合同执行过程中发生争议的,双方应本着友好协商的态度进行解决。双方协商不成的,应到公司所在地劳动争议仲裁机构申请仲裁,仲裁不成的到当地人民法院起诉。

第24条 员工非因本规定即对公司的声誉、形象造成严重危害的,违反劳动合同约定的服务期限与公司解除劳动合同的,应向公司支付赔偿金。员工支付的赔偿金以劳动合同的约定为准。

第25条 本制度未尽事宜,或与国家相关法律、法规相违背的,参照相关法律、法规执行。

第6章 附则

第26条 本制度由人力资源部参照相关法律、法规组织编制,其解释权归人力资源部。

第27条 本制度经总经理审批后生效实施。

| 编制人员 | | 审核人员 | | 批准人员 | |
|---|---|---|---|---|---|
| 编制日期 | | 审核日期 | | 批准日期 | |

## 二、劳动安全卫生管理制度

| 制度名称 | XX公司劳动安全卫生管理制度 | 受控状态 | |
|---|---|---|---|
| | | 编号 | |
| 执行部门 | | 监督部门 | | 编修部门 | |

第1章 总则

第1条 为加强公司劳动安全和劳动卫生管理,使得劳动安全和劳动卫生管理有据可依。同时保障员工生产过程中的人身安全和健康,使安全和卫生明确化、合理化。为员工提供符合劳动安全卫生要求的劳动条件和作业现场,促进公司事业的不断发展。根据有关法律、法规,特制定本办法。

第2条 本办法适用于公司内部劳动安全卫生相关管理工作。

第3条 本办法依据的管理原则。

第4条 各部门的管理职责划分。

续表

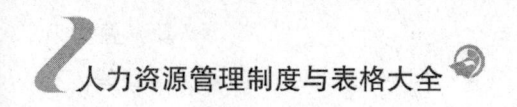

1. 人力资源部为本办法的编制和主要管理实施部门，负责对全体员工进行安全卫生管理宣传教育，其他部门配合执行。

2. 各部门主管负责对本部门人员日常劳动安全卫生执行情况监督、指导。

3. 劳动安全卫生领导小组对本公司的劳动安全卫生负主要领导责任。

4. 分公司的负责人对分公司的劳动安全卫生负直接领导责任。

## 第2章 劳动安全卫生管理的内容

第5条 公司成立劳动安全卫生领导小组，负责组织、监督、检查、推动本单位及本系统的劳动安全卫生工作。

第6条 公司每年从固定资产更新改造资金中提取一定金额的劳动保护技术措施改造经费，用于改善劳动条件，防止、消除伤亡事故和职业病的发生，相关部门必须妥善保管与使用该费用，杜绝挪作他用现象，确保专款专用。

第7条 公司人力资源部负责对员工的劳动安全卫生进行教育与技术培训，并进行培训考核。考核合格方可上岗操作。

第8条 公司实行8小时/天工作制。加班加点应在不损害员工健康的前提下进行，每人每月加班时间累计不得超过36小时，确因生产需要超过此限额者，应经员工同意，报公司各部门主管批准。

第9条 公司禁止招用未满16周岁的未成年人，禁止安排未满18周岁的员工从事有毒、有害的作业和繁重的体力劳动。

第10条 公司严格执行保护女员工的有关规定：禁止安排怀孕、哺乳期女员工从事有毒、有害的作业和繁重的体力劳动。

第11条 公司在员工招聘时必须进行入职前健康检查，并定期组织内部员工进行健康体检，确保员工身体健康无传染病、职业病，以保证健康、安全生产。

第12条 公司须严格按国家规定发给员工防护用品、用具，建立健全使用、发放等制度。各部门不得以现金代替物品。公司配备的劳动安全卫生抢救药品、器材应定期检查和更换，防止失效。

第13条 员工必须严格遵守劳动安全卫生法规、规章、制度和操作规程。员工有权拒绝违章指挥，对漠视员工安全、健康的部门及其负责人，有权批评、检举、控告。

第14条 为维护员工的合法权益，公司工会对公司执行有关劳动安全和劳动卫生规定、标准实行监督。

第15条 劳动场所的劳动安全卫生防护措施和有毒、有害物质的浓度（强度），必

续表

须符合国家有关劳动安全卫生技术标准。

第 16 条　公司所有的设备设施在正式投入使用前，必须由主管部门进行严格检查、验收，确认可以安全使用，方可投入生产。

第 17 条　各分公司在各种设备设施正式投入生产之前也必须进行必要的检查验收。

第 18 条　作业现场的配套设备设施如操作台、住宿、餐厅和厕所等设施，也必须符合劳动安全和劳动卫生的要求。

第 19 条　公司相关部门应编制突发事件应急方案，分析公司内部存在重大事故隐患的情况，编写相关隐患报告，并提出重大隐患的预防与整改措施，督促相关部门及时跟进监督检查，以确保隐患发生时处理有序。

### 第 3 章　伤亡事故处理与报告

第 20 条　伤亡事故的处理。

1. 公司若发生伤亡事故，须立即组织抢救，不得故意破坏事故现场，不得隐瞒、虚报或故意延迟上报。

2. 公司若发生重伤、死亡或其他重大事故，各主管部门应会同同级工会组成事故调查组，查明原因、分清责任、提出整改措施和对事故责任人员的处理意见。劳动、卫生、公安、检察部门和工会组织也可派人参加。

第 21 条　关于伤亡事故报告的规定。

1. 事故调查组须在事故发生之日起 15 日内向企业、事业单位的主管部门、劳动部门、劳工工会报送事故调查报告书。特殊情况不能按时报送的，应向本公司主管部门申请延期。

2. 公司主管部门应在接到报告书后 30 日内提出处理意见，申报劳动部门。特殊情况不能按时申报的，应向劳动部门申请延期。

3. 报告内容应包括伤亡事故发生的原因、事故责任人，引发的时间、地点，伤亡造成的损失，采取的处理措施，用到的设备、设施，参与事故处理的人员及单位等。

### 第 4 章　劳动安全卫生奖惩

第 22 条　有下列情况之一的个人，由本公司人力资源部、行政部、劳动安全卫生管理小组给予奖励。

1. 在实际工作中及时发现或报告险情、隐患，事故发生后妥善处理或积极抢救，使生命财产免受或少受损失者。

2. 检举、揭发违反国家劳动安全卫生法规及本条例的行为，事迹突出者。

续表

3. 在劳动安全卫生防护技术方面有发明创造，或者对劳动安全卫生工作提出了切实有效的重大合理化建议者。

4. 改善劳动条件，预防员工伤亡事故或职业病有显著成绩者。

第 23 条　有下列情况之一的部门或个人，由公司人力资源部、行政部、劳动安全卫生管理小组视其情节，给予警告、限期整改、罚款、责令停产整顿的处罚。

1. 工程项目的劳动安全卫生设施，未经验收同意或经验收达不到标准要求而强行投产者。

2. 违反招用规定招用工人、允许无操作合格证工人进行特种作业者。

3. 拒绝劳动安全卫生管理小组执行监察任务者。

4. 玩忽职守、违章操作、强令员工违章冒险作业，造成生命财产损失的；故意破坏事故现场，隐瞒、虚报或故意延迟上报，阻碍事故调查者。

5. 忽视改善劳动安全卫生条件，削减劳动安全卫生防护措施，或有防护措施不使用者。

6. 发生重大、特大伤亡事故时，按本办法规定承担主要责任的人员，应根据不同情节严肃处理。

## 第 5 章　劳动安全卫生费用预算

第 24 条　公司在执行劳动安全卫生管理中涉及的费用预算，具体内容如下。

1. 劳动安全卫生保护设施建设费用。

2. 劳动安全卫生教育培训费用。

3. 个人劳动安全卫生防护用品费用。

4. 劳动安全卫生保护设施更新改造费用。

5. 员工健康检查和职业病防治费用。

6. 工伤保险费用。

7. 工伤认定、残疾评定费用。

8. 有毒、有害作业场所定期检测费用。

第 25 条　公司相关设备、设施的更新改造、技术创新、员工健康检查及劳动安全保护等相关工作，须严格按照预算项目数量及费用标准执行。

第 26 条　在编制年度费用预算时，相关部门应将此费用预算内容一一列入年度预算范围。经公司领导审批同意后，严格按照预算审批项目、额度执行。

## 第 6 章　附则

第 27 条　本办法由人力资源部负责编制，其解释权亦同。

续表

第28条　本办法经总经理审批后生效实施。

| 编制日期 | | 审核日期 | | 批准日期 | |
| --- | --- | --- | --- | --- | --- |
| 修改标记 | | 修改处数 | | 修改日期 | |

## 三、劳动争议处理管理制度

| 制度名称 | XX公司劳动争议处理办法 | 受控状态 | |
| --- | --- | --- | --- |
| | | 编号 | |
| 执行部门 | | 监督部门 | | 编修部门 | |

**第1章　总则**

第1条　根据《中华人民共和国劳动争议处理条例》等相关法律法规的规定，结合本公司劳动关系实际情况，特制定本办法。

第2条　本办法制定的目的主要有以下几点：

1. 妥善处理公司劳动争议，有效控制劳动争议的发生。

2. 保障公司与员工双方的合法权益，维护正常的生产经营秩序。

3. 发展良好的劳动关系，促进劳资双方长期、友好合作。

第3条　本规定适用于公司与员工之间发生的劳动争议，主要包括如下内容。

1. 因公司开除、辞退员工和员工辞职、自动离职发生的争议。

2. 因执行有关工资、保险、福利、培训、劳动保护的规定发生的争议。

3. 因履行劳动合同发生的争议。

4. 劳动者退休后，与尚未参加社会保险统筹的原单位因追索养老金、医疗费、工伤待遇和其他社会保险费而产生的争议。

5. 法律、法规规定应当受理的劳动争议。

第4条　各部门的管理职责划分。

1. 人力资源部作为劳动争议的主要管理部门，负责劳动争议的起因、证据等信息的采集并根据情况综合分析，提出合理的解决方法。

2. 调解委员会由员工代表、人力资源部人员、管理者代表、工会代表组成。管理者代表不超过委员会人数的三分之一。

3. 调解委员会负责建立必要的制度，进行调解登记、档案管理和统计分析工作。

4. 劳动争议调解委员会按照法定原则和程序处理本单位的劳动争议，回访、检查当事

续表

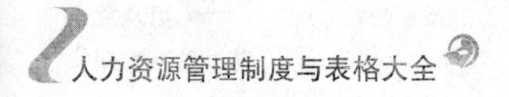

人调解协议执行情况并督促其执行。

## 第2章 劳动争议的预防及处理原则

第5条 在进行劳动争议预防前须先明确劳动争议的类别及产生原因。

1. 劳动争议的类别。

（1）按劳动争议的主体：个别争议、集体争议、团体争议。

（2）按劳动争议的性质：权利争议、利益争议。

（3）按劳动争议的标的：劳动合同争议，劳动安全卫生、工作时间、休息休假、保险福利争议，劳动报酬、培训奖惩等因理解和实施不同而产生的争议。

2. 劳动争议产生的原因。

（1）劳动权利义务是否遵循法律规范和合同规范。

（2）市场经济情况下的利益原则，使公司和员工之间既有共同利益和合作基础，又有利益差别和冲突。

3. 劳动争议的预防措施。

针对劳动争议产生的原因对劳动争议进行有效预防，常用的措施有以下四项。

（1）各部门管理人员应及时了解下属的情绪和劳动关系矛盾，并协同人力资源部采取措施，防患于未然。

（2）人力资源部应深入到员工的生活、工作中去，及时了解员工的思想情绪。

（3）对现有劳动关系形式进行分析，预见可能发生的劳动争议问题，及时加以了解和解决。

（4）公司应健全裁员、辞退、劳动合同解除等相关管理制度，将员工离职后的后续工作安排妥当，减少劳动争议的发生。

第6条 劳动争议的处理原则。

劳动争议的处理，应严格遵循合法、公正、及时的原则，维护劳动争议当事人的合法权益。

1. 着重调解，及时处理。

2. 查清事实，依法处理。

3. 法律面前一律平等。

第7条 劳动争议的处理途径如下。

1. 协商。劳动争议发生后，双方当事人应当协商解决。

2. 调解。协商不成可以向劳动争议调解委员会申请调解。调解遵循群众性、自治性、

续表

非强制性原则。

3.仲裁。调解不成可以向劳动争议仲裁委员会申请仲裁，也可以直接向劳动争议仲裁委员会申请仲裁。

4.诉讼。对仲裁不服的，向当地人民法院起诉。

### 第3章 劳动争议协商与调解

第8条 劳动争议的协商。

1.劳动争议发生后，双方当事人可在合法及兼顾双方利益的对基础上进行协商。

2.任一方均不得强迫对方进行协商，如协商不成的，可以申请调解。

第9条 劳动争议的调解。

经劳资争议双方协商无效的情况下，进入劳动争议调解程序。劳动争议调解的原则为自愿原则和尊重当事人申请仲裁和诉讼权力的原则，调解程序如下：

1.公司设立劳动争议调解委员会，负责调解本公司发生的劳动争议。

2.调解委员会接到调解申请后，对其进行审查，确定是否受理。

3.经审查决定受理的人事争议，调委会以书面形式通知双方当事人调解的时间和地点；若不受理，应向当事人说明原因。

4.调解取证。向劳动争议的双方当事人展开调查，听取当事人的意见和要求，搜集有关证据。

5.召开调查调解委员会委员全体会议，对调查取证材料进行分析整理，讨论确定调解方案和调解意见。

6.调解。公司调解委员会在查明事实、分清责任的基础上，根据争议的轻重程度等具体情况，当面对当事人进行调解。也可在调查过程中试行调解，并签订调解协议书。

第10条 有下列情况之一者，可视为调解申请结束。

1.申请调解的当事人（方）撤回申请。

2.经调解双方当事人（方）达成协议，并签署调解协议书。

3.调解不成。

4.自当事人（方）申请调解之日起30日内到期未结束的。

第11条 调解委员会调解劳动争议应当遵循当事人双方自愿原则，经调解达成协议的，制作调解协议书；调解不成的，当事人在规定时间内可以向劳动争议仲裁委员会申请仲裁。

续表

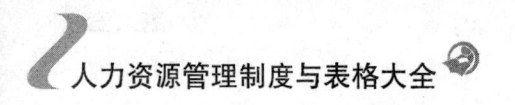

### 第 4 章　仲裁与诉讼

第 12 条　当事人应自劳动争议发生起两个月内向仲裁委员会提出仲裁书面申请。当事人因不可抗力或其他正当理由超过规定时限申请仲裁的，仲裁委员会应当受理。

第 13 条　员工向劳动仲裁委员会提起劳动仲裁的，人力资源部应积极做好应诉准备。

第 14 条　员工违反劳动合同规定，给公司造成损失的，人力资源部应提起诉讼。

第 15 条　如果劳动仲裁案件，确实是公司存在侵犯员工合法权益的情况，人力资源部应配合劳动仲裁委员会争取调解解决。

第 16 条　对于劳动仲裁委员会的裁决结果，公司认为有必要提起诉讼的，应当按照司法程序提起诉讼，以维护公司的合法权益。

第 17 条　当事人对发生法律效力的调解书或裁决书，应根据规定期限履行。一方当事人逾期不履行的，另一方当事人可申请人民法院强制执行。

第 18 条　对仲裁裁决不服的，可以在收到仲裁裁决书之日起 15 日内向人民法院提起诉讼。

第 19 条　劳动争议诉讼书由人力资源部负责起草及应诉。

### 第 5 章　附则

第 20 条　本规定根据国家相关法律、法规编制，本规定未提及或与相关法律、法规有冲突的，按照相关法律、法规执行。

第 21 条　本规定由人力资源部负责编制，其解释权亦同。

第 22 条　本规定经总经理审批后生效实施。

| 编制日期 | | 审核日期 | | 批准日期 | |
|---|---|---|---|---|---|
| 修改标记 | | 修改处数 | | 修改日期 | |

## 四、员工满意度管理制度

| 制度名称 | XX公司员工满意度管理制度 | 受控状态 | |
| --- | --- | --- | --- |
| | | 编号 | |
| 执行部门 | | 监督部门 | | 编修部门 | |

### 第1章 总则

**第1条 目的**

为提高员工满意度及对公司的忠诚度，提升管理水平，促进公司稳步发展，根据公司相关管理制度及实际运营情况，特制定本制度。

**第2条 适用范围**

本制度适用于公司内部全体员工满意度管理。

**第3条 管理职责划分**

1. 人力资源部是员工满意度管理的主要负责部门，负责调查、收集员工满意度相关信息、资料，并负责对信息、资料的整理、处理、分析，提出改进意见，编写分析报告等。

2. 各部门需配合人力资源部的日常工作，积极协助人力资源部对本部门的员工满意度相关工作展开调查了解、分析、汇报、改善等。

**第4条 定义**

员工满意度是指员工对公司的实际感受值与其期望值相比较的程度（员工满意度＝实际感受／期望值）。

### 第2章 员工满意度调查

**第5条 员工满意度调查原则**

为确保员工满意度调查的真实和深入，调查的相关人员应遵循诚实性、时效性、区别性及保密性的原则。

**第6条 员工满意度调查背景（时机）**

出现以下情形，公司应组织人员进行员工满意度调查。

1. 组织结构发生变化。

2. 员工变动频繁、流动率过大。

3. 员工对公司及管理者的抱怨不断增加，工作效率偏低。

4. 公司认为有必要调查的其他情形出现时。

续表

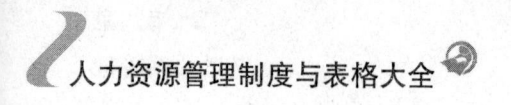

**第 7 条　员工满意度调查时间**

每年 6 月份和 12 月份，安排两次常规性员工满意度调查。

**第 8 条　员工满意度调查对象**

员工满意度调查对象：公司领导、职能部门、各级主管和员工个体。

**第 9 条　员工满意度调查内容**

员工满意度调查的内容：公司的使命、战略和经营目标、公司文化与价值观、领导力、工作环境、薪酬福利、发展与培训、员工关系、工作沟通、日常生活等。

**第 10 条　员工满意度调查方法**

1. 工作面谈法：包括个别座谈和团体座谈。通过管理人员或人力资源部与员工直接对话的方式，调查搜集口头资料，然后记录结果。

2. 员工意见箱：设置员工意见箱，收集员工不方便通过正常渠道反馈的意见或建议，并指定专人定期查看。

3. 问卷调查法：通过匿名或署名的方式，在员工满意度调查问卷上填写相关信息，反映员工满意度。

**第 11 条　员工满意度调查问卷设计**

员工满意度调查问卷由人力资源部负责设计，经总经理审批后实施。问卷设计时应注意以下问题。

1. 问题设计的合理性：问卷问题必须与调查主题相关，题目应简明扼要、规范，避免诱导，便于调查。

2. 问题形式的确定：问卷问题一般采用封闭式和开放式两种形式。

3. 进行问卷测试：问卷设计完成后应先抽取部分样本进行测试，并将测试结果进行分析反馈，在此基础上对问卷不合理处进行调整、完善。

**第 12 条　员工满意度调查程序**

员工满意度调查前，人力资源部应发放满意度调查通知，并与各部门人员、各级领导进行充分沟通，以便于最大限度地获得员工的支持与参与。

## 第 3 章　员工满意度分析

**第 13 条　员工满意度调查结果分析**

1. 人力资源部负责编制《员工满意度调查分析报告》，编制人员将员工满意度调查的各种信息进行归类、统计、分析、判断和讨论，最终形成具有集体意见的《员工满意度分析报告》。

续表

2.《员工满意度分析报告》的内容至少包括调查工作背景、调查时间和对象、调查方法、原始信息统计、归类分析、改善措施、整改要求等内容。

3.《员工满意度分析报告》编制工作须在信息收集后 10 天内完成。

4.《员工满意度分析报告》经总经理审批后方可发布，同时按照总经理的意见和建议进行改进和补充。

第 14 条　调查结果的公布

1. 人力资源部可以通过邮件、书面形式、公告栏张贴、会议等方式进行员工满意度调查结果信息的发布。

2. 具体发布方式由人力资源部根据具体情况选择确定。

第 15 条　违纪、违规的处理

对于员工满意度调查中涉及违纪违规操作等不良现象，应立即调查，并对相关责任人进行处理。

第 16 条　组织实施

对于调查中提出的合理化建议，应组织相关人员进行论证并组织实施。对于取得效果的建议，应给予建议人嘉奖，以示鼓励。

第 17 条　整改

对于涉及的需要综合治理和长期改进的项目时，应制定改善专案或向责任部门发出整改通知，人力资源部须定期跟踪和验证改善结果，并将改善结果向相关领导汇报。

第 18 条　作用

员工满意度调查结果明确了公司管理的弱项，获得了宝贵的有利公司改善和发展的意见和建议，是下一步工作计划制订的重要依据。

第 19 条　总结

人力资源部对满意度弱项改进结果进行总结，必要时可将某些结论形成文件以便今后进行制度化管理。

## 第 4 章　员工满意度提升

第 20 条　员工满意度的改进

通过员工满意度调查发现员工满意度弱项，并进行改进，改进的目标如下。

1. 保证员工顺利达成满意目标值。

2. 确保员工满意度工作成为一项持续改善、不断进步、永无止境的管理活动。

第 21 条　公司对未达标项目进行分析，对于公司管理体系上存在问题的情况，在年

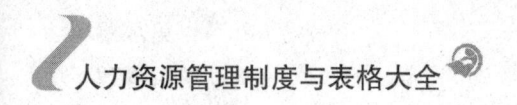

度计划里设置成改进计划；管理方法上存在问题的情况，应进行员工疏导和改进。

第22条　员工满意度提升的方法

1. 调整工作激励措施，提高员工工作积极性和创造性。

2. 对员工工作实施再设计，提高员工对工作的热情。

3. 营造公平的竞争环境及追求进步、自由开放、关爱员工的公司文化氛围。

第5章　附则

第23条　本制度由人力资源部根据国家相关法律、法规编制，其解释权归人力资源部所有。

第24条　本制度未提及或与相关法律、法规有冲突的，按照相关法律、法规执行。

第25条　本制度经总经理审批后生效实施。

| 编制日期 | | 审核日期 | | 批准日期 | |
|---|---|---|---|---|---|
| 修改标记 | | 修改处数 | | 修改日期 | |

## 第三节　劳动关系管理流程

### 一、劳动合同管理流程及工作标准

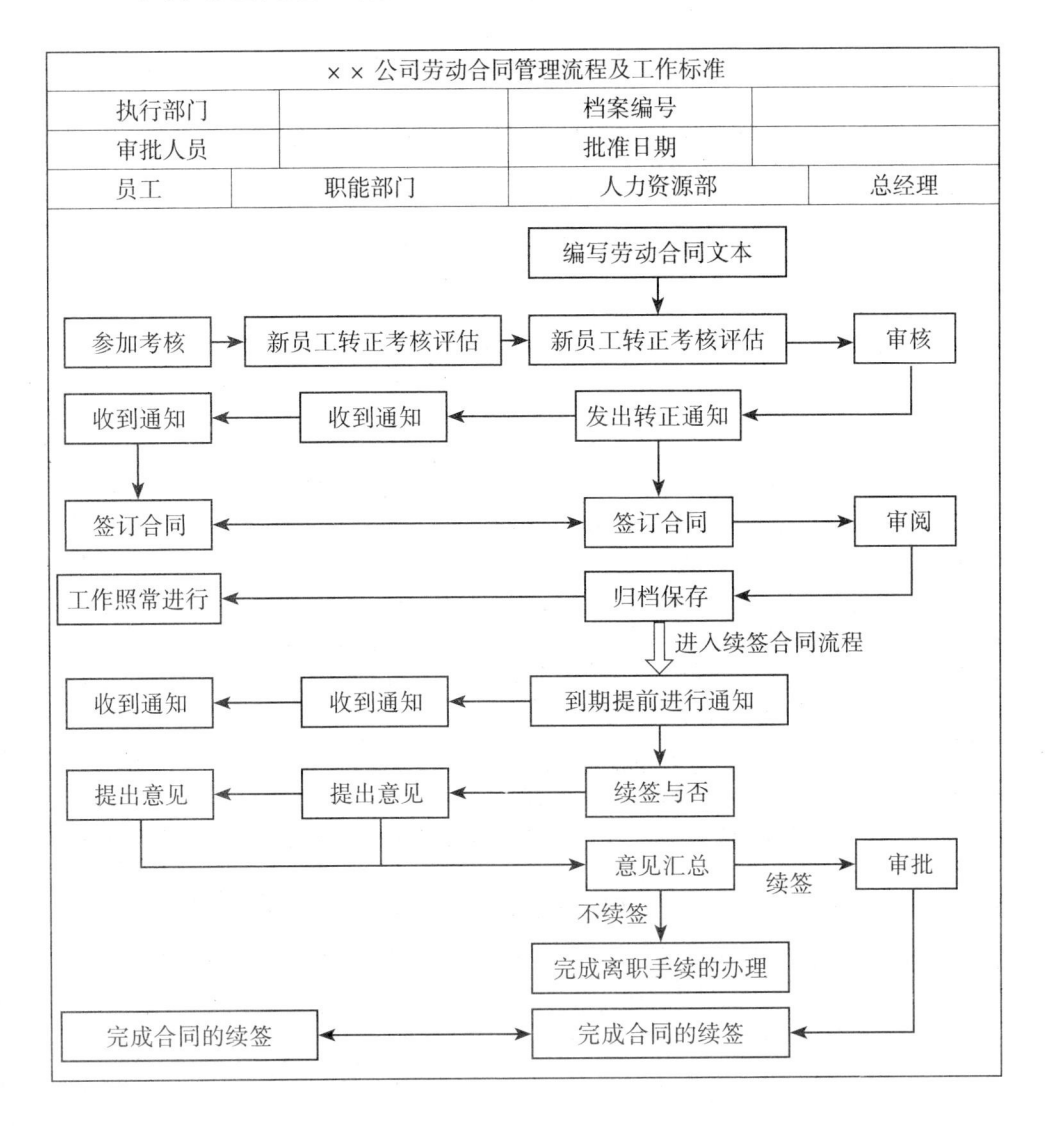

| ××公司劳动合同管理流程及工作标准 |||||
|---|---|---|---|---|
| 执行部门 | | 档案编号 | ||
| 审批人员 | | 批准日期 | ||
| 员工 | 职能部门 | 人力资源部 | 总经理 ||

```
                                    编写劳动合同文本
                                          ↓
参加考核 → 新员工转正考核评估 → 新员工转正考核评估 → 审核
   ↓              ↓                    ↓
收到通知 ← 收到通知 ← 发出转正通知

签订合同 ←──────────────────── 签订合同 → 审阅
                                          ↓
工作照常进行 ←──────────── 归档保存
                                          ↓ 进入续签合同流程
收到通知 ← 收到通知 ← 到期提前进行通知
                                          ↓
提出意见 ← 提出意见 ←──── 续签与否
                         ↓
                    意见汇总 ──续签── 审批
                   不续签↓
                完成离职手续的办理
                         ↓
完成合同的续签 ←──── 完成合同的续签
```

续表

| 工作流程 | 工作标准 |
| --- | --- |
| 签订劳动合同 | （1）员工经批准完成转正定级手续的办理，即与公司签订劳动合同，劳动合同期限一般为一年，应届毕业生一般为3~5年。<br>（2）根据需要，重要岗位及涉及商业机密的岗位同时签订竞业限制协议。<br>（3）员工签字确认后，人力资源部将劳动合同报请总经理签章后生效，经过授权的特殊情况可由人力资源部经理代签。 |
| 劳动合同变更 | （1）由提出变更的一方以口头或书面形式将变更事由及条款通知另一方。<br>（2）人力资源部将情况核实，征求员工的直接上级经理及公司总经理意见后，给出意见。<br>（3）同意变更或部分变更的，人力资源部负责拟定新的劳动合同，双方签章后，人力资源部及员工各执一份保存。<br>（4）协商未成或不同意变更的，人力资源部负责与员工沟通，了解其意见及原因。 |
| 劳动合同续订及终止 | （1）劳动合同即将到期时，人力资源部与用人部门及总经理协商是否续订后，提前一个月向员工发放劳动合同顺延登记表或劳动合同终止通知书。<br>（2）如续订，人力资源部负责准备劳动合同文本，双方签章后生效，员工和人力资源部各执一份保存。<br>（3）劳动合同终止，员工需将自己手中的劳动合同交回人力资源部存档，并领取员工离职与面谈记录表，由离职员工的上级经理与其进行面谈，了解员工离职事由及原因，并在员工离职与面谈记录表上签署意见。人力资源部与离职人员进行面谈，填写员工离职与面谈记录表，并为其办理档案、社会保险等关系的转移。 |
| 劳动合同解除 | （1）员工提出解除劳动合同，须以书面形式提前一个月向人力资源部提交申请，并领取员工离职与面谈记录表；由公司提出解除劳动合同的，则由该员工的直接上级经理与其进行沟通，说明原因，员工到人力资源部领取员工离职与面谈记录表。<br>（2）员工与其直接上级经理完成工作安排及交接的办理。<br>（3）人力资源部与离职人员进行面谈，填写员工离职与面谈记录表，收回员工留存的劳动合同书，并为其办理档案、社会保险等关系的转移。 |

## 二、员工关系与突发事件管理工作流程及工作标准

| 执行部门 | | 档案编号 | |
|---|---|---|---|
| 审批人员 | | 批准日期 | 年　　月　　日 |
| 工作流程 | | 工作标准 | |
| 发现问题及隐患 | | 人力资源部或各部门负责人与员工定期进行沟通，及时发现问题及隐患。 | |
| 与公司相关负责人沟通 | | 发现问题及隐患后，人力资源部或各部门负责人及时向公司领导汇报。 | |
| 调查分析原因 | | 人力资源部协同相关部门调查、分析事件发生的原因。 | |
| 提出解决方案 | | 根据原因分析结果并向公司提出切实可行的解决方案。 | |
| 实施解决方案 | | 经公司领导批准后，尽快实施解决方案。 | |
| 进行奖惩处理 | | 给予成功解决问题的员工奖励；惩罚制造问题与突发事件的员工。 | |

## 三、员工满意度调查管理流程

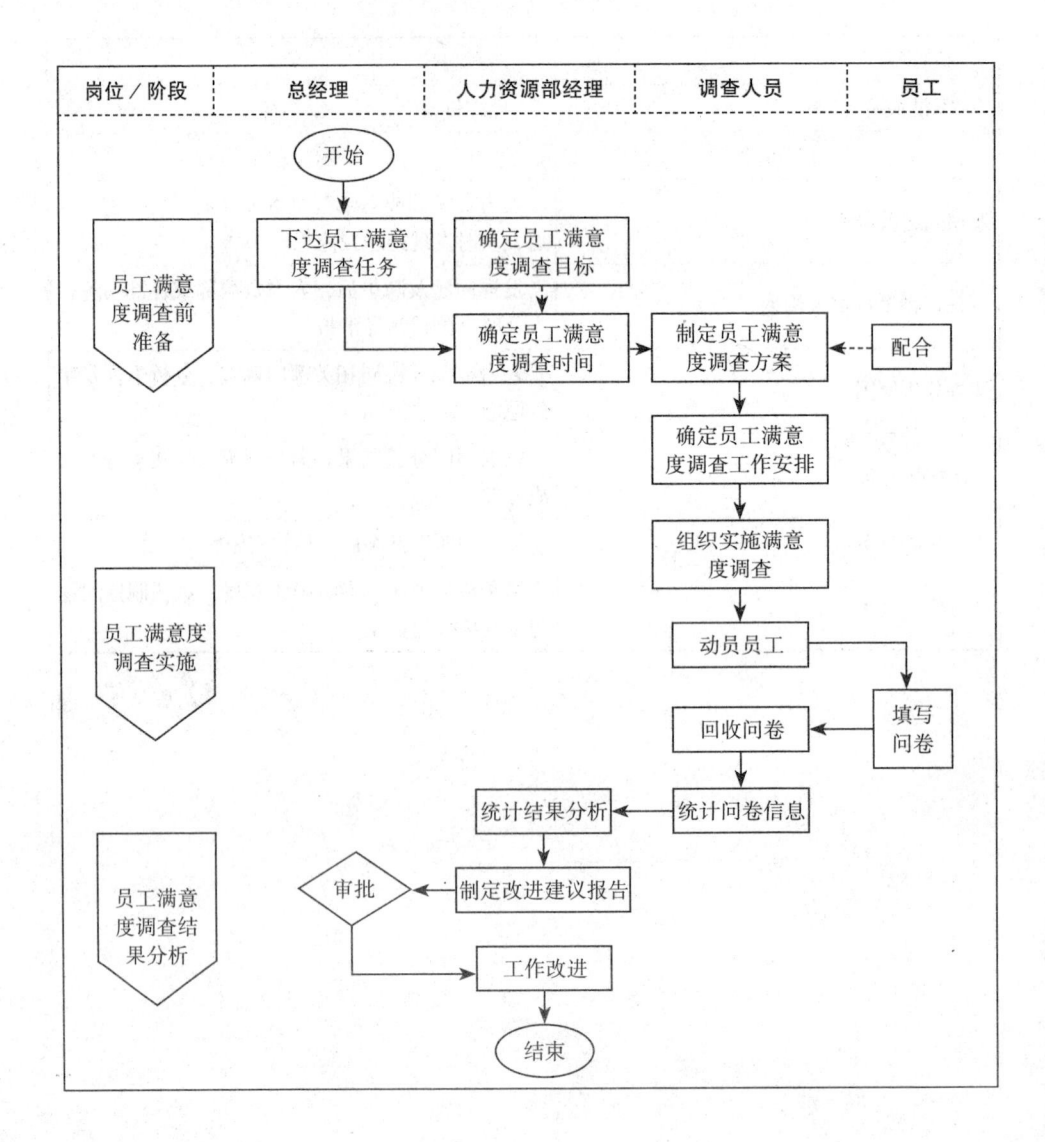

| 岗位／阶段 | 总经理 | 人力资源部经理 | 调查人员 | 员工 |
| --- | --- | --- | --- | --- |

员工满意度调查前准备

员工满意度调查实施

员工满意度调查结果分析

流程步骤：
- 开始
- 下达员工满意度调查任务
- 确定员工满意度调查目标
- 确定员工满意度调查时间
- 制定员工满意度调查方案 ←→ 配合
- 确定员工满意度调查工作安排
- 组织实施满意度调查
- 动员员工
- 填写问卷
- 回收问卷
- 统计问卷信息
- 统计结果分析
- 制定改进建议报告
- 审批
- 工作改进
- 结束

## 第四节 劳动关系管理表格

### 一、员工满意度调查结果统计表

| 项目类别 | 具体内容 | 得分（0分~10分） ||||  |
|---|---|---|---|---|---|---|
| | | 员工1 | 员工2 | 员工3 | 员工4 | …… |
| 公司管理部分 | 你认为公司制度是否合理 | | | | | |
| | 你认为公司培训工作执行情况如何 | | | | | |
| | 你认为公司工作环境如何 | | | | | |
| | 你认为上级的管理工作如何 | | | | | |
| 员工个人部分 | 你现在工作的挑战性如何 | | | | | |
| | 你认为个人能力是否得到充分发挥？ | | | | | |
| | 你的工作是否得到领导及同事认可？ | | | | | |
| | 你与同事关系是否融洽？ | | | | | |
| | 你对目前的待遇是否满意？ | | | | | |
| | 你与其他部门的合作是否融洽？ | | | | | |
| 结果统计 | 得分合计 | | | | | |
| | 平均得分 | | | | | |

### 二、劳动合同顺延登记表

| 填制部门 | | | 档案编号 | | | |
|---|---|---|---|---|---|---|
| 员工姓名 | | 性别 | | 工号 | | 职位 | |
| 出生年月 | | 入职日期 | | 合同编号 | | |
| 劳动合同期限 | | | | | | |
| 顺延期限 | | | | | | |
| 顺延原因及事由 | | | | | | |

续表

| 人力资源部审核意见 | 人力资源部经理（签章）：<br>日期：　　年　　月　　日 |
|---|---|
| 总经理审批 | 总经理（签章）：<br>日期：　　年　　月　　日 |
| 备注 | |

## 三、解除劳动合同申请表

| 姓名 | | 所在岗位 | | 所属部门 | |
|---|---|---|---|---|---|
| 合同期限 | | 预解除日期 | | | |
| 解除原因 | 申请人签名：　　　　　日期：　　年　　月　　日 ||||||
| 直接上级意见 | □不同意解除劳动合同　　　　□同意解除劳动合同<br>请说明理由：<br>从　　年　　月　　日开始办理工作交接手续。<br>　　　　签字：　　　　　日期：　　年　　月　　日 |||||||
| 人力资源部审查 | 签字：　　　　　日期：　　年　　月　　日 |||||
| 主管副总意见 | 签字：　　　　　日期：　　年　　月　　日 |||||
| 总经理签字 | |

## 四、劳动合同终止／继续履行审批表

| 姓名 | | 性别 | | | 员工工号 | |
|---|---|---|---|---|---|---|
| 出生年月 | | | 身份证号码 | | | |
| 劳动合同期限 | | 从___年___月___日起至___年___月___日止 ||||| 
| 继续履行时间 | | 从___年___月___日起至___年___月___日止 |||||
| 所属部门意见 | | （签章） | | 日期：___年___月___日 |||
| 人力资源部意见 | | （签章） | | 日期：___年___月___日 |||
| 总经理审批 | | （签章） | | 日期：___年___月___日 |||
| 备注 | ||||||

## 五、劳动合同管理台账

| 序号 | 姓名 | 部门 | 合同类型 | 合同期限 | 合同签订日期 | 合同终止日期 | 变更日期 | 续签日期 | 备注 |
|---|---|---|---|---|---|---|---|---|---|
| 1 | | | | | | | | | |
| 2 | | | | | | | | | |
| 3 | | | | | | | | | |
| 4 | | | | | | | | | |
| 5 | | | | | | | | | |
| 6 | | | | | | | | | |
| 7 | | | | | | | | | |
| 8 | | | | | | | | | |
| 9 | | | | | | | | | |

## 六、劳动合同月报

| 序号 | 姓名 | 部门 | 变更合同 | 到期合同 | 续签合同 | 解除合同 | 特殊关注人员 | 备注 |
|---|---|---|---|---|---|---|---|---|
| 1 | | | | | | | | |
| 2 | | | | | | | | |
| 3 | | | | | | | | |
| 4 | | | | | | | | |
| 5 | | | | | | | | |
| 6 | | | | | | | | |
| 7 | | | | | | | | |
| 8 | | | | | | | | |

## 七、安全卫生检查表

| 序号 | 检查项目 | 待改善事项 | 说明 | 复检 |
|---|---|---|---|---|
| 1 | 消防设备 | □无法使用 □道路阻塞 | | |
| 2 | 安全通道 | □阻塞 □脏乱 | | |
| 3 | 地板 | □不洁 □破损 | | |
| 4 | 门、窗 | □损坏 □不清洁 | | |
| 5 | 楼梯 | □损坏 □阻塞 □脏乱 | | |
| 6 | 桌椅 | □损坏 □污损 | | |
| 7 | 厕所 | □脏臭 □漏水 □损坏 | | |
| 8 | 电线 | □损坏 □不安全 | | |
| 9 | 插座开关 | □损坏 □不安全 | | |
| 10 | 其他 | | | |

制表人： 制表日期：

## 八、安全事故登记表

| 单位名称 | | | | | 事故类别 | | | |
|---|---|---|---|---|---|---|---|---|
| 事故发生时间 | | | | | 事故发生地点 | | | |
| 引起事故原因 | | | | | | | | |
| 伤亡情况记录 ||||||||| 
| 伤亡人员姓名 | 伤亡情况 | 年龄 | 性别 | 工种 | 工龄 | 安全教育 | 歇工天数 | 经济损失 ||
| | | | | | | | | 直接 | 间接 |
| | | | | | | | | | |
| | | | | | | | | | |
| | | | | | | | | | |
| 事故原因、经过 | | | | | | | | | |
| 预防事故重发措施 | | | | | | | | | |
| 落实措施负责人 | | | | | | | | | |

制表人：　　　制表日期：　　　单位负责人：　　　日期：

## 九、劳动争议调解申请表

| 当事人姓名 | | 岗位 | | 部门 | |
|---|---|---|---|---|---|
| 合同签订日期 | | | | 争议提出日期 | |
| 纠纷原因 | | | | | |
| 调查情况与结果记录 | 调查内容 | | 调查结果 | | 备注 |
| | | | | | |
| 调查负责人 | | | | 调查日期 | |
| 审核意见 | | | | 审核人/日期 | |

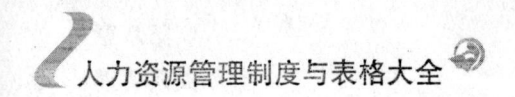

## 十、劳动争议仲裁申请书

| 申请人 | 姓名 | | 性别 | | 年龄 | | 民族 | |
| --- | --- | --- | --- | --- | --- | --- | --- | --- |
| | 工作单位 | | | | 电话 | | 职业 | |
| | 住所 | | | | 邮编 | | 电话 | |
| 被申请人 | 单位名称 | | | | | | | |
| | 经营地址 | | | | 邮编 | | 电话 | |
| | 注册地址 | | | | | | 邮编 | |
| | 负责人 | | 年龄 | | 职务 | | 法人 | |
| 仲裁请求事项描述： | | | | | | | | |

## 十一、劳动争议撤诉申请书

申请人姓名：

被申请人姓名：

原起诉（或上诉）原因及事由：

（1）

（2）

（3）

（4）

撤诉原因及事由：

（1）

（2）

（3）

（4）

此致

×××人民法院

申请人：（签章）

日期： 年 月 日

## 十二、劳动争议仲裁撤诉申请书

　　申诉人×××对××××年××月××日向××劳动仲裁委员会提出申诉,现提出撤诉请求。
　　撤诉的理由如下:
_____
_____
_____

　　　　　　　　　　　　　　申诉人:(签名或盖章)
　　　　　　　　　　　　　　申请日期:　　　年　　月　　日

## 十三、劳动争议起诉状

　　原告:
　　被告:
　　原告不服××劳动仲裁××庭(案)××字×××号仲裁裁决书(或不予受理通知书),现向法院提起民事诉讼。
　　诉讼请求:
　　(1)
　　(2)
　　(3)
　　(4)
　　具体事实及理由:
　　(1)
　　(2)
　　(3)
　　(4)
　　提起仲裁日期:
　　裁决具体内容:

续表

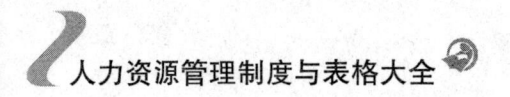

| |
|---|
| （1） |
| （2） |
| （3） |
| （4） |
| 不服裁决原因及事由： |
| （1） |
| （2） |
| （3） |
| （4） |
| 其他事实： |
| （1） |
| （2） |
| （3） |
| （4） |
| 此致 |
| ××市××区人民法院 |
| 具状人：（签章） |
| 日期：　　年　　月　　日 |

附件：

（1）本起诉状副本×份。

（2）××劳动仲裁××庭（案）字×第××号仲裁判决书（或不予受理通知书）复印件一份。

（3）××市××区劳动争议仲裁委员会送达证明原件××份。

## 十四、劳动争议反诉状

反诉人（本诉被告）姓名：
被反诉人（本诉原告）姓名：
反诉请求：
（1）
（2）
（3）
（4）
具体事实与理由：
（1）
（2）
（3）
（4）
证据及证据来源：
（1）
（2）
（3）
（4）
此致
×××人民法院

            起诉人：（签章）
            日期：　年　月　日

附件：本反诉状副本 × 份。

## 十五、劳动争议上诉状

上诉人姓名：

被上诉人姓名：

上诉人因××一案，不服××人民法院××××年××月××日（×）字第×号判决，现提出上诉。

上诉请求：

（1）

（2）

（3）

（4）

上诉理由：

（1）

（2）

（3）

（4）

此致

×××人民法院

上诉人：（签章）

日期： 年 月 日

附件：本上诉状副本××份。

# 参考文献

［1］王桦宇.人力资源管理实用必备工具箱［M］.北京：中国法制出版社，2011.

［2］孙宗虎.人力资源部规范化管理工具箱（第2版）［M］.北京：人民邮电出版社，2010.

［3］匡五寿.中小企业人力资源管理制度范本与表格大全［M］.北京：化学工业出版社，2013.

［4］赵涛.成功金版-人力资源管理制度表格流程规范大全［M］.北京：电子工业出版社，2011.

［5］张浩.新编人力资源规范管理制度表格精选［M］.北京：北京工业大学出版社，2010.

［6］郭贺欣.人力资源管理实务操作完全手册（第2版）［M］.北京：中国纺织出版社，2011.

［7］王娟.人力资源管理必用表格大全［M］.北京：化学工业出版社，2011.

［8］王瑞永.人力资源管理制度与表单精细化设计［M］.北京：人民邮电出版社，2013.

［9］李晶.人力资源部管理制度范本大全［M］.厦门：鹭江出版社，2011.